Du même auteur :

Dictionnaire de la lithothérapie - Éditions Ambre © 2005

Guide pratique de la lithothérapie énergéticienne - Éditions Ambre © 2006

Guide pratique des pierres de soins - Marabout © 2009

Dictionnaire de lithothérapie du voyageur - Éditions Ambre © 2009

Chakras, harmonisation avec les cristaux, Éditions Ambre © 2014

Chimie des minéraux et oligoéléments en lithothérapie - Éditions Ambre © 2012

L'influence des couleurs en lithothérapie - Éditions Dangles © 2013, Ambre © 2017

Pierres de protection - Éditions Ambre © 2017

Sites internet :

Site officiel de Reynald Georges Boschiero : http://www.lithosterapia.com

Site des éditions Ambre : http://www.editions-ambre.fr/ou editionsambre.ch

Reynald Georges BOSCHIERO

Chakras

d'après *«Les chakras, centres de force dans l'homme»* de
Charles Webster LEADBEATER

suivi de

HARMONISATION avec les CRISTAUX

AMBRE
ÉDITIONS

Chakras - Harmonisation avec les cristaux

Maquette, illustrations, photomontages : © Reynald Georges Boschiero

Crédit photographique : © C.W. Leadbeater, R.G. Boschiero, Myst-Press, Vive Valeque, Shâmdara Medias, Dreamstime.

ISBN : 978-2-940500-51-2
Printed in CEE

Reynald Georges BOSCHIERO

Chakras

d'après *«Les chakras, centres de force dans l'homme»* de
Charles Webster LEADBEATER

HARMONISATION AVEC LES CRISTAUX

AMBRE
ÉDITIONS

Avant-Propos

Avant-propos de Reynald Boschiero

Pour bien comprendre la Lithothérapie, tout doit être pris en compte : les traditions ésotériques occidentales bien comprises, les principes énergéticiens des techniques médicales traditionnelles du continent asiatique, les pratiques chamaniques d'autres continents et les thèses scientifiques les plus contemporaines.

Bien entendu, cette approche ne manque pas de susciter la critique. D'abord de la part de ceux qui ne prêchent que par les thèses ésotériques en étalant leur consternante méconnaissance des sciences exactes. Ensuite par les scientifiques rigoureux qui, bardés de leurs œillères, nient systématiquement l'efficacité des techniques traditionnelles, ésotériques ou énergéticiennes.

Depuis plus d'une dizaine d'années, j'essaie, par mes ouvrages et lors de mes conférences, de sensibiliser un public pas toujours très réceptif à l'importance des savoirs scientifiques.

La connaissance de la minéralogie, les notions de chimie et de biochimie sont indispensables pour comprendre l'interaction des pierres et des cristaux sur le corps humain et son métabolisme.

Quant à la physique quantique, si difficile à intégrer intellectuellement, elle nous met en face d'une réalité incontournable : nos sens ne nous permettent pas de comprendre la réalité du monde d'énergies dans lequel nous vivons.

C'est pourquoi j'ai décidé de faire un retour aux fondamentaux, inspirés des thèses énergéticiennes venues de Chine et tout particulièrement d'Inde, dont les applications dans les soins médicaux sont toujours en pratique aujourd'hui, parallèlement à ceux de la médecine officielle et de la pharmacopée allopathique.

Quand près de la moitié de la population de la planète adhère à des thèses énergéticiennes depuis plus de cinq mille ans, on ne peut pas prétendre qu'elle est dans l'erreur, comme certains scientifiques l'affirment.

J'avais déjà écrit sur les chakras dans mes ouvrages précédents, à peine une trentaine de pages dans mon *Guide pratique de la Lithothérapie énergéticienne* paru en 1995, en veillant soigneusement à ne pas égarer le lecteur dans les origines ésotériques venues d'Inde. Elle ne sont pas toujours facilement accessibles à nos esprits imprégnés du pragmatisme cartésien de nos cultures occidentales.

Dans cet ouvrage, j'ai éprouvé le besoin d'aller plus loin dans la compréhension des phénomènes énergétiques. De nombreux ouvrages récents sur le sujet figurent depuis des années dans ma bibliothèque. Bien entendu, je les ai tous lus, mais je dois avouer que je suis resté sur ma faim. Je me suis donc mis en quête de livres rares et j'ai trouvé, au cours de mes recherches, des ouvrages plus anciens afin de pouvoir apprécier l'évolution de ces thèses.

« Les Chakras, centres de force dans l'homme » de Charles Webster LEADBEATER, publié en 1927, est un excellent ouvrage de référence qui m'a permis non seulement de perfectionner mes connaissances sur les chakras mais aussi de mettre en valeur l'évolution des techniques énergéticiennes par rapport aux thèses ésotériques de la fin du XIXe siècle et du début du XXe.

Si, à cette époque, les principes de la chimie étaient déjà bien connus, nous étions en pleine période de la découverte des grand principes des sciences actuelles : la physique quantique (1900) grâce à des scientifiques de génie comme Max Planck, l'initiateur de la théorie des quantas, la révolution des principes newtoniens de l'astrophysique, notamment grâce à la théorie de la relativité d'Albert Einstein (1905) et plus encore grâce à la fameuse théorie des cordes découverte par Michael Green et John Schwarz en 1984.

Depuis, les connaissances sur ces sujets on pris un essor considérable. C'est pourquoi je me suis efforcé de dresser, aussi fréquemment que possible, un parallèle entre les thèses théosophiques de Charles Leadbeater et les connaisances scientifiques les plus contemporaines afin d'aider à leur compréhension.

Charles Webster LEADBEATER, né en 1837 aux Etats Unis, était un prêtre de l'Eglise anglicane.
Il participa activement aux travaux de la Société Théosophique dès 1883, désignée généralement sous les initiales HPB. Lors d'un voyage à Londres en 1884, il rencontra Helena Petrovna Blavatsky, la fondatrice de cette société. C'est là que des *«Maîtres de Sagesse »* lui adressèrent des lettres l'incitant à se rendre en Inde. Il y reçu alors une initiation de la part des Maîtres qui avaient enseigné leur savoir à Helena Blavatsky, notamment de Jiddu Krishnamurti (1895-1986).

C'est aussi lors de cette période qu'il rencontra Annie Besant (1847-1933), philosophe, membre de la Société Théosophique, féministe, humaniste et socialiste. Il rédigea dès lors de nombreux livres sur le système énergétique du corps humain dont il disait qu'ils lui avaient été inspirés par clairvoyance. On suppose que le docteur Annie Besant y a largement contribué. Le présent ouvrage reprend de nombreux extraits de ses écrits.

Charles Leadbeater séjourna en Inde quelques années pour suivre l'enseignment de Krishnamurti, puis se rendit en Australie comme ses voix intérieures le lui dictaient. En Australie, il fut un membre influent de l'Église Catholique Libérale dont il devint le deuxième évêque-président. Cette obédiance avait pour but de fusionner les rituels du culte catholique avec le mysticisme théosophique. Charles Leadbeater décéda en 1934, nous laissant une oeuvre impressionnante.

Si quelques voix critiques se sont élevées, à juste titre, contre certaines dérives du mouvement théosophique et contre les comportements parfois excessifs de certains de ses membres, leur reprochant en outre d'avoir été à la source des thèses naïves et réductrices du mouvement New Age, on doit néanmoins reconnaître aux théosophes leur rôle de pionniers dans l'approche et la compréhension des thèses ésotériques indiennes par des occidentaux imprégné de spiritualité. Ils ont eu le courage de se rendre à la source de ces thèses et de suivre l'enseignement des Maîtres indiens pendant de longues années avant de tenter une transcription de leurs acquis afin qu'ils soient assimilables par la culture occidentale dont nous sommes imprégnés.

C'est à ce titre que, tout au long de la première partie de cet ouvrage, je mêle ma voix à la parole de Leadbeater, rendant ainsi hommage à ses travaux.

Reynald Georges BOSCHIERO
Février 2010

Avant-propos de Charles Webster Leadbeater et Reynald Boschiero

Quand une personne commence à développer ses sens et que plus de choses lui deviennent visibles qu'à la plupart des gens, un monde nouveau et d'un extrême intérêt s'ouvre devant lui. Dans ce monde, les chakras sont parmi les premiers objets qui attirent son attention. Les hommes, ses frères, se présentent à lui sous un aspect nouveau : il perçoit en eux bien des particularités qui jusque là lui étaient invisibles. Aussi parvient-il à les comprendre, à les apprécier et, si nécessaire, à les aider mieux qu'avant. Leurs pensées et leurs sentiments s'expriment nettement à ses yeux par des couleurs et par des formes. Leur degré de développement, leur état de santé deviennent des faits évidents et non plus de simples suppositions. Les couleurs vives et le mouvement rapide et incessant des chakras sollicitent d'abord l'observateur qui, naturellement, veut connaître leur nature et leur rôle.

Le présent ouvrage a pour but de répondre à ces questions et de donner aux personnes qui n'ont pas encore essayé de développer leurs facultés en sommeil une idée plus précise de cette petite section devenue visible pour leurs frères plus naturellement sensibles ou plus expérimentés. Afin d'écarter les inévitables malentendus préliminaires, il faut bien comprendre que les capacités extrasensorielles qui permettent à certaines personnes de percevoir plus de choses que ne le peuvent leurs semblables n'ont rien d'imaginaire, rien que de très naturel.

C'est tout simplement une extension de facultés qui nous sont à tous familières. En l'acquérant, on se rend sensible à des vibrations plus rapides que les vibrations susceptibles d'être enregistrées par les sens physiques normalement exercés. Chacun développera ces facultés au cours régulier de l'évolution, mais certains d'entre nous se sont donnés spécialement les moyens de les développer dès aujourd'hui, avant le reste de l'humanité, au prix d'un travail soutenu pendant de longues années et de difficultés qui rebuteraient bien des gens. Je sais qu'il y a encore dans ce monde beaucoup de personnes assez arriérées pour nier l'existence de facultés semblables. Le fait que l'on n'aie jamais vu un ordinateur justifierait-il que les ordinateurs n'existent pas ? Si des habitants de contrées caniculaires se refusent à croire que l'eau peut geler, est-ce pour autant que l'eau ne peut pas geler ? Je me refuse de débattre avec une ignorance aussi invincible. Je ne peux que renvoyer les questionneurs aux nombreux ouvrages écrits par d'autres auteurs sur le même sujet. Des centaines de preuves ont été fournies et aucune personne capable de peser et d'apprécier les témoignages ne peut conserver le moindre doute. Il existe beaucoup d'écrits au sujet des chakras, essentiellement en sanscrit et dans certains dialectes de l'Inde. Ces ouvrages ont été rarement traduits en anglais et aucun ne l'a été en français.
Les ouvrages modernes ne me paraissent pas réellement digne d'intérêt. La première mention qui en a été faite dans la littérature anglaise date de 1910.

Les figures symboliques qui illustrent cet ouvrage sont la première tentative faite pour représenter les chakras tels qu'ils s'offrent aux yeux du voyant. Elles ont été travaillées récemment par un illustrateur afin de les rendre mieux compréhensibles.

En relisant les notes que j'avais prises sur le sujet, d'autres questions se posèrent et mes recherche firent apparaître des faits nouveaux que j'ai incorporés dans mon ouvrage. Parmi ceux-ci figure un point particulièrement intéressant : le globule de la vitalité et l'anneau de Kundalini qui furent observés par le docteur Annie Besant et catalogués dès 1895 sous le nom d'éléments *métapro*, bien qu' ils n'aient pas été étudiés d'assez près à cette époque pour découvrir les rapports qui les unissent et le rôle important qu'ils jouent dans l'économie de la vie humaine.

CharlesWebster LEADBEATER (1927)
et
Reynald Georges BOSCHIERO (2010)

Première partie

Chakras

d'après « Les Chakras, centres de force dans l'homme » de
CharlesWebster LEADBEATER
interprété et commenté par
Reynald Georges BOSCHIERO

Les Chakras, centres de Forces

Définition

Chakra est un mot sanscrit qui signifie une roue. Il est encore employé dans divers sens subsidiaires dérivés et symboliques, tout comme son équivalent anglais. Si nous parlons de la roue du destin, le bouddhiste parle de la roue des vies et des morts et il donne au premier grand sermon par lequel le Bouddha exposa sa doctrine, le nom de *Dhammachakkappavattana Soutta* (*chakka* étant en pali l'équivalent du sanscrit *chakra*), rendu poétiquement par le professeur Rhys Davids en ces termes : *« qui met en mouvement la roue du char royal d'un empire universel de vérité et de justice »*. C'est exactement l'idée que suggère cette expression au pieux bouddhiste, bien que la traduction littérale soit : *« la révolution de la roue de la Loi »*.

Nous emploierons ici le mot *chakra* dans un sens particulier pour désigner une série de tourbillons rotiformes qui existent à la surface du double éthérique de l'homme.

Explications préliminaires

Comme il est probable que des personnes non familiarisées avec la terminologie théosophique liront ce livre, il me semble utile de donner ici quelques brèves explications préliminaires. Dans les conversations superficielles ordinaires, il arrive qu'un homme fasse parfois mention de son âme, donnant ainsi à penser que le corps par lequel il s'exprime est l'homme véritable et que cet objet nommé l'âme est une possession ou un apanage du corps, une sorte de ballon captif flottant au-dessus de lui, tout en s'y rattachant sans que l'on sache comment. Tout cela est imprécis, inexact, trompeur et diamétralement le contraire de la vérité. L'homme est une âme qui possède un corps, et même plusieurs corps, car c'est sans compter le véhicule visible dont il se sert pour agir dans ce bas monde. Il y en a d'autres, invisibles pour la vue ordinaire, dont il se sert pour agir dans les mondes émotionnel et mental, mais pour le moment nous ne nous occuperons pas de ceux-ci.

Au cours du XIXe siècle, nos connaissances relatives aux plus petits détails du corps physique ont fait d'immenses progrès. Les étudiants en médecine sont maintenant familiarisés avec leur infinie complexité et je vous engage à acquérir ces connaissances fondamentales pour une bonne pratique de la Lithothérapie.

Le double éthérique

Naturellement, les médecins ont dû limiter leur examen du corps à la partie dont la densité est suffisante pour la rendre visible. Presque tous ignorent l'existence du type de matière, physique encore bien qu'invisible, appelée en Théosophie *matière éthérique*. Notez bien que l'emploi de ce terme ne doit pas nous amener à confondre la matière physique supérieure avec le véritable éther de l'espace, éther dont la matière en est la négation. Cette partie invisible du corps physique présente pour nous une grande importance, car c'est le véhicule emprunté par les courants de vitalité qui maintiennent le corps en vie. Sans ce pont qui transmet les ondes mentales et émotionnelles de la matière astrale à la matière physique visible, donc plus dense, l'ego ne pourrait faire usage de ses cellules cérébrales. Pour le clairvoyant, le corps en question est nettement visible, sous l'aspect d'un brouillard faiblement lumineux, d'un gris laiteux irisé de couleurs chatoyantes, interpénétrant la partie dense du corps et le dépassant très légèrement.
La vie du corps physique est une vie de changements perpétuels. Il a besoin d'être alimenté par trois sources distinctes pour subsister : il lui faut des aliments à digérer, de l'air à respirer, et de la vitalité sous trois formes pour l'absorber. Cette vitalité est essentiellement une force mais, quand elle se voile de matière, elle nous semble n'être qu'un élément chimique. Elle existe pourtant sur tous les plans mais, dans un premier temps, nous n'envisagerons que sa manifestation dans le monde physique. Pour la comprendre, il faut posséder quelques notions sur la constitution et la disposition de cette partie éthérique de nos corps… mais cela devra faire l'objet d'un livre plus complet exclusivement consacré à l'aura.

Les centres

Les chakras, ou centres de force, sont des points de liaison par où l'énergie passe d'un corps ou d'un véhicule humain à un autre. Toute personne aussi faiblement clairvoyante soit-elle peut facilement les distinguer dans le double éthérique où elles se présentent en surface comme des concavités en forme de soucoupes ou comme des tourbillons. Lorsque leur développement est embryonnaire, ce sont de petits cercles d'environ cinq centimètres de diamètre qui émettent habituellement une faible lueur. Lorsqu'ils sont bien éveillés et vivifiés, ils ressemblent à des tourbillons enflammés et scintillants. Devenus encore plus grands, ils ressemblent à des soleils en miniature. Nous disons parfois qu'ils

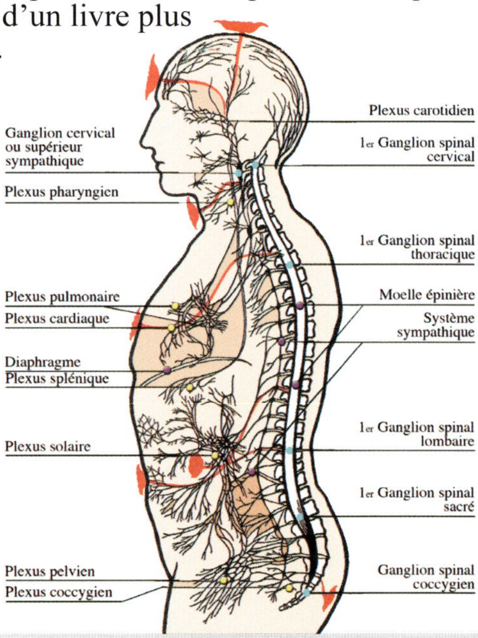

Illustration extraite de l'ouvrage original (1927) : «Les chakras, centres de forc dans l'homme». Elle présente de profil le positionnement et la forme des chakras selon Leadbeater.

Les Chakras

(selon Leadbeater)

	Dénomination	Nom sanscrit	Localisation
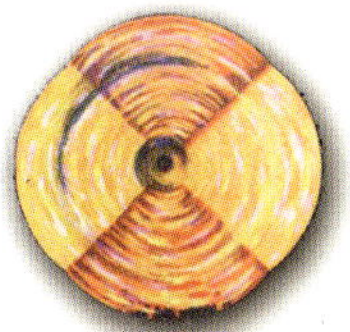	**1** **Chakra racine** ou fondamental	Moulâdhâra	À la base de la colonne vertébrale
	**2** **Chakra de la rate** ou splénique	-	Au dessus de la rate
	**3** **Chakra du nombril** ou ombilical	Manipoura	Au nombril, au dessus du plexus solaire
	**4** **Chakra du cœur** ou cardiaque	Anâhata	Au dessus du cœur
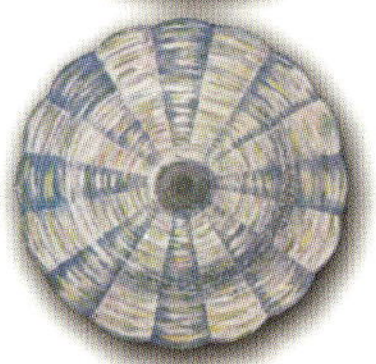	**5** **Chakra de la gorge** ou laryngé	Vishudda	Au devant de la gorge
	**6** **Chakra du front** ou frontal	Ajnâ	Entre les deux sourcils
	**7** **Chakra du sommet de la tête** ou coronal	Sahasrâra	Au sommet de la tête

correspondent à peu près à certains organes physiques. En réalité, ils se montrent à la surface du double éthérique qui dépasse d'une dizaine de centimètres les contours du corps physique. Supposez que vous regardiez directement dans le calice d'une fleur telle que le liseron, vous pouvez alors vous faire une idée de l'aspect général d'un des chakras. Dans chacun de ces derniers, la tige de la fleur est issue d'un point situé dans l'épine dorsale du corps physique. On pourrait encore montrer dans celle-ci une tige centrale d'où naissent, à intervalles réguliers, des fleurs dont les calices s'ouvrent à la surface du corps éthérique.

On remarque dans le tableau de la page précédente que Leadbeater et les théosophes, à cette époque de puritanisme victorien, font l'impasse sur le second chakra, le *Svadhisthana*, qui correspond aux glandes sexuelles et aux organes génitaux.
En revanche, ils développent le *Surya chakra*, qu'il nomment centre splénique (de la rate). Leadbeater justifie cette absence par le fait que ce chakra ne serait pas indiqué dans les ouvrages indiens. Il ajoute qu'il est remplacé par un centre nommé le *Svâdhishthâna*, situé dans le voisinage des organes génitaux. Le même nombre de six pétales lui est assigné. Nous verrons plus tard que nous utilisons désormais pour les chakras une méthodologie plus contemporaine et des localisations plus précises.

Leadbeater explique que toutes ces roues sont en rotation perpétuelle.
Une énergie du monde supérieur se déverse constamment dans la concavité ou bouche béante de chacune. C'est une manifestation du courant vital issu du *Deuxième Aspect du Logos Solaire* que nous appelons la force primaire. Cette force est d'une nature septuple.

Toutes ces formes sont à l'oeuvre dans chacun des centres, bien que l'une d'elles prédomine habituellement sur les autres. Le corps physique ne pourrait exister sans cet influx d'énergie. Les centres sont donc actifs dans tout le règne animal dont les humains font partie bien que, chez les personnes non développées, leur mouvement soit en général comparativement indolent, juste assez prononcé pour offrir à l'énergie le vortex nécessaire, mais pas plus. Chez une personne plus évoluée, ils luisent si bien qu'ils sont traversés par un flot d'énergie bien plus considérable. Une lumière vivante y palpite. Il en résulte pour cette personne des facultés et des possibilités additionnelles.

La forme des tourbillons

L'énergie divine qui vient du dehors se déverse dans chaque centre et met en action des forces secondaires dont le mouvement est ondulatoire et circulaire. Cette énergie arrive perpendiculairement à la surface du double éthérique. C'est ainsi qu'un aimant entouré d'un conducteur électrique produit en se déplaçant dans ce fil un courant électrique dont le sens est perpendiculaire à l'axe de l'aimant. Des découvertes récentes en astrophysique nous

décrivent de la même manière les jets de plasma qui rayonnent depuis le centre des trous noirs (voir illustration page 42).
La force primaire qui a pénétré dans le vortex en rayonne de nouveau à angle droit mais en lignes droites, comme si le centre du vortex représentant le moyeu, les rais de la force primaire figuraient les rayons de la roue. Le corps astral et le corps éthérique semblent s'attacher l'un à l'autre, comme par des grappins, au moyen de ces rayons d'énergie. Le nombre de ces rayons est différent dans chacun des centres de force et détermine le nombredes ondes représentées comme des pétales. C'est pourquoi, dans les ouvrages orientaux, ces centres ont été souvent décrits en termes poétiques comme semblables à des fleurs.

Formes et couleurs des chakras
selon Leadbeater

Chacune des forces secondaires qui tournoient dans la concavité en forme de soucoupe possède sa longueur d'onde particulière, comme celle que la lumière d'une couleur particulière possède, mais au lieu de se mouvoir en ligne droite comme la lumière, elle se propage en ondulations de diverses dimensions dont chacune est un multiple des longueurs d'onde plus petites qu'elle comprend. Le nombre des ondulations est déterminé par le nombre des rayons de la roue. La force secondaire s'enlace au-dessous et au-dessus des courants radiants de la force primaire, tout comme l'osier qu'un vannier entrelacerait autour des rayons de la roue de bois d'une charrette. Les longueurs d'onde sont infinitésimales. Il en existe probablement des milliers dans une seule ondulation.

Les forces tourbillonnant dans le vortex en oscillations inégales se croisent comme dans un clayonnage et déterminent ainsi l'apparence florale dont j'ai parlé. Peut-être la forme rappelle-telle davantage celle de certaines soucoupes ou vases de verre ondulé et irisé peu profonds, comme on les faisaient autrefois près de Venise, à Murano.
Toutes ces ondulations ou pétales chatoient comme le plumage du paon ou comme de la nacre, mais présentent individuellement une couleur particulière et prédominante, ainsi que nos illustrations le montrent. Cet aspect nacré ou argenté est comparé dans les ouvrages sanscrits à la lueur de la lune sur les eaux.

Positionnement des chakras

Il est intéressant de comparer les deux illustrations ci-dessous sur le position-

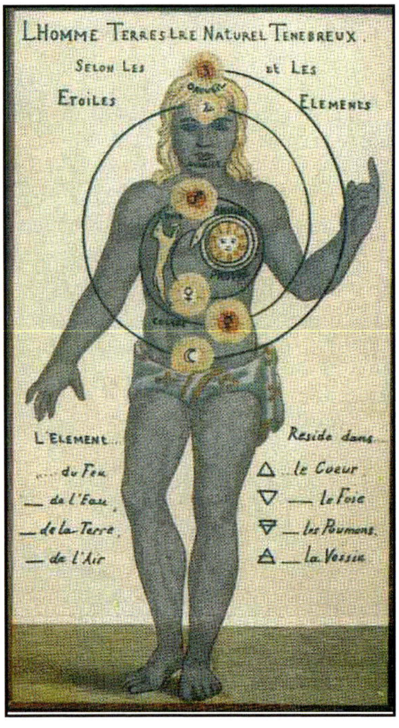

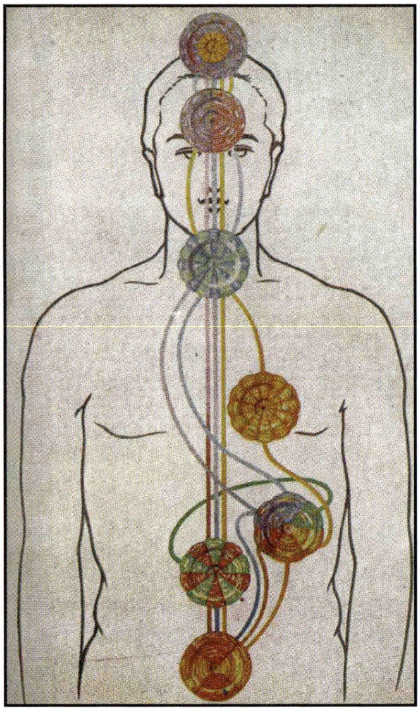

à gauche :
Positionnement selon Gichtel (XVIIe siècle)

à droite :
Positionnement selon Leadbeater (XIXe siècle)

nement des chakras tel que le définissaient Gichtel au XVIIe siècle et Leadbeater à la fin du XIXe siècle.

On remarque que :

- le chakra du sexe, ou chakra sacré, est absent.
- un chakra nommé chakra splénique, ou chakra de la rate, est situé entre le chakra racine et le chakra du plexus solaire, à droite de l'axe central. Dans les ouvrages modernes, il est considéré comme un chakra secondaire appartenant au système du chakra du plexus solaire,
- le chakra du coeur n'est pas situé sur l'axe central. Il est décalé vers la droite, sur l'organe coeur.

Comparons donc les positions des chakras tels que les contemporains de Leadbeater les concevaient avec celles qui sont admises actuellement. Ces différences d'origine culturelles sont cependant mineures. Les propriétés respectives des chakras restent très similaires.

- les chakras 1 et 2 transmettent la vitalité et l'énergie,
- les chakras 3, 4 et 5 affectent la personnalité,
- les chakras 6 et 7 sont reliés au spirituel..

On constate également des différences dans la vue de profil des chakras telle que Leadbeater la propose et telle que nous la percevons actuellement *(voir illustrations page suivante).*

Dans cette vue de profil, on constate :

- que les chakras ne figurent qu'en face avant du personnage (corolles en rouge)

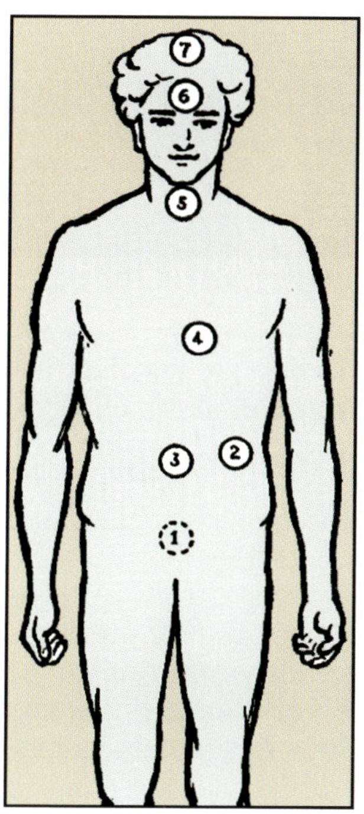

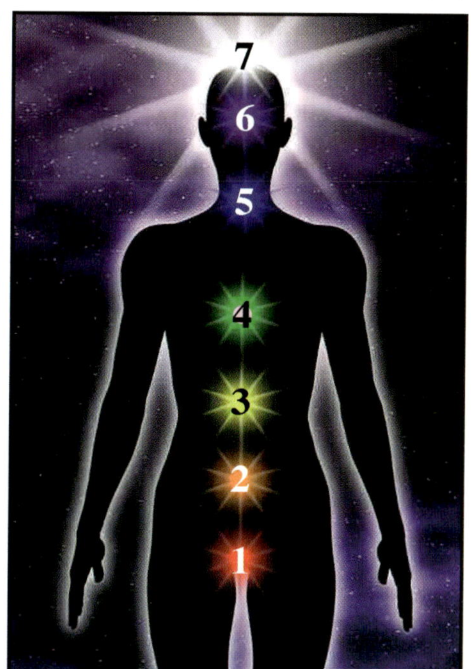

à gauche :
Positionnement selon Leadbeater (XIXe siècle)

à droite :
Positionnement des chakras admis actuellement

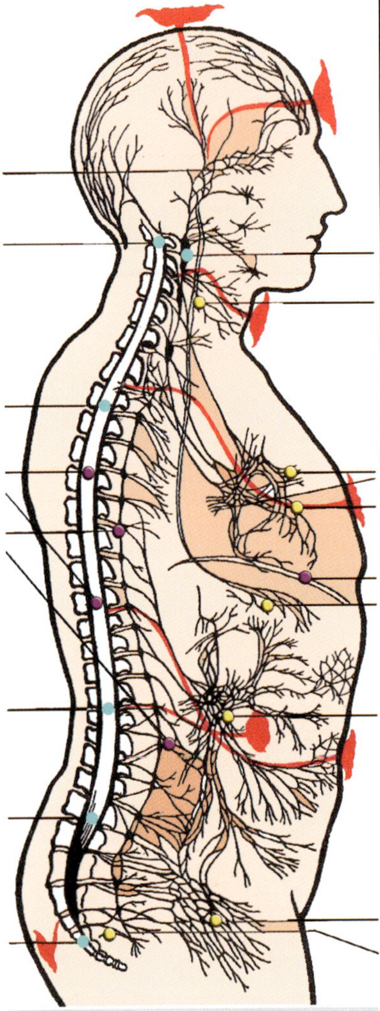

Vue de profil selon Leadbeater

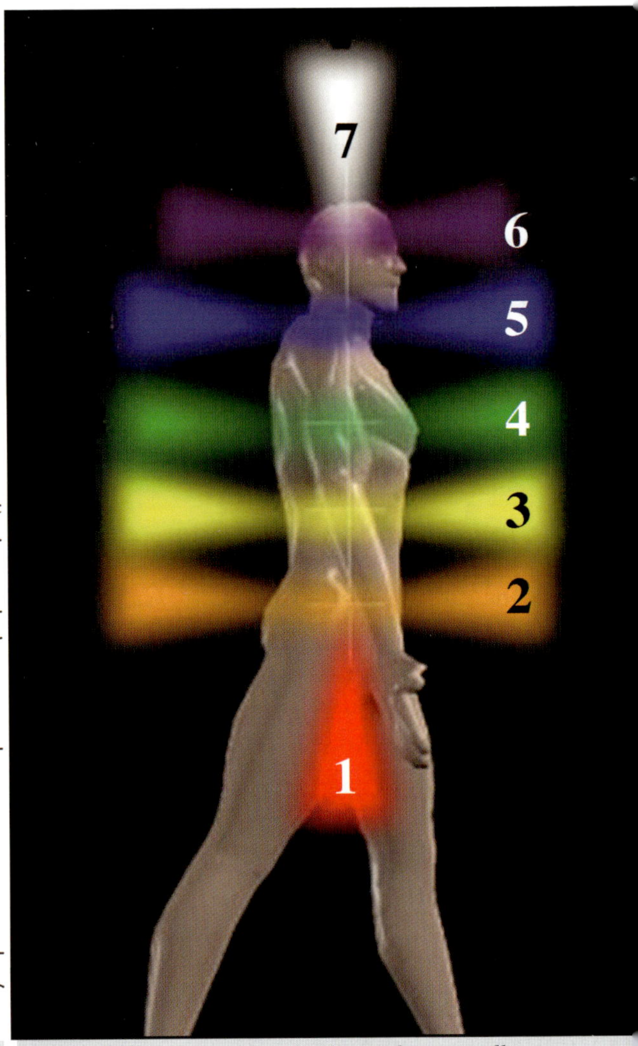

Rayonnement des chackras admis actuellement

alors que les auteurs modernes considèrent que les chakras rayonnent autant d face que de dos, exception faite des deux chakras extrêmes : le chakra racin qui rayonne vers le bas et le chakra coronal qui rayonne vers le haut.

• que Leadbeater mentionne le chakra du sexe, ou chakra sacré, sous le nom d plexus pelvien.

• que chacun des chakras mentionnés sous le nom de plexus est en correspo dance avec ce que Leadbeater nomme des ganglions qui se trouvent au nivea de la colonne vertébrale. La colonne vertébrale est l'axe par lequel les éne gies circulent dans ce que nous appelons désormais le canal de circulation de énergies.

Description des chakras

Le Chakra racine

Le premier centre, ou centre fondamental, situé à la base de la colonne vertébrale, possède une force primaire qui en émane suivant quatre rayons et, par conséquent, dispose des ondulations de façon à donner l'effet d'une division en quarts de cercle,alternativement rouges et orangés séparés par des creux. D'où l'impression qu'il est marqué du signe de la croix et que, pour cette raison, la croix sert souvent à symboliser ce centre. Il se peut aussi qu'une croix enflammée représente le feu-serpent dont il est le siège.
Quand il fonctionne avec vigueur, ce centre est d'un rouge orangé ardent et correspond de près au type de vitalité qui lui arrive du centre splénique. On remarquera par ailleurs qu'il existe une correspondance semblable avec la couleur de sa vitalité pour chaque chakra.
Les auteurs modernes considèrent que les couleurs de ce chakra à dominante rouge vif comportent un peu de noir, de brun et de rouge vermillon légèrement orangé.

Selon Leadbeater

Couleurs actuelles

Représentation contemporaine

Le Chakra de la rate

Le deuxième centre ou centre splénique situé au-dessus de la rate, sert à spécialiser, subdiviser et dispenser la vitalité qui nous vient du soleil. Cette vitalité est de nouveau distribuée en six courants horizontaux, la septième variété se trouvant attirée dans le moyeu de la roue. Ce centre présente donc six pétales ou ondulations de couleurs différentes. Il est spécialement rayonnant, lumineux et semblable à un soleil. Dans chacune des six divisions de la roue prédomine la couleur d'une des formes de la force vitale : rouge, orangé, jaune, vert, bleu et violet.

Nous rappelons que, dans les ouvrages modernes, ce chakra de la rate n'est qu'un chakra secondaire appartenant au système du chakra du plexus solaire.

Le chakra du sexe, ou chakra sacré, qui le remplace dans ces ouvrages, possède des couleurs dégradées du rouge orangé au jaune orangé, avec des nuances plus ou moins vives, plus ou moins claires, plus ou moins sombres.

Selon Leadbeater

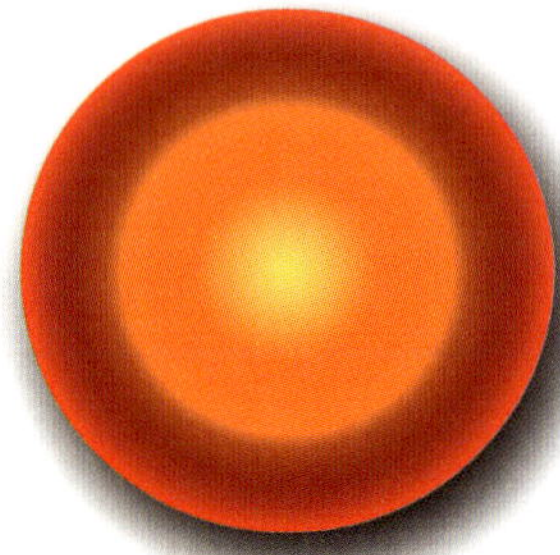

Couleurs actuelles

Représentation contemporaine

Le Chakra ombilical

Le troisième centre, dit ombilical, est situé juste au dessus du nombril, c'es à dire au plexus solaire (cela s'entend comme étant le plexus solaire dit énergétique, le plexus solaire défini en anatomie se situant plus haut, à la base du sternum).
Il reçoit une force primaire à dix rayons. Il vibre de telle sorte qu'il se divise en dix ondulations ou pétales. Il est étroitement associé aux sentiments et aux émotions.
Sa couleur dominante est un curieux mélange de plusieurs nuances de rouge bien qu'il s'y trouve aussi beaucoup de vert. Les divisions sont essentiellement jaunes avec des nuances alternées un peu plus vertes.
On notera que la représentation qu'en fait Leadbeater n'est pas parfaitement exacte : de nos jours, il est admis que la couleur dominante est le jaune solaire avec des tons vifs ou plus lumineux, avec quelques nuances jaune/vert. Si le chakra du plexus solaire est bien associé aux émotions, on considère actuellement que les sentiments sont du domaine du chakra du cœur.

Selon Leadbeater

Couleurs actuelles

Représentation contemporaine

Le Chakra du cœur

Le quatrième centre, ou centre cardiaque, est situé au coeur. Il est essentiellement vert avec des nuances roses. Chacun de ses quarts de cercle est divisé en trois parties, ce qui lui produit douze ondulations car la force primaire lui confère douze rayons. Leadbeater propose une illustration avec des couleurs dominantes jaunes qui correspondent, en fait, aux couleurs du chakra du plexus solaire. Dans ses représentations contemporaines, le chakra du coeur présente du vert en couleur dominante avec de nombreuses nuances. Le centre de ce chakra contient des variations de rose.
Nous devons préciser que ce chakra se situe au niveau du cœur sur l'axe central, alors que les anciennes réprésentations le situent en décalage vers l'organe cœur.

Selon Leadbeater

Couleurs actuelles

Représentation contemporaine

Le Chakra de la gorge

Le cinquième chakra, ou centre laryngé, est situé à la gorge. Il est divisé en seize rayons et, par conséquent, seize divisions apparentes.
Il contient une certaine quantité de bleu, mais son aspect est argenté et étincelant : il fait penser à la lumière de la lune. éclairant une eau qui ruisselle. Les auteurs modernes sont plutôt d'accord avec la description que fait Leadbeater. Hélas, l'illustration qu'il propose est très approximative et ne correspond pastout à fait à la réalité. Ce chakra est essentiellement bleu clair, bleu turquoise, les deux dans différentes tonalités, avec, effectivement, une touche argentée.

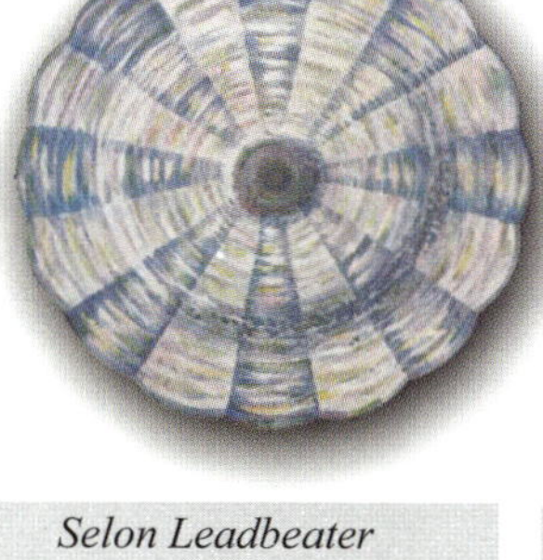

Selon Leadbeater

Couleurs actuelles

Représentation contemporaine

Le Chakra du front

Le sixième centre, ou centre frontal, est situé entre les sourcils.
Il semble comporter deux moitiés : l'une est principalement bleu indigo, l’autr contient beaucoup de jaune. Ces tons, ici encore, s'accordent avec leurs couleur propres aux types de vitalité spéciaux qui vivifient le centre. C'est peut-êtr pour cette raison que les ouvrages indiens attribuent à ce centre deux pétale seulement.
Cependant, si nous comptons les ondulations de même nature que celles de centres précédents, nous trouverons que chaque centre en contient quarante huit, soit quatre- vingt-seize en tout, car sa force primaire présente ce mêm nombre de rayons.

Le passage subit de seize à quatre-vingt-seize rayons, puis la variation plu saisissante encore de quatre-vingt-seize à neuf cent soixante-douze entre c chakra et le suivant nous indiquent que nous étudions maintenant des centre d'un ordre absolument différent de ceux que nous avons considérés jusqu'ici Nous ne connaissons pas encore tous les facteurs qui déterminent dans un cha kra le nombre des rayons, mais il est déjà évident qu'ils représentent des degré de variations dans la force primaire.

Avant de pouvoir en dire plus, les observations et les comparaisons devron être faites par centaines, répétées et vérifiées maintes fois. En attendant u point est acquis : si des types de force plus nombreux suffisent aux besoins d la personnalité, quand nous arrivons aux principes humains supérieurs et plu permanents, nous constatons une complexité, une multiplicité qui exigent pou leur expression une sélection infiniment plus nombreuse des modifications d l'énergie.

Cette fois encore, l’illustration que Leadbeater propose est inexacte dans se nuances de couleurs. On trouve dans ce chakra un bleu indigo (légèremer violacé) en couleur dominante mais on y trouve aussi de nombreuses nuance de bleus francs, vifs, sombres, rarement clairs. Les nuances de jaune qu’on trouve sont les mêmes que celles du chakra du plexus solaire. Comme le d Leadbeater, les nuances de bleu et de jaune sont réparties par moitié.

Selon Leadbeater

Couleurs actuelles

Représentation contemporaine

Le Chakra du sommet ou Chakra coronal

Le septième centre, ou centre coronal situé au sommet de la tête, apparaît, quand son activité est devenue totale, comme le plus resplendissant de tous, abondant en effets chromatiques indescriptibles qui vibrent à une vitesse presque inconcevable. Il semble contenir toutes sortes de couleurs prismatiques dans lesquelles le violet domine.

Les livres indiens lui donnent mille pétales. Ce chiffre n'est pas très éloigné de la réalité car les rayons de sa forme primaire dans le cercle extérieur sont très exactement au nombre de neuf cent soixante douze. Chaque ligne en est fidèlement reproduite dans notre illustration, bien qu'il ne soit guère possible de donner l'effet individuel des pétales. Mentionnons encore une caractéristique étrangère à tous les autres chakras : c'est une espèce de tourbillon central et secondaire d'une blancheur lumineuse éclairée au centre par un ton d'or, activité mineure comportant douze ondulations qui lui appartiennent en propre.

Ce chakra s'éveille en général le dernier. Tout d'abord il est de même dimension que les autres mais à mesure que l'homme progresse sur le sentier de l'avancement spirituel, il s'épanoui régulièrement jusqu'à ce qu'enfin il couvre à peu près, tout le sommet de la tête. Autre particularité de son développement : ce n'est d'abord qu'une dépression dans le corps éthérique, comme le sont tous les autres chakras car, par lui comme par ceux-ci, la force divine se déverse du dehors vers l'intérieur. Mais, quand on a compris qu'il est comme un roi de la lumière divine prodiguant ses largesses à tous ceux qui l'cntourent, le chakra se retourne et sa concavité devient, en quelque sorte, convexité. Il ne reçoit plus, il rayonne. Ce n'est plus une dépression, c'est une proéminence qui se détache de la tête comme un dôme, véritable couronne de gloire.

Les illustrations de Leadbeater montrent les chakras tels que le clairvoyant assez évolué et intelligent les perçoit lorsqu'il les a déjà rendus actifs. Bien entendu, les couleurs rendues par l'impression ne sont pas assez lumineuses.

Selon Leadbeater — *Couleurs actuelles* — *Représentation contemporaine*

Aucune couleur terrestre ne le serait. Ces illustrations donnent une certaine idée de l'apparence présentée par ces roues de lumière. Ce qui précède aura fait comprendre au lecteur que, suivant les personnes, les centres varient en grandeur, en éclat, et que, chez une même personne, quelques-uns peuvent être beaucoup plus développés que les autres.

On remarquera les détails particuliers du chakra coronal. Cette illustration représente le chakra d'une personne qui possède à un très haut point les qualités qui s'expriment par ce centre car il est non seulement très développé mais enore particulièrement lumineux : il projette des rayons brillants comme de l'or. Nous en trouvons un exempledans la représentation de l'aura dans la salle du sanctuaire, au quartier général'Adyar.
L'illustration que Leadbeater propose est assez conforme. On précisera simplement que la couleur dominante se situe dans des nuances de violet, que la lumière blanche en occupe le centre et que l'or de la spiritualité est bien présent.

Les fonctions des chakras

Ces chakras se divisent naturellement en trois groupes : l'inférieur, le moyen et le supérieur ou, pourrait-on dire, le physiologique, le personnel et le spirituel.

Les chakras des deux premiers groupes ne présentent que peu de rayons ou pétales. Ils ont pour rôle principal de recevoir dans le corps deux forces auxquelles il est soumis à ce niveau physique : l'une est le feu-serpent de la terre, l'autre est la vitalité solaire.

Les centres du groupe moyen, numérotés 3, 4 et 5, concernent les forces qui atteignent l'homme par sa personnalité, par l'astral inférieur dans le cas du centre 3, par l'astral supérieur dans celui du centre 4, enfin par le mental inférieur dans celui du centre 5. Tous ces centres semblent alimenter certains de nos ganglions.

Les centres 6 et 7 forment une catégorie à part. Ils se rattachent respectivement au corps pituitaire et à la glande pinéale et ne deviennent actifs que lorsque le développement spirituel a fait quelques progrès.

J'ai entendu suggérer que, dans ces centres d'énergie, chacun des différents pétales représente une qualité morale et que le développement de cette qualité rendait le centre actif. Par exemple, dans le *Dhyânabindu Upanishad*, les pétales du chakra cardiaque représentent la dévotion, la paresse, la colère, la charité et autres qualités semblables. Aucun fait ne m'a permis encore de le vérifier avec certitude. D'ailleurs, on ne voit pas bien comment cela pourrait être, car l'aspect des centres est dû à certaines forces faciles à reconnaître. Les pétales d'un centre quelconque sont actifs ou non, suivant que ces forces ont été ou non éveillées.

Leur développement ne semble pas avoir plus de rapport avec la moralité que le développement du biceps. J'ai rencontré des personnes dont certains centres étaient en pleine activité bien que leur avancement moral ne fut pas exceptionnel.

Au contraire, ces centres étaient à peine vitalisés chez d'autres personnes d'une haute spiritualité et de la plus noble moralité possible. Il ne semble donc pas qu'il y ait un rapport nécessaire entre les deux développements. Pourtant, certains faits observables ont pu servir de base à cette idée assez curieuse. La ressemblance à des pétales est bien causée par les mêmes forces qui tournoient autour du centre et passent alternativement au-dessus et au-dessous des rayons. Ces rayons diffèrent par leur caractère parce que l'énergie se divise en parties ou qualités constitutives en faisant irruption et qu'une influence spécialisée particulière émane de chaque rayon par la suite, bien que les différences soient infimes.

La force secondaire, en franchissant chaque rayon est, dans une certaine mesure, modifiée par son influence et elle change légèrement de couleur ultérieurement. Quelques unes de ces nuances peuvent indiquer une forme d'énergie favorable au développement de telle ou telle qualité morale et, quand cette qualité se confirme, sa vibration correspondante sera plus prononcée. Ainsi, on peut supposer que le ton le plus vif ou le plus faible dénoterait que la personne possède plus ou moins de cet attribut.

Dans les peintures et statues orientales représentant les divinités ou les grands hommes, la proéminence des chakras est souvent indiquée. Sur la figure de la

Tête de Bouddha à Borobodour (Java)

On constate souvent que les deux étages du ahasrâra chakra ont été copiés, d'abord le dôme le plus grand, celui de 960 pétales, ensuite le dôme le plus petit qui en présente douze et s'élève au-dessus du premier.

Tête de Brahmâ à Ikera (Japon)

Cette statue est une tête de Brahmâ du Hokké-dô de Tôdai-ji, à Nara, Japon (sculptée vers 749 apr. J.-C.). On notera que la statue porte une coiffure qui représente le chakra coronal dont la forme diffère un peu de la précédente : une petite couronne de flammes la surmonte.

page suivante, on l'observe sur la tête d'une statue de Bouddha qui se trouve à Borobodour, dans l'île de Java. C'est la manière conventionnelle de représenter ce chakra. On le remarque partout dans le monde oriental cette forme sur les têtes d'innombrables images de Bouddha.

Chez une personne très développée, le chakra coronal répand une splendeur et une gloire dont il est véritablement couronné. Voici la signification de ce passage de l'Écriture :

« Tout ce que l'homme a gagné, tout le magnifique Karma qu'il fait, toute la merveilleuse énergie spirituelle dont il est la source, tout cela il le met perpétuellement aux pieds du Logos et le consacre à Son oeuvre. Il peut indéfiniment jeter sa couronne d'or, car elle ne cesse de se reformer, l'énergie jaillissant intarissablement en lui-même ».

Cette coiffe figure aussi parmi les symboles chrétiens : elle y est représentée par les couronnes portées par les vingt-quatre vieillards qui les jettent sans cesse au pied du trône de Dieu.

Autres mentions

Les sept centres de force sont fréquemment décrits dans la littérature sanscrite dans quelques-uns des petits *Oupanishads*, dans les *Pouranas* et dans les ouvrages tantriques.

De nos jours beaucoup de yogis indiens en font usage. Il existe encore aujourd'hui en Inde des écoles qui se servent couramment des chakras pour faciliter et élargir le champs des connaissances de leurs élèves, y compris dans les différents domaines du savoir contemporain. Nous devons ces intéressants renseignements à des sources indiennes et hindoues dignes de foi. Nous essaierons, dans un autre chapitre, de les résumer et de les commenter.
Depuis les années 70, de nombreux occidentaux s'intéressent aux chakras, à leurs propriétés énergétiques et à leurs incidences sur notre santé et nos comportements.Mais nous en avons trouvé des traces bien plus anciennes dans un livre intitulé *Theosophia Practica*, du mystique allemand Johann Georg Gichtel, élève de Jacob Boehme, qui appartint probablement à la société secrète des Rose Croix . Ce livre parut d'abord en 1696, mais il est dit que dans l'édition de 1736 que les figures furent réimprimées une dizaine d'années seulement après la mort de l'auteur. Or, celle-ci eut lieu en 1710. Il ne faut pas confondre cet ouvrage avec un volume réunissant la correspondance de Gichtel sous un titre identique : *Theosophia Practica*. Le volume en question n'a pas reçu la forme épistolaire, mais contient six chapitres relatifs à la régénération mystique, doctrine si importante parmi les Rose Croix.

Gichtel est né en 1638 à Ratisbonne, en Bavière. Il fit ses études de théologie et de droit et exerça la profession d'avocat. Plus tard, devenu conscient d'un monde spirituel intérieur, il abandonna tout intérêt en ce monde et fonda un mouvement mystique chrétien. Son opposition à l'ignare orthodoxie de son temps lui attira la haine de ses adversaires. En conséquence, il fut banni vers 1670 et it ses biens confisqués. Il finit par trouver refuge en Hollande où il passa les uarante dernières années de sa vie. Il considérait évidemment les figures onnées dans sa Theosophia Practica comme ayant un caractère secret. Elles emblent avoir été réservées pendant de longues années à un petit groupe de es disciples. Elles étaient, dit-il, le résultat d'une illumination intérieure. C'est robablement ce que nous appellerions aujourd'hui la faculté de clairvoyance.

iichtel, dans la page du titre, prévient que son livre est : *« Une courte exposi-ion des trois principes des trois mondes dans l'homme, représentée dans des ubleaux montrant avec clarté comment et où ils ont dans l'homme leurs centres espectifs, conformément à ce que l'auteur a découvert en lui-même grâce à la ontemplation divine et à ce qu'il a senti, goûté et perçu ».*

Aais, comme la plupart des mystiques de son temps, l'exactitude qui devrait aractériser l'occultisme et le mysticisme véritables fait défaut à Gichtel : tout n décrivant les figures, il se permet de longues disgressions, au demeurant très ntéressantes, sur les difficultés et les problèmes de la vie spirituelle. Cepen-ant,
es figures qui illustrent son livre ne sont pas particulièrement précises. Peut-tre l'auteur n'osait-il pas en dire trop. Peut-être aussi voulait-il amener ses ecteurs à observer par eux-mêmes les choses dont il parlait.

Nous jugeons probable que, grâce à sa vie très spirituelle, il était devenu assez lairvoyant pour voir ces chakras sans comprendre leur caractère et leur rôle éritables, de sorte qu'en essayant d'expliquer leur raison d'être, il leur applique symbolisme couramment employé dans l'école mystique dont il faisait partie.

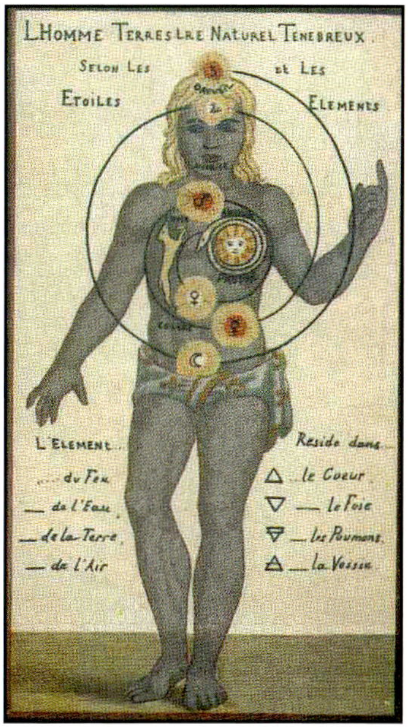

Comme on le verra, Gichtel considère ici l'homme aturel et terrestre plongé dans les ténèbres. Son essimisme à l'endroit des chakras n'est donc peut-tre pas sans excuses. Il passe sans commentaire e premier et le deuxième chakra. Il est probable u'il ignorait que ces chakras se rapportaient prin-ipalement à des activités physiques. Il voit dans le lexus solaire le siège de la colère, ce qui est exact. Dans son opinion, le centre cardiaque est rempli 'égoïsme : ce n'est pas tout à fait faux, nous le errons plus tard.
.à où il est sans conteste dans l'erreur, c'est quand affirme que le chakra de la gorge est fait d'envie t d'avarice et que les centres supérieurs locali-és dans la tête ne dégagent rien de meilleur que 'orgueil.
l assigne également aux chakras certaines planètes : au centre fondamental la Lune, au centre splénique Aercure,

• au centre ombilical Vénus,
• au centre cardiaque le Soleil (notons pourtant qu'un serpent y est enroulé),
• au centre du larynx Mars,
• au centre frontal Jupiter,
• et au centre coronal Saturne.

Il nous informe en outre que le feu réside dans le coeur, l'eau dans le foie, l terre dans les poumons et l'air dans la vessie.
Nous noterons un détail : l'auteur dessine une spirale qui, partant du serpen dont le coeur est entouré, passe successivement par tous les centres, mais o ne trouve aucune raison particulière déterminant l'ordre dans lequel cette spi rale les atteint. Le symbolisme du chien qui court n'étant pas expliqué, nou sommes donc libres de l'interpréter à notre guise.

Plus loin, Gichtel nous donne une illustration de l'homme régénéré par le Chris Il a entièrement écrasé le serpent. Le Soleil est ici remplacé par un Sacré-Coeu incroyablement sanguinolent !

Pour nous, l'intérêt de ce dessin ne se trouve pas dans les interprétations d l'auteur mais dans le fait qu'il prouve, sans aucun doute possible, que, parm les mystiques du XVIIe siècle, il y en avait qui connaissaient l'existence et l position des sept centres du corps humain.

Nous trouvons aussi dans les rituels maçonniques la preuve des connaissance possédées bien avant notre époque. Les points saillants de ces rituels remonten à un temps immémorial : nombre de monuments démontrent que ces point étaient connus et pratiqués dans l'Egypte ancienne. Ils nous ont été fidèlemer transmis. Les francs-maçons les trouvent parmi leurs secrets. En les utili sant, ils stimulent certains de ces centres à l'occasion et dans l'intérêt de leur travaux, bien qu'ils ignorent à peu près tout ce qui se passe au delà des limite de la vision normale. Il va sans dire qu'ici, Leadbeater ne s'autorise pas à e dire plus...

Représentation indienne contemporaine *de la déesse Shakti*

Les Forces

La force primale ou vitale

Des énergies diverses émanent des Forces Cosmiques. Malgré les progrès spectaculaires des recherches en astrophysique et en physique quantique, nous n'en appréhendons que quelques unes pour lesquelles nous n'avons que de vagues idées sur la façon dont elles influent sur le monde vivant. Celles qui ont été observées sont encore trop rares.

Cependant, dans le domaine ésotérique de l'énergétique, nous considérons qu'à chacune de celles qui ont été perçues correspond une manifestation appropriée. Mais pour l'instant, envisageons-les telles qu'elles se montrent dans le monde physique.

L'une se présente comme l'électricité (aujourd'hui, on parlerait plutôt d'électromagnétisme), une autre comme le feu-serpent (l'énergie nucléaire?), une autre comme la vitalité (le feu en tant que phénomène de combustion de l'oxygène dans les organes et les muscles de notre corps), une autre enfin que nous considérons comme la force vitale, différente de la vitalité, ainsi que nous le verrons tout à l'heure.

Un effort patient et soutenu est nécessaire à toute personne qui chercherait à découvrir l'origine de ces forces et à déterminer leurs relations. Leadbeater nous dit qu'autrefois, il connaissait la manifestation sur le plan physique de la force vitale, de Koundalini et de la vitalité, mais pas encore leur relation avec les *Trois Effusions*. C'est pourquoi il les décrivit comme absolument différentes de ces dernières et sans rapport avec elles. Des recherches ultérieures lui permirent de combler cette lacune et de corriger l'erreur commise.

Trois forces principales s'écoulent à travers les chakras et nous pouvons les considérer comme représentant les trois aspects du *Logos*. L'énergie se précipite dans l'ouverture du chakra comme dans une cloche. Elle met en mouvement, par rapport à elle même, une force circulaire secondaire qui est une des expressions de la *Deuxième Effusion* provenant du *Deuxième Aspect* du *Logos*. Ce courant vital est envoyé par les Forces cosmiques dans la matière déjà vitalisée par l'action du *Troisième Aspect* du *Logos* lors de la *Première Effusion*. On peut comparer ce principe avec la symbolique de la doctrine chrétienne qui dit que le Christ est incarné ou, en d'autres termes, il reçoit sa forme du Saint-Esprit et de la Vierge Marie. Cette *Deuxième Effusion* s'est subdivisée depuis longtemps à un degré presque infini : elle s'est non seulement subdivisée, elle semble auss différenciée.

Au fond, il est à peu près certain que ce n'est là que la *mâyâ* (ou illusion) à travers laquelle nous apparaît son action, cette fameuse illusion qui abuse de nos sens lorsque nous abordons les thèses de la physique quantique. Elle arrive par des canaux innombrables et se montre sur chacun des plans et sous-plans de notre système énergétique. Pourtant, elle reste identique à elle-même et ne doit jamai être confondue avec cette *Première Effusion* qui jadis créa les éléments chimique auxquels la *Deuxième Effusion* emprunte les matériaux dont ses véhicules sont constitué à tous les niveaux. On n'insistera jamais assez sur la nécessité de maîtriser les base de la chimie pour pratiquer la Lithothérapie (voir *: «Chimie des minéraux et oligoéléments en Lithothérapie»* - Éditions Dangles © 2012*)*.

Il semblerait que certaines de ses manifestations soient plus basses ou plus denses, parce qu'elle emploie de la matière de plus en plus dense. Selon les principes du bouddhisme nous la voyons paraître comme le principe Christique dont l'expansion et le développement graduels se poursuivent imperceptiblement dans l'âme humaine. Nous constaton qu'elle vivifie plusieurs couches de matières dans le corps astral et le corps mental Ainsi, nous la voyons se manifester de diverses manières : sur l'astral supérieur par une émotion élevée, et sur la partie inférieure de ce même véhicule par un simple torrent de force vitale communiquant l'énergie à la matière de ce corps.

Sous son aspect le plus bas, en périphérie immédiate du corps physique, elle s'entoure d'un voile de matière éthérique et se déverse du corps astral dans les ouverture campanulées de ces chakras, à la surface de la partie éthérique du corps physique. Là elle rencontre une autre force qui jaillit des profondeurs du corps humain, cett puissance mystique nommée *Koundalini* ou le *feu serpent*.
Nous verrons ces principes plus en détail dans d'autres ouvrages consacrés à l'Aura e ses corps énergétiques.

Le Feu-Serpent

Cette force est la manifestation sur le plan physique d'un autre des multiples aspects de la puissance du *Logos*. Elle appartient à la *Premièr Effusion*, issue du *Troisième Aspect*. Elle existe sur tous les plans don

nous avons connaissance mais, pour l moment, nous ne nous occupons que de l manière dont elle s'exprime dans la matièr éthérique. Elle demeure distincte de la forc primaire déjà mentionnée et de la forc vitalisante provenant du Soleil. Aucune de autres formes d'énergie physique ne sembl l'affecter : on a rapporté à Leadbeater le ca d'un corps humain qui aurait reçu un décharge électrique de 1 250 000 volts Lorsque cet homme étendait son bras ver le mur, d'énormes étincelles jaillissaient d ses doigts. Il n'éprouvait pourtant aucun sensation anormale et ne souffrait d'aucune brûlure. Or, cette énorme application d'énergie n'avait pas la moindre influence sur le feu-serpent.

Nous savons depuis bien des années qu'il existe dans les profondeurs de notre terre, ce qu'on pourrait appeler un laboratoire du *Troisième Logos*, que l'on nomme habituellement sous le terme générique de forces telluriques.

Un essai d'investigation sur les conditions régnant au centre du globe a révélé l'existence d'une énergie si formidable qu'il est impossible de s'en approcher. On ne peut en toucher que les zones extérieures de la croûte terrestre pour constater qu'elles sont en relation sympathique avec les zones de Koundalini dans le corps humain. Dans ce centre, la force du *Troisième Logos* a dû se déverser à une époque reculée, il y a à peu près 4,5 milliards d'années, lors de la création de notre Terre-Mère et du système solaire, mais elle y est encore active. Il faut savoir que c'est au cœur des super-novas et des étoiles dites «super-massives» qu'apparaissent les éléments chimiques doués à la fois d'une complexité de forme toujours croissante, c'est à dire dotés de protons et de neutrons en nombre croissant dans leurs noyaux atomiques, et d'une vie interne ou activité de plus en plus énergique, en associant températures et pressions colossales.

Nous vous renvoyons ici à table périodique du chimiste russe Mendeléev (voir *: «Chimie des minéraux et oligoéléments en Lithothérapie»* - Éditions Dangles © 2012*)*, vers la fin du XIXe siècle, dans laquelle sont classés dans l'ordre de leurs poidsatomiques les éléments chimiques connus, en commençant par le plus léger, l'hydrogène dont le poids atomique est 1, et en finissant par le plus lourd jusqu'ici constaté, l'uranium, dont le poids relatif est 238,5. Ces poids atomiques sont à peu près proportionnels au nombre d'atomes contenus dans le noyau atomique de chaque élément.

Dans la plupart des cas, les formes constatées lorsque les éléments étaient examinés en faisant usage de la vue éthérique indiquent, comme le tableau périodique de Mendeléev le fait aussi, que les éléments ont été développés dans un ordre cyclique. Ils ne sont pas disposés en ligne droite mais en spirale ascendante. L'hydrogène, l'élément le plus simple, est aussi le plus couramment répandu dans notre univers connu. Nous avons cru comprendre que le reste des éléments fut élaboré par le *Logos* de notre univers connu, à savoir par les super-novas et les étoiles super-massives. Cette spirale peut se développer bien au delà de l'uranium, dans des conditions de température et de pression qui nous semblent absolument inconcevables.

Si nous nous situons sur le plan de la symbolique, ces nouveaux éléments sont formés puis poussés du centre vers l'extérieur et de bas en haut jusqu'à la surface terrestre. Dans nos corps, la Koundalini provient de la rencontre des énergies de ce laboratoire des Forces Cosmiques avec celles qui sont en activité dans les profondeurs de la Terre-Mère, à savoir les forces telluriques qui appartiennent au feu terrible des régions inférieures. Ce feu contraste d'une manière frappante avec le feu de la vitalité issu du soleil, du rayonnement cosmique et des jets de plasma et de particules diverses provenant des profondeurs de notre univers et que nous allons expliquer dans le cadre de la symbolique et des traditions ésotériques.

Le feu solaire appartient à l'air, à la lumière et aux grands espaces libres, tandis que le feu venant d'en bas est beaucoup plus matériel et rappelle le fer rouge, le métal et la roche en fusion. Cette force prodigieuse présente un caractère assez terrible : elle donne l'impression de s'enfoncer de plus en plus dans la matière, d'avancer lentement mais irrésistiblement, avec une certitude absolue.

Le feu-serpent n'est pas cette partie de l'énergie du *Troisième Logos* dont les Forces Cosmiques se servent pour élaborer des éléments chimiques toujours plus denses. On dirait plutôt un développement plus avancé de la force localisée dans le centre vivant de certains éléments radioactifs.

Cette énergie se rattache en fait à l'action de la vie du *Troisième Logos* parvenue au dernier degré de son immersion et recommençant à monter vers les hauteurs d'où elle descendit jadis. Nous savons depuis longtemps que la deuxième vague de vie, issue du *Deuxième Logos*, descend dans la matière à travers les premier, deuxième et troisième règnes élémentaux et cela jusqu'au minéral. Puis qu'elle remonte vers ce qui est vivant, à travers le végétal, l'animal, dont l'espèce humaine fait partie intégrante.
Elle rencontre alors la puissance descendante du *Premier Logos*. Ceci est indiqué dans la figure de la page XXX, dans laquelle l'ovale représentant la *Deuxième Effusion* descend du côté gauche, atteint son point le plus dense à la partie inférieure du diagramme, puis remonte suivant la courbe, du côté droit de la figure.

Nous constatons alors que la force du *Troisième Logos* remonte, elle aussi, après avoir touché le point le plus bas. Il faut donc se représenter la ligne verticale au centre de la figure, comme revenant sur elle-même. Koundalini est la puissance de cette *Effusion* en voie de régression : elle agit dans les corps des êtres en cours d'évolution et cela en contact intime avec la force primaire déjà mentionnée. Elles agissent donc de concert pour amener les êtres jusqu'au point où ils peuvent recevoir l'*Effusion du Premier Logos* et devenir des égos, des êtres humains.

Par la suite, elles continuent à soutenir les véhicules. Ainsi nos corps physiques sont-ils le point de rencontre des Forces Cosmiques avec les forces telluriques de notre Terre-Mère, aussi bien sous nos pieds que du ciel au dessus de nos têtes. Nous sommes à la fois enfants de la terre et du soleil (pris au sens symbolique d'«univers»). L'une et l'autre se rencontrent en nous et collaborent à notre évolution physique et spirituelle. L'une et l'autre nous sont indispensables mais, si l'une domine l'autre, il peut en résulter de graves déséquilibres énergétiques. D'où le risque présenté par tout développement des couches profondes du feu-serpent avant que la vie de l'homme ne soit purifiée et affinée par son éveil spirituel.

Il est souvent question de ce feu étrange et du danger de l'éveiller trop tôt. Il y a en vérité péril extrême à éveiller en l'homme les aspects de cette furieuse énergie avant qu'il n'ait acquis la force de la maîtriser, avant qu'il ne soit arrivé à la pureté de vie et de pensée qui seules peuvent lui permettre de libérer sans danger une puissance aussi formidable. Mais Koundalini joue dans la vie quotidienne un rôle beaucoup plus important que la plupart d'entre nous ne l'ont encore supposé. Il en existe une manifestation bien moins haute et plus douce qui est éveillée en chacun de nous dès la naissance. Elle est non seulement inoffensive mais encore bienfaisante et remplit la tâche qui lui est dévolue nuit et jour alors que nous sommes tout à fait inconscients de sa présence et de son activité.

Bien entendu, nous avions déjà remarqué cette force qui s'écoule en suivant les méridiens d'énergie et le réseau des nerfs. Nous la nommions simplement le fluide nerveux, ou influx nerveux, sans la reconnaître pour ce qu'elle est réellement. L'effort accompli pour l'analyser et remonter à sa source nous a révélé qu'elle pénètre dans le corps humain par le chakra racine. C'est pourtant au niveau des cellules cérébrales qu'elle prend sa source par de minuscules impulsions électriques générées par d'infimes réactions chimiques qui ont lieu à l'intérieur de ces cellules (voir *: «Chimie des minéraux et oligoéléments en Lithothérapie»* - Édition Dangles © 2012*)*. Cette contradiction apparente s'explique par le fait que le chakra racine matérialise ces impulsions sur le plan physique. Mais là encore, nous sommes dans le domaine d'une illusion aussi confortable que satisfaisante car savoir que les émotions, l'amour, les rêves, les processus de la pensée, proviennent tous de réactions chimiques dans les cellules de notre cerveau, cela ne suffit pas à générer concrètement des émotions, de l'amour, des rêves ou les processus de la pensée. Ce rôle est bel et bien dévolu au chakra racine.

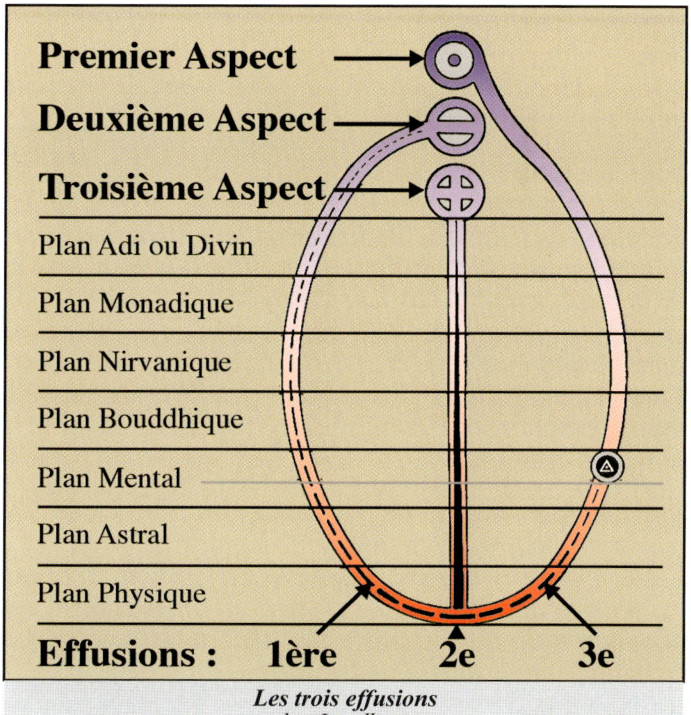

Les trois effusions
selon Leadbeater

Comme toutes les autres forces, Koundalini est invisible mais, dans le corps humain, elle se fait un curieux nid formé de sphères creuses et concentriques de

matière astrale et éthérique, disposées les unes dans les autres comme les boules d'un jouet chinois.
Il semble que sept de ces sphères concentriques reposent dans le chakra racine, à l'intérieur et autour de la dernière cellule vertébrale ou cavité de l'épine dorsale, près du coccyx.
Chez une personne ordinaire, la force n'est active que dans la plus extérieure partie de ces sphères. Chez les autres, elle est endormie, suivant le terme employé par certains ouvrages orientaux, et les dangereux phénomènes du feu ne commencent à se manifester que si l'homme essaie d'éveiller l'énergie latente dans ces strates inférieures.
Le feu inoffensif régnant dans l'épiderme de la boule s'élève dans la colonne vertébrale et emprunte simultanément les trois voies nommées *Soushoumnâ*, *Idâ* et *Pingalâ.*

Les trois canaux de l'épine dorsale

Dans La Doctrine Secrète, voici ce que dit Helena Blavatsky au sujet de ces trois courants qui suivent et longent la moelleépinière de tout être humain :
« L'école trans-himalayenne... localise Soushoumnâ, le siège principal de ces trois Nâdis, dans le tube central de l'épine dorsale... Idâ et Pingalâ ne sont que les dièses et les bémols de ce Fa de la nature humaine... qui, lorsqu'on les fait vibrer convenablement, réveillent les sentinelles qui se trouvent de chaque côté, le Manas spirituel et le Kâma physique, et soumettent l'inférieur par le supérieur ».
Il paraît clair que, d'après elle, les Forces Cosmiques jouent un rôle dominant dans l'activation de la montée des énergies telluriques vers le plan physique et que l'harmonie du plan physique nepeut se concevoir qu'au travers d'un bon développement spirituel.

Elle ajoute :
« C'est le pur Akâsha qui monte dans Soushoumnâ. Ses deux aspects circulent dans Idâ et Pingalâ. Voilà les trois courants de vie et ils sont symbolisés par le cordon des Brahmanes. Ils sont gouvernés par la volonté. La volonté et le désir représentent l'aspect supérieur et l'aspect inférieur d'une seule et même chose. Aussi importe-t-il que les canaux soient purs... Une circulation s'établit dans Soushoumnâ, Idâ et Pingalâ, et du canal central elle passe dans le corps tout entier ». Elle confirme ainsi que l'harmonie de l'être humain résulte d'une fusion des Forces Cosmiques et des énergies telluriques de laTerre-Mère dans le plan physique.

Puis elle précise encore :
« Idâ et Pingalâ fonctionnent le long de la paroi courbe de la moelle dans l'intérieur de laquelle se trouve Soushoumnâ. Ils sont semi-matériels, positif et négatif, soleil et lune, et mettent en action le courant libre et spirituel de Soushoumnâ. Ils ont des voies distinctes qui leur sont propres, autrement ils s'irradieraient dans tout le corps ».

C'est donc bien de l'opposition des contraires au niveau spirituel que la fusion s'opère par juxtaposition de deux chemins d'énergies indépendants. C'est une forme de complémentarité.

Dans *Le Côté Occulte de la Franc-Maçonnerie*, Leadbeater commentait une certaine manière maçonnique d'employer ces forces :
«Un des objectifs de la Franc-Maçonnerie est de stimuler l'activité de ces forces dans le corps humain, afin d'accélérer l'évolution. Cette stimulation est appliquée au moment où le Vénérable crée, reçoit et constitue».

Dans le *Premier Degré*, Helena Blavatsky affecte l'*Idâ* à l'aspect féminin de l'énergie, permettant ainsi au candidat de maîtriser plus facilement les passions et les émotions. Dans le *Deuxième Degré* c'est le *Pingalâ* (ou aspect masculin) qui se trouve renforcé afin de faciliter la discipline du mental. Dans le *Troisième Degré*, c'est l'énergie centrale elle-même, la *Soushoumnâ* qui est éveillée. Dès lors, un chemin s'ouvre à l'influence de l'esprit pur venu d'en haut. C'est en s'élevant suivant ce canal du *Soushoumnâ* qu'un yogi abandonne à volonté son corps physique, de telle façon qu'il reste pleinement conscient sur les plans supérieurs et rapporte dans son cerveau physique le souvenir très net de ses expériences.

L'illustration ci-dessous donne une idée générale de la manière dont ces forces circulent dans le corps humain. Chez l'homme l'*Idâ* a son point de départ à la base de l'épine dorsale, immédiatement à gauche du *Soushoumnâ* et à droite du *Pingalâ* (j'entends la droite et la gauche de l'homme et non du spectateur). Chez la femme c'est l'inverse. Les parcours se terminent à la moelle allongée. Nous verrons plus tard que, dans le même esprit, la rotation des énergies des chakras chez l'homme et chez la femme sont inversées selon les mêmes principes de complémentarité.

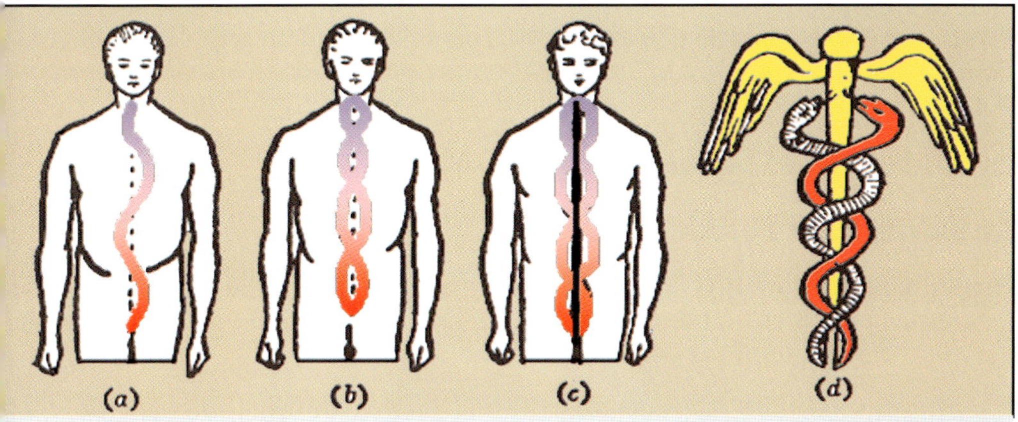

Les canaux de l'épine dorsale *(selon Leadbeater)*

L'épine dorsale est appelée dans l'Inde le *Brahmadanda* ou *bâton de Brahma*. La figure (d) ci-contre démontre clairement qu'elle est la source originale de la représentation du caducée de Mercure, ce symbole universel de la médecine, dont les deux serpents symbolisent la *Koundalini* ou *feu-serpent* qui va se mettre

en mouvement dans ces canaux. Les ailes représentent la faculté de parcourir consciemment les plans supérieurs par suite du développement de ce feu. Cette figure montre l'*Idâ* stimulée après l'initiation du *Premier Degré* : à cette ligne d'un rouge cramoisi, vient s'ajouter, lors de la deuxième initiation, la ligne jaune du *Pingalâ*, représentée dans la figure (b).
Enfin, lors de la troisième, la série est complétée par le courant bleu foncé du *Soushoumnâ* dans la figure (c).

La Koundalini qui s'élève normalement dans ces canaux, se spécialise pendant cette marche ascendante et cela de deux façons. On y remarque une curieuse association de qualités positives et négatives, que l'on pourrait presque nommer mâles et femelles. Nous sommes encore dans les principes de complémentarité. Nous remarquerons cependant que l'aspect féminin prédomine. C'est peut-être pour cette raison que, dans les ouvrages indiens, il est toujours question d' «Elle» et, pour cette raison aussi, que la « Chambre dans le Coeur », où Koundalini se concentre dans certaines formes de yoga, est appelée dans *La Voix du Silence* la demeure de la Mère du Monde (ou Terre-Mère).

Mais quand ce feu-serpent quitte sa demeure du chakra racine et s'élève dans les *Trois canaux* dont nous avons parlé, un fait remarquable s'observe : la section qui monte dans le canal du *Pingalâ* est presque entièrement masculine tandis que celle qui monte dans le canal de l'*Idâ* est presque entièrement féminine. C'est encore et toujours la complémentarité des principes, l'équilibre entre le Yin et le Yang. Le courant plus important qui s'élève dans le *Soushoumnâ* semble conserver ses proportions primitives.

La seconde différenciation qui s'opère pendant la montée de cette force dans l'épine dorsale consiste en ce que la personnalité de l'homme la sature au plus haut point.
Entrée par en bas comme une énergie très générale, la force semble être devenue définitivement le fluide nerveux de cet homme particulier en arrivant au sommet et présente dès lors ses qualités spéciales et ses particularités, manifestées dans les vibrations des centres de l'épine dorsale que l'on peut regarder comme les racines d'où sortent les tiges des chakras superficiels.

Le mariage des Forces

Bien que l'ouverture du chakra, campanulée comme certaines fleurs, se trouve à la surface du corps éthérique, la tige de la fleur tubiforme sort toujours d'un des centres de la moelle épinière.

C'est presque toujours à ces centres, et non à leurs manifestations superficielles que font allusion les livres hindous lorsqu'ils parlent des chakras. Chaque fois une tige éthérique, généralement recourbée vers le bas, relie cette racine située dans l'épine dorsale au chakra externe. Les tiges de tous les chakras se détachent ainsi de la moelle épinière, la force s'écoule naturellement par ces tiges dans la fleur. Elle y rencontre le flux de la vie divine et la pression qui résulte de cette conjonction fait rayonner horizontalement les forces maintenant unies.

c'est-à-dire suivant les rayons du chakra.
Sur ce point, les surfaces des courants, celui de la force primaire et celui de *Koundalini*, entrent en friction comme des meules car elles tournent en sens inverse. Il en résulte une pression considérable. C'est ce qui a été symboliquement nommé le « mariage » de la vie divine, dont le caractère mâle est très accusé, et de Koundalini, toujours considérée comme nettement féminine.
Encore et toujours le principe de complémentarité.

L'énergie composée qui en résulte est ce que l'on appelle communément le magnétisme personnel. Elle vivifie ensuite les plexus visibles à proximité de plusieurs chakras dont le chakra du cœur. Elle suit tous les vaisseaux sanguins du corps dont, grâce à elle surtout, la température se trouve maintenue. Enfin, elle entraîne avec elle par le réseau nerveux la vitalité qui a été absorbée et spécialisée par le chakra splénique.

Quand les deux forces se combinent, il se produit une certaine liaison entre quelques-unes des particules respectives qui les composent. La force primaire semble capable d'occuper plusieurs variétés différentes de formes éthériques. Composé de quatre particules formant un carré, le cube est la forme qu'elle prend ordinairement. Une seule particule centrale vibre sans cesse de bas en haut et de haut en bas suivant la ligne médiane du quadrilatère et perpendiculairement à celui-ci. Parfois aussi, elle emploie une petite molécule extrêmement active consistant en trois atomes. C'est le cas pour la pyramide trigonale. La Koundalini se revêt en général d'un anneau aplati comportant sept atomes, tandis que le globule de la vitalité qui, lui aussi, comporte sept *Moines*, les dispose un peu comme le fait la force primaire, sauf qu'elle forme un hexagone au lieu d'un carré.
C'est pourquoi l'icosaèdre est un magnifique outil de sensibilisation aux énergies cristallines puisqu'il permet d'activer chacun des chakras, d'harmoniser le canal de circulation des énergies et de favoriser la montées de la Koundalini.

La figure ci-dessous peut aider le lecteur à se représenter ces combinaisons, sous réserve de se la représenter verticalement, la bande centrale rouge symbolisant le canal de circulation des énergies entre les chakras. Selon les connaissances scientfiques qu'avait Charles Leadbeaterà cette époque, **A** et **B** sont des formes adoptées par la force primaire.
C est la forme prise par le *globule de la vitalité.*
D celle de Koundalini.
E montre l'effet produit par la combinaison d'**A** et de **F**.
F celle de **B** et de **D**.

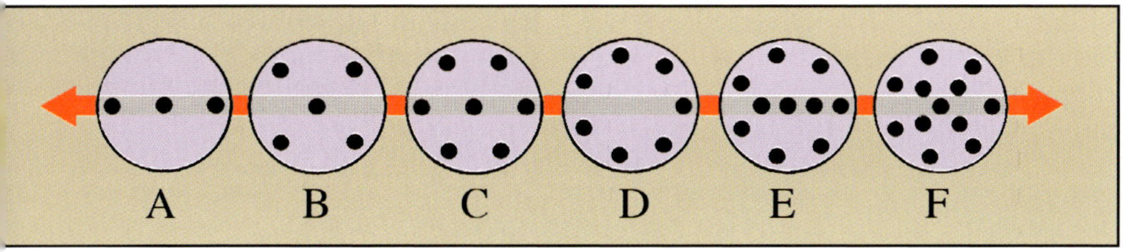

En **A**, **B** et **C**, l'atome central vibre sans cesse et rapidement, perpendiculairement à la surface du papier d'où il bondit à une hauteur plus grande que le diamètre du disque, puis descend au-dessous du papier à une égale distance en répétant plusieurs fois par seconde ce mouvement de navette.
Le lecteur comprendra, bien entendu, que cette explication est relative et non littérale. En réalité la sphère représentée par notre disque est d'une petitesse telle qu'elle échappe au plus puissant microscope du début du XXe siècle mais proportionnellement à cette dimension, ses vibrations sont telles qu'elles sont décrites.
En **D** le seul mouvement est un tournoiement constant tout autour du cercle. Il existe là une immense énergie latente qui se manifeste dès le moment où se produisent les combinaisons que nous avons essayé d'illustrer en **E** et en **F**.
Les deux particules positives **A** et **B** poursuivent, après leur combinaison, leurs mêmes activités violentes. Leur énergie a même beaucoup augmenté.
Quant aux atomes de la figure **D**, tout en conservant leur mouvement circulaire ils accélèrent leur allure au point que, cessant d'être visibles comme atomes séparés, ils forment un anneau lumineux.

Si cette représentation nous paraît bien empirique aujourd'hui, il n'en reste pas moins que les démarches intuitives de Charles Leadbeater sont admirables : lorsqu'il parle de cet atome qui oscille perpendiculairement à la feuille de papier, il nous décrit tout simplement le rayonnement d'un des nombreux trous noirs de notre univers et ses jets de plasma, inconnus à son époque.
Ses autres descriptions laissent préjuger des vitesses et des énergies phénoménales des particules qu'il nomme « atomes » et qui ne seront atteintes qu'un siècle plus tard dans les grands accélérateurs de particules tel le synchrotron LHC du CERN de Genève.

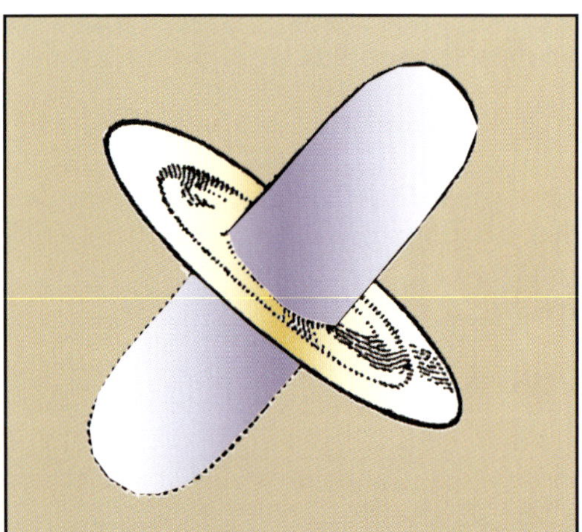

Les forces combinées
ainsi que Leadbeater se les représentait à son époque.

Les flux de plasma
générés par un trou noir super-massif au centre d'une galaxie (découverte datant du début du XXIe siècle).
La comparaison n'est-elle pas troublante?

Et puis, en matière d'énergie colossale déployée par l'atome, n'aurait-il pas eu une vision prémonitoire de la bombe atomique découverte et expérimentée en août 1945 à Hiroshima puis à Nagasaki?
Cette invention a marqué une borne fondamentale dans l'histoire de l'humanité : elle dispose désormais des moyens techniques de s'autodétruire en peu de temps. Quelques soient les négociations sur le désarmement, l'industrie du nucléaire dispose désormais des savoirs et des moyens de fabriquer un arsenal mortel en quelques mois. C'est le péché mortel originel de notre civilisation technologique.

Mais revenons à la figure de la page 41.

Les quatre premières molécules représentées appartiennent au type nommé la *matière Hypermeta-proto-élémentaire* par le docteur Annie Besant dans *La Chimie Occulte*. Il se pourrait d'ailleurs qu'elles soient identiques à certaines de celles qu'elle dessina pour cet ouvrage.

Mais E et F étant des composés, elles doivent être considérées comme actives sur le sous-plan suivant, appelé par elle superéthérique, et classifiées par conséquent comme matière metaproto.

Le type B est plus commun que le type A. Il s'ensuit naturellement que dans le fluide nerveux, résultat final de la conjonction, nous trouvons beaucoup plus d'exemples de F que d'E. Le fluide nerveux est donc un courant composé de divers éléments et contenant des spécimens de chacun des types montrés dans cette figure.

Simples ou composés, mariés ou non, célibataires, vieilles filles et couples conjugaux, tous sont emportés dans le même torrent.

Le mouvement prodigieusement énergique, de bas en haut et de haut en bas, caractérisant l'atome central dans les combinaisons E et F, leur donne dans leurs champs magnétiques une forme tout à fait inaccoutumée.

La moitié supérieure me paraît ressembler beaucoup au linga qui se voit souvent, en Inde, devant les temples de Shiva. On m'a dit que le linga est un emblème de la puissance créatrice et que, pour les Indiens très pieux, il se prolonge dans le sol à une profondeur égale à sa hauteur au-dessus de la terre. Je me suis demandé si les anciens Hindous connaissaient cette molécule particulièrement active et l'immense importance du rôle qu'elle joue dans le maintien des vies humaine et animale. Ils sculptèrent leur symbole dans la pierre, en témoignage de leur savoir occulte.

Cette forme de pierre est appelée Shiva lingham.

Le système du Grand Sympathique

L'anatomie traditionnelle indienne décrit dans le corps humain deux systèmes nerveux : le cérébro-spinal et le grand sympathique.
Le système cérébro-spinal commence au cerveau, descend le long de la moelle épinière et se ramifie dans toutes les régions du corps par les ganglions d'où se détachent les nerfsdans les intervalles compris entre deux vertèbres.

Le système du grand sympathique est formé de deux cordons parallèles à l'épine dorsale, presque aussi longs qu'elle, situés un peu en avant de son axe, à sa droite et à sa gauche. Issus des ganglions de ces deux cordons, un peu moins nombreux que ceux de la moelle épinière, les nerfs sympathiques forment les réseaux appelés plexus. De ceux-ci, se détachent des ganglions terminaux et des nerfs plus petits, comme des relais.

Ces deux systèmes sont mis en relation de toutes sortes de manières par de nombreux nerfs qui assurent des liaisons. On ne doit donc pas les considérer comme deux organisations nerveuses distinctes.

En outre, il existe un troisième groupe, celui des nerfs vagues, qui ont leur origine dans la moelle allongée et descendent très loin dans l'intérieur du corps sans perdre leur indépendance en se mêlant constamment aux nerfs et aux plexus des autres systèmes. Il en résulte ainsi de nombreux échanges énergétiques.

La moelle épinière, le cordon sympathique et le nerf vague de gauche, sont tous indiqués dans l'illustration de la page ci-contre. Celle-ci montre comment les ganglions du cérébro-spinal et du grand sympathique sont mis en relation par les nerfs et les canaux par lesquels ces ganglions donnent naissance à des nerfs pour former les principaux plexus du grand sympathique. Il faut noter que les plexus ont une tendance à s'incliner vers le bas en se détachant des ganglions où ils prennent racine.

Ainsi le plexus solaire dépend principalement du nerf grand splanchnique indiqué dans l'illustration proposées par Leadbeater comme issu du cinquième ganglion thoracique sympathique. Il se rattache lui-même au quatrième ganglion thoracique spinal.

Celui-ci est horizontalement presque à la hauteur du coeur, mais le nerf descend et s'unit aux nerfs splanchniques secondaires comme aux plus petits issus de ganglions thoraciques situés plus bas.

À leur tour, ces derniers nerfs traversent le diaphragme et vont au plexus solaire. Il existe encore d'autres points de raccordement entre ce plexus et les cordons : la planche les montre, mais ils sont trop compliqués pour qu'une illustration précise en soit possible. Les principaux nerfs allant au plexus cardiaque s'inclinent aussi vers le bas.

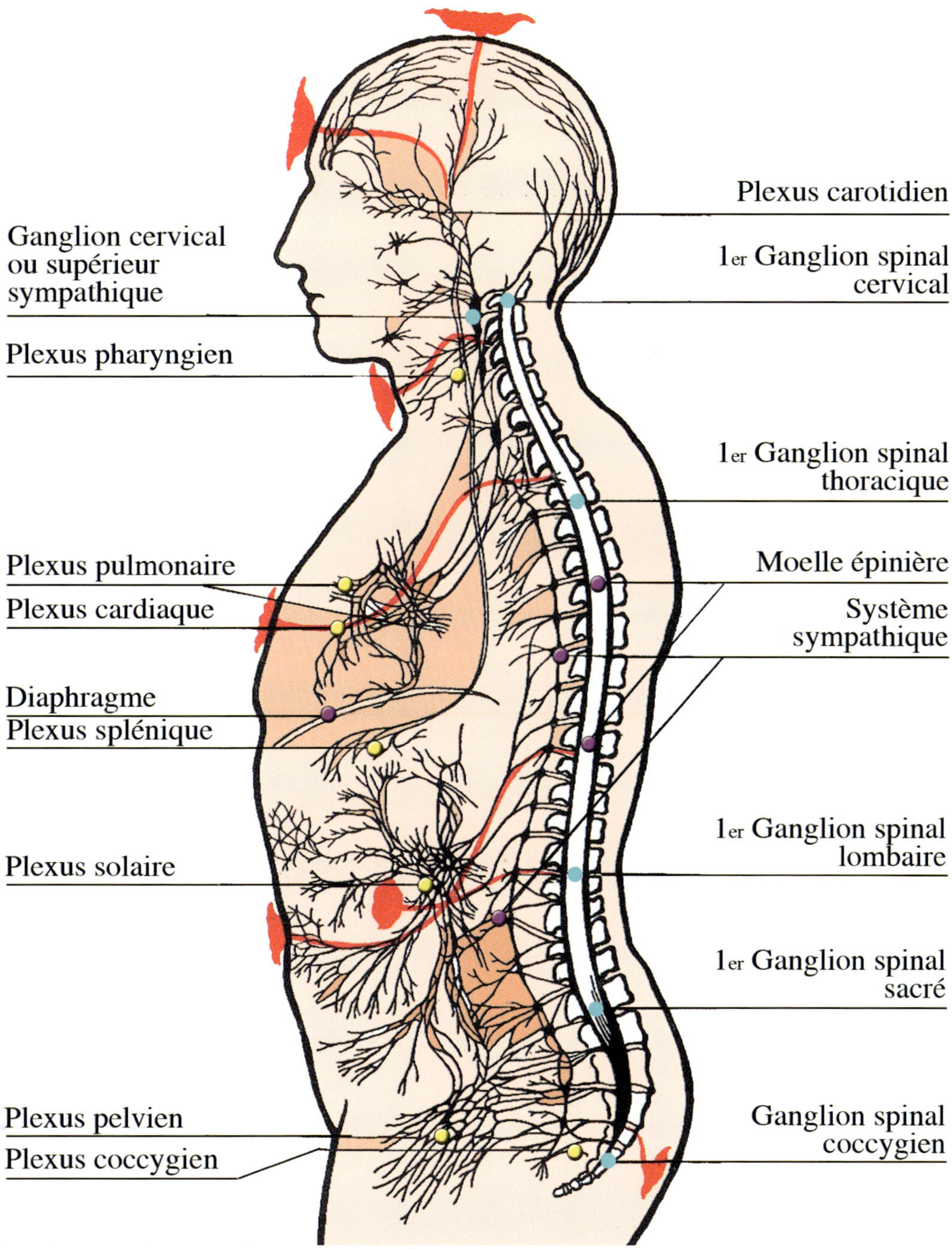

Chakras, systèmes nerveux et ganglions
selon Leadbeater

En ce qui concerne le plexus du pharynx l'inclinaison est légère, le plexus de la carotide se relève même en se détachant du nerf carotide interne qui procède lui-même du ganglion cervical supérieur sympathique.

Les centres dans l'épine dorsale

Une inclinaison assez semblable se remarque dans le tronc éthérique qui unit les fleurs ou chakras situés à la surface du double éthérique à leurs centres correspondants situés dans l'épine dorsale et dont les positions se trouvent approximativement marquées en rouge dans la figure précédente et détaillés dans le tableau ci-dessous.

Les chakras et les plexus
(selon Leadbeater)

Nom du Chakra	Position en surface	Position du chakra spinal	Plexus du Grand Sympathique	Principaux plexus auxiliaires
Racine	Base de l'épine dorsale	4e sacré	Coccygéal	-
Rate	Au dessus de la rate	le lombaire	Splénique	-
Ombilic	Au dessus de l'ombilic	8e thoracique	Coeliaque ou Solaire	Hépatique, pyloriquc mésentrique, etc.
Cœur	Au dessus du cœur	8e cervical	Cardiaque	Pulmonaire, Coronaire, etc.
Gorge	À la gorge	3e cervical	Pharyngien	-
Front	Sur le front	1er cervical	Carotidien	Caverneux et ganglions céphaliques

Les rais divergeants des chakras fournissent à ces plexus sympathiques la forcce nécessaire pour les assister dans leur rôle de relais.
En l'état actuel de nos connaissances, je crois imprudent d'identifier les chakras avec les plexus, comme certains auteurs semblent l'avoir fait.
Les plexus hypogastrique ou pelvien doivent sans doute être en rapport avec le chakra *Swadhisthana* situé près des organes génitaux et mentionné par les ouvrages indiens mais non employé dans la méthode de développement de Leadbeater.
Les plexus groupés dans cette région dépendent probablement beaucoup du plexus solaire en tout ce qui concerne l'activité consciente car un grand nombre de nerfs les relient très étroitement au plexus splénique.

Le chakra du sommet de la tête ne se rattache dans le corps physique à aucun des plexus du grand sympathique mais il est associé, comme nous le verrons plus tard, à la glande pinéale et au corps pituitaire. Il n'est pas étranger non plus au développement du système nerveux cérébrospinal.

Voici comment le Dr.Annie Besant s'exprime dans son Étude sur la Conscience, sur l'origine des systèmes sympathiques et cérébro-spinal, et leurs relations :

« Voyons de quelle façon commence et se poursuit la construction du système nerveux sous l'action des impulsions vibratoires de l'astral.

Nous voyons un petit groupe de cellules nerveuses reliées entre elles par de minces filaments nerveux. Ce groupe est formé par l'action d'un centre ayant pris naissance auparavant dans le corps astral, un agrégat de matière astrale disposé de façon à former un centre capable de recevoir des influences du dehors et d'y répondre.

De ce centre astral, les vibrations passent dans le double éthérique, ou elles donnent naissance à des petits tourbillons éthériques qui attirent à eux-mêmes des particules de matière physique plus dense et finissent par former une cellule nerveuse et enfin des groupes de cellules. Ces centres physiques, recevant les vibrations du monde extérieur, renvoient les impulsions aux centres astraux, augmentant ainsi leurs vibrations.

Les centres physiques et astraux agissent et réagissent donc les uns sur les autres. Chacun d'eux devient ainsi plus compliqué et son champ d'utilité s'étend. A mesure que nous traversons le règne animal, nous voyons le système nerveux physique se perfectionner sans cesse et devenir un facteur de plus en plus important dans le corps. Chez les vertébrés, ce système prend le nom de système sympathique. C'est lui qui contrôle et dirige l'activité des organes vitaux : coeur, poumons, organes de la digestion.

A côté de lui, le système cérébrospinal intimement lié au système sympathique dans ses activités inférieures s'élabore lentement. Ce système acquiert graduellement une prédominance de plus en plus grande et devient, dans son développement parfait, l'organe normal danslequel agit la conscience de veille.

Le système cérébro-spinal est formé par des impulsions émanant du plan mental et non du plan astral. Il n'est relié au plan astral que par le système sympathique qui, lui, est construit par l'astral ».

La vitalité

Nous connaissons tous la sensation d'allégresse et de bien-être que nous apporte le soleil, mais seuls les érudits en occultisme en connaissent réellement les raisons. Si le soleil inonde son système de lumière et de chaleur, il y répand de même et sans cesse une autre force encore inconnue au début du XXe siècle.

On considérait à cette époque qu'une modification quelconque de l'électricit pouvait faire osciller l'atome tout entier, oscillationd'une amplitude énorme qu connaissaient dès lors les occultistes alors qu'elle était encore insoupçonné de la science moderne, une force que nous nommons «vitalité». Elle rayonn sur tous les niveaux et se manifeste dans chaque règne physique, émotionne mental, etc.

Mais pour le moment nous nous occupons spécialement de son apparition dan le règne inférieur où elle pénètre dans quelques particules physiques, augment considérablement leur activité, les anime et les rend lumineuses. Ne confon dons pas cette force avec l'électricité, bien qu'à certains égards elle lui ressembl car son action diffère de bien des façons de l'action électrique, lumineuse o calorique.
Nous pouvons penser que Leadbeater parle de l'énergie atomique, car il précis qu'au vu de la dimension de l'atome, cette autre force que nous appelons l vitalité vient à l'atome, non de l'extérieur mais de l'intérieur.
On sait désormais que l'atome n'est pas la plus petite particule de la matière e qu'il est lui-même composé de particules plus petites, les quarks, au nombre d 29 dans le modèle standard de la physique quantique.

Le globule de la vitalité

En soi l'atome n'est que la manifestation d'une force : la *Divinité Solaire* (o Forces Cosmiques) qui nécessite la création d'une certaine forme que nou appelons un atome ultime physique et, par cet effort de la volonté divine, quelqu quatorze mille millions de *bulles dans le Koïlon* sont maintenues dans cett forme particulière.

Il est nécessaire de souligner le fait que la cohésion de ces bulles dans cette form dépend entièrement de cet effort de volonté. S'il cessait, ne fût-ce qu'un instan les bulles se disjoindraient à nouveau et le règne physique tout entier cessera simplement d'exister, en beaucoup moins de temps qu'il ne faut à l'éclair pou briller, tant il est vrai que le monde entier est une pure illusion, même à ce poir de vue, sans compter que les bulles qui constituent l'atome ne sont que de trous dans le *Koïlon*, c'est-à-dire dans le véritable éther de l'espace.

Il est remarquable de constater que Leadbeater fait intuitivement référence à c que la physique quantique nous a aujourd'hui clairement démontré, à savoir qu nous sommes tous victimes de l'imperfection de nos sens car ils ne nous permetter pas d'appréhender correctement la réalité du monde dans lequel nous vivons.

C'est donc par la force incessante de leur volonté que les Forces Cosmique maintiennent l'atome. Si nous essayons d'examiner la manière dont la forc agit, nous constatons qu'elle ne vient pas à l'atome de l'extérieur, mais qu'el jaillit en lui-même. En d'autres termes, elle y vient de dimensions supérieure Il en est de même de cette autre force appelée vitalité : elle pénètre l'atome pa

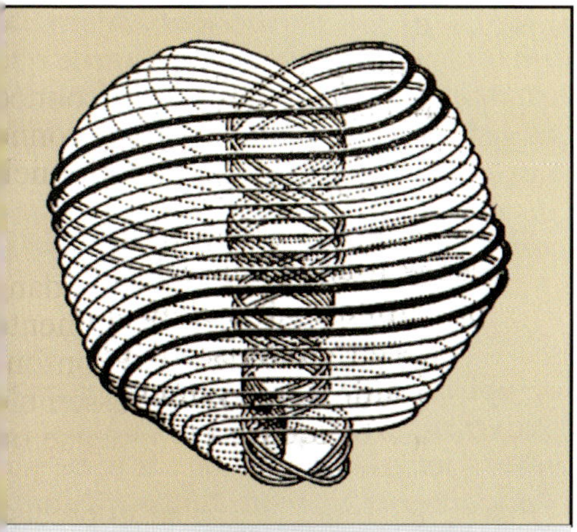

«L'atome physique ultime»
selon Leadbeater

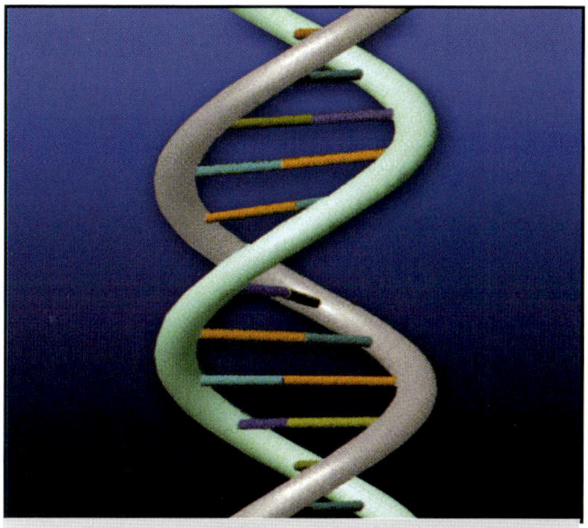

La molécule de l'ADN
(acide désoxyrhibo-nucléique), découverte bien des années après la disparition de Leadbeater. Cette molécule regoupe nos chromosomes et donc notre patrimoine génétique. Elle s'enroule en double spirale. On remarquera la singulière correspondance entre ces deux images.

intérieur associée à la force qui maintient la cohésion de l'atome au lieu d'exer-er sur lui une action d'origine extérieure, comme le font les autres genres de orces nommées lumière, chaleur ou électricité.

)uand la vitalité jaillit au coeur d'une particule, elle en accroît la vie et lui donne faculté d'attraction, si bien qu'elle attire immédiatement à elle six autres articules qu'elle dispose d'une manière particulière, constituant ainsi un lément sous-atomique ou hyper-meta-proto-élément, comme il a déjà été xpliqué.Mais cet élément diffère de tous les autres observés jusqu'ici, en ce ue la force qui l'a créé et le maintient, vient du *Deuxième Aspect de la Divinité olaire* et non pas du *Troisième*. Ce globule de la vitalité est le petit groupe ui marque d'un point extrêmement brillant le serpent mâle ou positif dans élément chimique oxygène. Il forme aussi le coeur du globe central dans le adium.

'euillez noter que cet exposé n'est pas une explication scientifique mais un perçu des visions intuitives de Leadbeater.

'es globules se distinguent de tous ceux que l'on perçoit flottant dans l'atmos-hère par leur éclat et leur extrême activité, par la vie intense et ardente qu'ils ianifestent. Ce sont probablement les vies ignées si souvent mentionnées par Ielena Blavatsky. Dans *La Doctrine Secrète*, elle dit :

On nous enseigne que tout changement physiologique... sans compter la vie lle-même, ou plutôt les phénomènes objectifs de la vie provoqués par certaines conditions et modifications dans les tissus du corps qui permettent l'action d la vie et la forcent à agir dans ce corps, que tout cela est dû à ces «créateurs et «destructeurs» invisibles qu'on appelle, d'une façon si vague et si générale les microbes. On pourrait supposer que ces «vies de feu» et les microbes de l science sont la même chose. Ce n'est pas exact. Les «vies de feu» forment l septième et la plus haute subdivision du plan de la matière et corresponden chez l'individu, à la Vie de l'Univers, quoique seulement sur ce plan de l matière ».

Si la force qui vivifie ces globules diffère complètement de la lumière, il sembl pourtant qu'elle ait besoin d'elle pour pouvoirse manifester. La vitalité s renouvelle constamment par un soleil radieux : les globules naissent avec un grande rapidité et en nombre incroyable. Au contraire, par un temps nuageux le nombre des globules formés diminue beaucoup. Enfin pendant la nuit, autan que nous ayons pu en juger, l'opération est entièrement suspendue. On peu dire ainsi que pendant la nuit nous vivons du stock fabriqué les jours précé dents et, bien que son épuisement total semble impossible, ce stock se raréfi évidemment dans une longue période de jours nuageux. On notera au passag que Leadbeater ignorait que les phases de repos nocturne favorisent la productio de mélatonine, cette hormone désormais célèbre pour ses propriétés anti-vieil lissement.

Le globule, une fois chargé, reste un élément sous-atomique et n'est sujet aucun changement ni à aucune déperdition d'énergie, à moins qu'à un momen donné il ne soit absorbé par quelque être vivant.

Production des globules

La vitalité, comme la lumière et la chaleur, s'échappe continuellement du sole et du rayonnement cosmique, mais des obstacles empêchent souvent la produc tion totale d'arriver jusqu'à la terre.
Dans les climats hivernaux et tristes appelés à tort climats tempérés, il arriv trop souvent que pendant plusieurs jours le ciel se couvre d'un lugubre voile d nuages épais et la vitalité s'en trouve affectée comme la lumière elle-même : le nuages ne l'empêchent pas tout à fait de passer mais la réduisent sensiblemen C'est pourquoi, par un temps sombre et hivernal, la vitalité baisse et tout êtr vivant aspire instinctivement à revoir la lumière. C'est un principe qui a trouv des applications cliniques avec la luminothérapie (voir : *«L'influence de couleurs en Lithothérapie»* - Éditions Dangles ©2013).

Quand les atomes vitalisés se font ainsi plus rares, l'homme doué d'une sant robuste augmente sa faculté d'absorption, l'exerce sur un espace plus grand maintient ainsi sa vigueur au niveau normal mais les personnes invalides o possédant peu de force nerveuse sont incapables d'en faire autant. Elles on souvent beaucoup à souffrir, s'affaiblissent et deviennent plus irritables sans e comprendre la cause. Pour des raisons semblables, la vitalité atteint un nivea lus bas en hiver qu'en été car, en admettant même que la journée d'hiver soit nsoleillée, il reste à affronter la longue et triste nuit d'hiver pendant laquelle il aut nous contenter, pour exister, de la vitalité que la journée écoulée a répandue ans notre atmosphère. Au contraire, la longue journée d'été, quand elle est umineuse et sans nuages, sature tellement de vitalité l'atmosphère qu'une courte uit ne fait guère de différence.

n étudiant cette question de vitalité, l'occultiste ne peut manquer de reconnaître ue, celle de température mise à part, la lumière solaire est un des plus importants facteurs dans l'obtention et la conservation d'une santé parfaite, facteur ont rien ne peut compenser entièrement l'absence. Les flots de cette vitalité tant répandus non seulement sur le monde physique mais encore sur tous les utres, il est évident que, si d'ailleurs les conditions sont favorables, émotions, ntelligence et spiritualité atteindront leur plus haut point sous un ciel clair et vec l'aide inestimable du soleil.

orces psychiques

es trois forces déjà mentionnées, force primaire, vitalité et Koundalini, ne sont as directement en rapport avec la vie mentale et émotionnelle de l'homme mais eulement avec son bien-être physique. Parmi les forces reçues par les chakras, en est au contraire que l'on pourrait appeler psychiques et spirituelles. Les eux premiers centres n'en présentent pas mais le chakra ombilical (chakra du lexus Solaire) et les autres chakras situés à un niveau plus élevé s'ouvrent à es énergies qui influent sur la conscience humaine.

ans un article sur les centres de la pensée, inséré dans l'ouvrage intitulé *'occultisme dans la Nature*, Leadbeater a expliqué que des pensées réunies en nasse sont des choses très réelles qui occupent une certaine place dans l'espace. es pensées sur un même sujet ou ayant un caractère commun tendent à se éunir. Il existe donc pour beaucoup de sujets un centre de pensée, un espace élimité dans l'atmosphère. D'autres pensées du même genre sont attirées vers n centre identique et contribuent à en augmenter le volume et l'influence. Si n penseur peut s'associer à un centre, il peut à son tour en subir l'influence. 'est une des raisons pour lesquelles les gens pensent d'une façon grégaire, omme des moutons. Il est beaucoup plus facile pour une personne de mentalité aresseuse d'accepter d'autrui une pensée toute faite que de s'imposer un effort nental et de prendre en considération un sujet sous ses aspects divers pour en rer soi-même ses conclusions.

'est ce que nous appellerions aujourd'hui le « politiquement correct » !

i, sur le plan mental, ceci est vrai par rapport à la pensée avec les nuances écessaires, c'est également valable sur le plan astral, relativement aux motions et aux sentiments. La pensée traverse comme un éclair la matière subtile du plan mental. De ce fait, la pensée de l'humanité entière sur un certain sujet peut donc sans peine se concentrer en un même lieu et cependant demeurer accessible et attrayante à tout penseur occupé de ce sujet. La matière astrale, bien que beaucoup plus fine que la matière physique, est pourtant plus dense que celle du plan mental : les grands nuages des « formes d'émotion » générés dans le monde astral par des sentiments forts, ne se réunissent pas ici-bas en un centre unique mais se joignent à d'autres formes du même genre qui existent dans leur propre voisinage de telle façon que des «blocs» de sentiments énormes et très puissants, s'en vont flottant presque partout. Toute personne normalement constituée sur le plan psychique et spirituel peut facilement entrer en contact avec eux et en subir l'influence.

Tout cela n'est pas étranger à notre sujet actuel car, lorsqu'une influence semblable s'exerce, c'est par l'intermédiaire d'un des chakras. Prenons un exemple : celui d'une personne craintive.

Les vibrations générées par ce corps astral attirent immédiatement les nuages de crainte qui peuvent se trouver dans le voisinage. Si cette personne se reprend immédiatement en surmontant sa peur, les nuages reculent mais ils déversent dans son chakra ombilical leur énergie accumulée si la peur persiste ou augmente et sa frayeur peut devenir une panique irrépressible dans laquelle elle cesse d'être maîtresse d'elle-même. Elle peut alors se précipiter en aveugle dans des périls de tout genre.

De même, une personne qui s'emporte attire des nuages de colère et s'expose à se laisser envahir par des sentiments capables de transformer son indignation en une fureur d'aliéné. Dans ces conditions elle pourrait commettre le pire, poussée par une irrésistible impulsion et presque sans le savoir.

De même enfin, une personne qui ne lutte pas contre le découragement peut tomber dans un terrible état de mélancolie chronique.

Une autre qui se laisserait obséder par les désirs de nature animale peut devenir sur le moment un monstre de luxure et de débauche. Sous cette influence, elle peut commettre des actes dont le souvenir lui fera horreur quand elle recouvrera la raison... mais on retrouve bien là chez Leadbeater sa très victorienne pudibonderie. L'évolution des meurses dans nos sociétés contemporaines aurait pu lui faire nuancer, voire infléchir son discours.

Tous ces courants indésirables atteignent l'homme par le chakra ombilical. Il existe heureusement des possibilités différentes et plus élevées. Il existe aussi des nuages d'affection et de dévotion. Si ces nobles émotions se font sentir, elles peuvent se trouver étonnamment intensifiées par le chakra du coeur.

Le genre d'émotion qui affecte le chakra ombilical est indiqué dans *Étude sur la Conscience* du Dr. Besant. Elle divise les émotions en deux classes, celles

.e l'amour et celles de la haine. Toutes les émotions qui se rattachent à la haine gissent sur le chakra ombilical mais celles qui se rattachent à l'amour agissent ur le coeur.
Nous avons vu que le Désir se manifeste de deux façons principales : le désir 'attirer un objet afin de le posséder ou d'entrer en contact avec un objet ayant procuré du plaisir à une époque antérieure, et le désir de repousser un objet afin .e l'écarter de soi ou d'éviter d'entrer en contact avec un objet ayant déjà causé .e la douleur. L'Attraction et la Répulsion sont les deux formes du Désir qui iennent influencer le Soi.

l est encore remarquable de constater que Charles Leadbeater et Annie Besant doptent des thèses freudiennes alors que les grand principes de la psychanayse n'en sont encore qu'à leurs balbutiements.

Selon le Dr. Besant :

L'Émotion, n'étant que le Désir allié à l'Intelligence, présentera inévitablenent cette double forme. Cette Emotion qui tient de l'Attraction, qui attire les bjets les uns vers les autres par la force du plaisir, qui est l'énergie intégrante le l'univers, c'est l'Amour. Cette Emotion qui tient de la Répulsion, qui sépare es objets les uns des autres par la douleur, qui est la force désintégrante, c'est a Haine.
Ce sont là les deux troncs principaux qui partent de la souche du Désir, et toutes es branches desémotions prennent naissance sur l'un ou l'autre de ces deux roncs ».

Elle poursuit :

Nous voyons là l'identité des caractéristiques du Désir et de l'Émotion : 'Amour cherche à attirer, ou à poursuivre l'objet de ses désirs, afin de s'unir à ui, de le posséder ou d'être possédé par lui. Par le plaisir, par la joie, il crée les liens comme le Désir. Ces liens sont certainement plus durables, plus compliqués et formés de fils plus nombreux, plus délicats, plus finement tissés.
Mais l'essence du Désir-Attraction, le lien qui rattache deux objets l'un à 'autre, est aussi l'essence de l'Emotion-Attraction. De la même façon, la Haine cherche à rejeter loin d'elle l'objet de sa répulsion afin d'en être séparée, de le epousser ou d'être repoussée par lui. L'essence du Désir-Répulsion est aussi essence de l'Emotion-Répulsion : la Haine. L'Amour et la Haine ne sont que les formes élaborées, mêlées de pensées, du Désir pur et simple de posséder u de fuir un objet ».

Plus loin le Dr Besant expose que chacune de ces deux grandes émotions se ubdivise en trois, suivant que l'homme qui en estaffecté se sent fort ou faible :

L'Amour qui se déverse vers le bas est la Bienveillance, l'Amour qui tend ers le haut est le Respect. Ce sont là les différentes caractéristiques que l'on encontre toujours dans l'Amour de supérieur à inférieur ou d'inférieur à upérieure.»

Elle dit encore :

« Les relations ordinaires entre mari et femme, entre frères et sœurs, offren un champ à l'étude des manifestations de l'amour entre égaux. Nous voyon. l'amour prendre la forme de tendresse, de confiance mutuelle, de respect d'anticipation des désirs de ceux qui nous entourent et des efforts que nou. faisons pour les satisfaire, de magnanimité, de patience. Nous retrouvons ici le. mêmes éléments que dans les émotions d'amour de supérieur à inférieur mai. empreints d'un sentiment de mutualité. Nous pouvons donc dire que la caracté ristique de l'Amour entre égaux est le désir d'aide mutuelle ».

Puis elle ajoute :

« La Bienveillance, le Désir d'Aide mutuelle et le Respect sont donc le. trois grandes divisions de l'Émotion-Amour et toutes les émotions de ce genr. pourront y prendre place, car toutes les relations des êtres humains entre eux s. trouvent résumées dans ces trois grandes divisions : relations entre supérieur et inférieurs, relations entre égaux, relations entre inférieurs et supérieurs ».

Elle donne ensuite des émotions une explication analogue du côté haine :

« La Haine dirigée de haut en bas devient le Mépris et de bas en haut la Crainte ».

Et encore :

« De même la haine entre époux se montrera sous forme de colère, d désaccord, de manque de respect, de violence, d'hostilité, de jalousie d'insolence, etc., émotions qui séparent les individus, et qui, lorsqu'il sont en face l'un de l'autre, font naître en eux une rivalité mutuelle qui le empêche de marcher la main dans la main. La caractéristique de la Hain entre égaux est donc le Préjudice mutuel. Les trois caractéristiques d l'Émotion-Haine sont le Mépris, le Désir de Préjudice mutuel et la Crainte ».

Elle concut alors en disant :

« L'Amour est caractérisé dans toutes ses manifestations par la sympathie, l sacrifice de soi-même, le désir de donner. Ce sont là ses éléments essentiels qu nous sont offerts sous forme de Bienveillance, de Désir d'Aide mutuelle ou d Respect. Car toutes ces différentes manifestations sont nécessaires à l'Attraction Elles favorisent l'union et sont la nature de l'amour même. L'amour tient donc d l'Esprit, car la sympathie consiste à ressentir pour les autres comme pour nous mêmes ».

« Le sacrifice est ce sentiment qui fait que nous considérons les prétentions de autres comme si elles étaient les nôtres et l'acte de donner est une des condi tions de la vie spirituelle. Nous voyons ainsi que l'Amour vient de l'Esprit, le côt Vie de l'Univers ».

Absorption de la Vitalité

,e globule

,e *globule de la vitalité*, aussi minuscule soit-il, est si brillant qu'il est souvent erçu même par des personnes qui ne sont pas à proprement parler clairvoyantes. :n regardant un horizon lointain, particulièrement en mer, elles remarquent ontre le ciel une quantité de points lumineux et microscopiques qui se précipitent ans toutes les directions avec une étonnante vélocité. Ce sont les *globules 'e la vitalité* dont chacun comporte sept particules physiques, les *Vies Ignées*, oints chargés de ce que les Hindous nomment prâna.

. est souvent difficile de connaître avec certitude le sens tout à fait précis ttaché à ces termes sanscrits car la méthode indienne appliquée à ces études est ssez différente de la nôtre. Je crois cependant que nous pouvons, sans crainte e méprise, regarder *prâna* comme l'équivalent de notre vitalité.

uand ce globule resplendit dans l'atmosphère, il est, malgré son éclat, à peu rès incolore et dégage une lumière blanche ou légèrement dorée. Mais dès u'il est attiré dans le tourbillon du centre de force splénique, il se décompose t se divise en courants diversement colorés sans pour cela suivre exactement otre division du spectre. Tandis que les particules dont il est formé tournoient ans le vortex, chacun des six rayons s'empare de l'un d'eux : ainsi toutes les articules chargées de jaune suivent l'un des rayons, toutes celles chargées de ert en suivent un autre et ainsi de suite, tandis que la septième disparaît au centre u vortex, dans le moyeu de la roue. Ensuite, ces rayons prennent différentes irections et chacun accomplit sa tâche spécifique dans la vitalisation du corps.

es couleurs des divisions du *prâna* ne sont pas tout à fait celles dont nous nous ervons d'ordinaire dans le spectre solaire. Elles rappellent plutôt les combi-aisons de couleurs que nous voyons à des niveaux plus élevés dans les corps ausal, mental et astral.

'otre indigo est partagé entre les rayons violet et bleu, soient deux divisions eulement au lieu de trois. D'autre part, ce que nous appelons généralement le ouge se trouve divisé en deux : le rouge clair (le rose) et le rouge franc jusqu'à ombre. Les six rayons sont donc violet, bleu, vert, jaune, orangé et rouge. uant à la septième, ou particule rouge-rosé, que nous devrions considérer lus exactement comme étant la première car c'est la particule primitive dans

vortex. La vitalité présente donc évidemment une constitution septuple tout en parcourant le corps en cinq courants principaux comme le déclarent certains livres indiens. À leur sortie du centre splénique, le bleu et le violet s'unissent en un seul rayon.
L'orangé et le rouge sombre en font autant.

Les rayons de lumière

Le rayon bleu-violet
Le rayon bleu-violet remonte jusqu'à la gorge où il paraît se diviser : le bleu clair reste dans le centre de la gorge qu'il parcourt et qu'il active alors que le bleu foncé et violet continue jusqu'au cerveau. Le bleu foncé se répand dans les régions inférieures et centrales du cerveau tandis que le violet inonde la région supérieure et semble communiquer une vigueur spéciale au centre de force du sommet de la tête en se diffusant principalement suivant les neuf cent soixante douze pétales placés à la périphérie de ce centre.

Le rayon jaune
Le rayon jaune inonde l'abdomen : en se concentrant surtout au plexus solaire il vivifie sans aucun doute le foie, les reins, les intestins et, d'une façon générale, le tube digestif.

Le rayon vert
Le rayon vert remonte vers le coeur après y avoir rempli son office en prenant pour but principal la fleur aux douze pétales située au milieu du centre de force supérieur.

Le rayon rose
Le rayon rose parcourt le corps entier en suivant les nerfs. Il est certainement la vie du système nerveux : c'est la vitalité spécialisée qu'un individu peut sans peine déverser dans une autre personne à qui elle fait défaut. Si les nerfs ne reçoivent pas en abondance cette lumière rose ils deviennent plus sensibles et extrêmement irritables. C'est à peine si le patient peut conserver la même position sans trouver beaucoup de soulagement s'il en prend une autre. Le moindre bruit, le moindre contact est pour lui un supplice et ses souffrances sont aiguës.

Le *prâna* spécialisé par une personne bien portante vient-il inonder ses nerfs, le soulagement est immédiat : un sentiment de guérison et d'apaisement descend sur le patient. Une personne de santé robuste absorbe et spécialise en général une quantité de vitalité si supérieure à celle dont son propre corps a besoin qu'il émet constamment un torrent de particules roses et, ainsi, répand-il la force sur ses proches plus faibles sans aucune perte pour lui-même. Il peut encore, par un effort de volonté, rassembler ce surplus d'énergie et l'envoyer intentionnellement à la personne qu'il veut assister.
Le corps physique possède en propre une certaine conscience aveugle et instinctive appelée quelquefois l'élémental physique. Dans le monde physique

Le Prâna et ses principes

On remarque dans le tableau ci-dessous des différences d'appréciation des couleurs des chakras entre Leadbeater, Helena Blavatsky (dans « La Doctrine Secrète ») et les couleurs généralement admises actuellement.
Une certaine correspondance existe néanmoins entre les couleurs des courants prâniques qui se dirigent vers les divers chakras.

Chakras correspondants	Couleurs des *Prânas*	Couleurs données par la D.S.	Couleurs admises actuellement	Principes représentés
Gorge	Bleu clair	Bleu	Bleu ciel Bleu turquoise Argent	*Atmâ* (Œuf aurique)
Coeur	Jaune	Jaune	Vert Rose, or	*Bouddhi*
Front	Bleu foncé	Indigo Bleu foncé	Indigo Bleu foncé Jaune	*Mana* supérieur
Ombilic	Vert	Vert	Jaune	*Manas* inférieur
Rate	Rose	Rouge	Orange	*Kama-Roupa*
Sommet	Violet	Violet	Violet Blanc Or	Double éthérique
Racine	Orangé-rouge	-	Rouge Brun Noir	-

correspond à l'élémental du désir dans le corps astral. Cette conscience cherche ›ujours à mettre son corps à l'abri d'un danger ou à lui procurer tout ce qui peut ıi être nécessaire. Elle est absolument distincte de la conscience de l'homme ıi-même et reste également active quand, pendant le sommeil, l'ego est absent u corps physique. Tous nos mouvements instinctifs lui sont dus et c'est grâce à ›n activité que le fonctionnement du grand sympathique se poursuit incessamıent sans que nous y pensions, sans même que nous le sachions.

orsque nous sommes « éveillés », au sens de la symbolique ésotérique, cet lémental physique est perpétuellement sur la défensive. Sa vigilance est ›nstante et il maintient les nerfs et les muscles toujours tendus. Pendant la uit, ou chaque fois que nous nous assoupissons, il leur permet de se détendre. s'occupe alors spécialement de l'assimilation de la vitalité et de la reconstitution du corps physique. Il le fait avec le plus de succès dans la première partie d la nuit, parce qu'alors la vitalité abonde, tandis que, immédiatement avant l lever du jour, la vitalité que nous a laissée le soleil est à peu près complètemer épuisée. D'où le sentiment de relâchement et d'engourdissement éprouvé dan les heures qui suivent minuit. C'est aussi la raison pour laquelle de nombreu malades succombent si souvent à ce moment particulier.

La même idée se retrouve dans le vieux proverbe suivant lequel une heure d sommeil avant minuit vaut deux heures de sommeil plus tard.

Le travail de cet élémental physique permet d'expliquer la puissante influenc récupératrice du sommeil, influence qui peut souvent se remarquer mêm après un instant d'assoupissement. La vitalité est vraiment la nourriture d double éthérique et lui est aussi nécessaire que le sont les aliments matérie à la partie plus grossière du corps physique.Aussi, quand le centre spléniqu ne peut, quelle qu'en soit la raison, maladies, fatigue ou extrême vieilless préparer la vitalité qui doit nourrir les cellules du corps, cet élémenta physique essaie d'accaparer la vitalité déjà préparée dans les corps d'autru Voilà pourquoi nous nous trouvons souvent faibles et épuisés après avoi été assis près d'une personne dont la vitalité fait défaut : elle nous a soutir les particules roses avant que nous n'ayons pu en extraire l'énergie.

Le règne végétal absorbe aussi cette vitalité, mais en général, il ne semble e employer qu'une partie. Beaucoup d'arbres lui empruntent presque exactemer les mêmes principes que le fait la partie supérieure du corps éthérique humair Aussi, quand ils les ont employées suivant leurs besoins, les particules rejetée sont précisément les atomes chargés de la lumière rose nécessaire aux cellule du corps physique de l'homme.

Citons en première ligne des arbres comme le pin et l'eucalyptus : leur simp présence dans le voisinage donne la santé et la force à ceux qui souffrent parc qu'ils manquent de cette partie du principe vital.

Nous les appelons les gens nerveux, nerveux parce que les cellules de leu corps ont faim. Les nourrir est le seul moyen de calmer la nervosité et la mei leure manière de le faire est souvent de mettre ainsi à leur disposition la varié spéciale de vitalité dont ils ont besoin.

Le rayon rouge-orange

Le rayon rouge-orangé se dirige vers la base de la colonne vertébrale puis ve les organes génitaux auxquels une partie de ses fonctions se rattache étroit ment. Ce rayon semble contenir non seulement l'orangé et le rouge sombr mais aussi une petite quantité de violet foncé, comme si la gamme des couleu recommençait à une octave inférieure lorsque les spectres chromatiques so disposés en cercle.

Dans tout individu, le rayon orange-rouge active la libido. Il semble aus passer dans le sang et contribuer à maintenir la température du corps mais 'homme refuse avec persistance de céder à sa nature inférieure, ce rayon peut, par des efforts prolongés et énergiques, être détourné de son parcours et dirigé de bas en haut vers le cerveau où ses trois parties constitutives subissent une modification remarquable. L'orangé passe au jaune pur et détermine une intensification indéniable des facultés intellectuelles. Le rouge sombre devient cramoisi et augmente beaucoup l'affection désintéressée. Enfin le violet foncé se transforme en un ravissant violet pâle et vivifie la partie spirituelle de la nature humaine. Une personne qui réussit à opérer cette transmutation s'aperçoit que les désirs sensuels ne la tourmentent plus et, quand sera venu pour elle le moment d'éveiller les couches supérieures du feu-serpent, elle n'aura pas à craindre le plus sérieux des dangers présentés par cette opération. Lorsque le changement sera devenu complet, le rayon rouge orangé passera directement dans le centre situé à la base de l'épine dorsale d'où il s'élève dans le canal de la colonne vertébrale jusqu'au cerveau.

Les cinq Vâyous ou Prâna

Les ouvrages hindous parlent souvent des cinq principaux *vâyous* ou *prânas*. Le *Gheranda Samhitâ* les localise sommairement en ces termes : « Le *prâna* se meut toujours dans le cœur, l'*apâna* dans la région de l'anus, le *samâna* dans la région de l'ombilic, l'*oudâna* dans la gorge et la *vyâna* dans toutes les parties du corps »

Vâyou Pranâ et la région affectée	Rayon de vitalité (couleurs actuelles)	Chakra principalement touché
Pranâ : Cœur	Vert	Cœur
Apâna : Anus	Orangé-Rouge	Racine
Samâna : Nombril	Jaune	Plexus solaire
Oudâna : Gorge	Bleu clair	Gorge
Vyâna : tout le Corps	Rose	Cœur

Beaucoup d'autres ouvrages donnent une description similaire et n'en disent pas davantage au sujet des fonctions. Certains nous fournissent un peu plus de renseignements ainsi que Leadbeater l'a traduit d'un ouvrage en sanscrit : « L'air dénommé *vyâna* joue le plus grand rôle dans tous les nerfs. La nourriture, dès qu'elle est absorbée, est partagée en deux par cet air qui sépare le solide du liquide. Ayant placé l'eau sur le feu et le solide sur l'eau, le *prâna* lui-même se tenant sous le feu, l'allume lentement. Partout l'essence et le résidu chassé par les douze portes sont expulsés du corps ».

Dans les ouvrages indiens le mot *prâna* signifie souvent *souffle*. La raison en est peut-être le fait que nous attirons en nous d'une autre façon de la vitalité en respirant. Le but principal de la respiration est d'absorber l'oxygène. Nous retenons presque tout l'oxygène qui entre dans nos poumons. Quant à l'azote qui lui est associé, nous le rendons à l'atmosphère. Le *globule de la vitalité* est l'élément principal dans l'atome d'oxygène comme on le verra en se reportant à la figure ci-dessous.

Il s'agit de l'adaptation d'un diagramme publié d'abord dans *La Sagesse antique*, en 1895, et plus tard dans *La Chimie occulte*. En décrivant leurs recherches dans ces deux livres, le Dr. Besant et Leadbeater ont constaté que les difficultés qui accompagnent l'observation de l'oxygène étaient beaucoup plus grandes que celles qu'ils avaient rencontrées en étudiant l'hydrogène et l'azote en raison de l'extraordinaire activité de cet élément et de l'éclat éblouissant de certains de ses constituants.

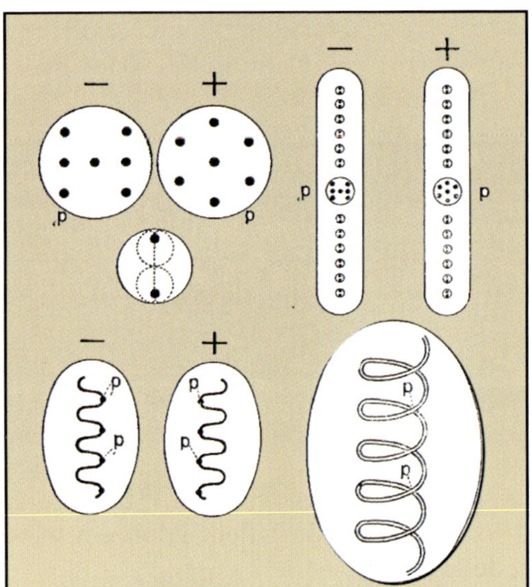

Composition de l'oxygène
selon les thèses ésotériques de Leadbeater

On notera qu'il s'agit bien d'une interprétation ésotérique de l'atome d'oxygène et pas d'une analyse chimique ou en rapport avec la physique scientifique.

Vu du niveau gazeux selon la symbolique occultiste, cet atome se présente comme un ovoïde dans lequel un corps enroulé en spirale comme un serpent tourne avec une extrême vélocité. Cinq points lumineux étincellent sur ses replis. Le serpent semble être un objet plein et arrondi mais si l'on élève l'atome au sous-plan immédiatement supérieur c'est-à-dire le premier sous-plan éthérique de notre monde physique, il se fend dans le sens de la longueur en deux serpents plus minces, l'un positif et l'autre négatif, et l'on s'aperçoit alors que l'apparence solide était causée par la révolution de ces deux serpents autour d'un axe commun, mais dans des directions inverses, ce qui donne l'impression d'une surface continue : un anneau de feu peut de même être obtenu en faisant tourner rapidement un morceau de bois enflammé.

On peut maintenant constater que les points brillants remarqués dans l'atome gazeux se trouvent placés, chez le serpent positif, à la crète des ondulations, et chez le serpent négatif, dans les creux. Le serpent lui-même est formé de petits corps perlés dont onze s'interposent dans chaque intervalle séparant les grands points brillants. Lesserpents se brisent en élevant ces corps au niveau éthérique suivant. Chaque point brillant emporte avec lui six perles d'un côté et cinq de l'autre. Les corps continuent à se tordre en tous sens avec la même extraordinaire activité et ressemblent à des lucioles décrivant de folles girations. Les corps brillants les plus grands contiennent chacun sept atomes ultimes tandis que les perles n'en possèdent que deux. Au niveau suivant, les fragments serpentins brisent les corps positif et négatif **d** et **d'** et montrent que la disposition des atomes qui y sont contenus n'est plus la même. La désintégration étant poussée plus loin, des atomes physiques ultimes se trouvent libérés au nombre de 290, dont 220 venant des 110 perles et 70 venant des points brillants. Le point brillant positif **d** est notre globule de la vitalité et c'est à lui qu'est due l'activité extraordinaire de l'oxygène. L'oxygène introduit dans le poumon se décompose. Le *globule de la vitalité* en est extrait puis se combine à nouveau avec d'autres substances pour former certains éléments principaux du sang. Ainsi, tandis que le *prâna* de la rate parcourt entièrement le double éthérique, l' «essence» mentionnée dans notre citation du *Garouda Pourana*, qui est dans l'original *rasa* ou peut-être le sang, se trouve emportée dans toutes les régions du corps dense physique.

Il est clair que Leadbeater parle ici de l'oxydation du fer dans les globules rouges du sang, ce qui permet de transporter l'oxygène vers tous les organes et tous les muscles via le système de circulation sanguine.

La vitalité et la santé

Le flux de vitalité maintient en bonne santé par ces différents courants les parties du corps auxquelles ils se rapportent. Une personne souffre-t-elle de faiblesse digestive, la vue éthérique le constate immédiatement : soit l'écoulement et l'action du courant jaune sont paresseux, soit le courant est moins abondant qu'il ne le faudrait.

Un courant vert plein et fort indique, ou plus exactement détermine l'énergie et la régularité de l'action du coeur. En entourant ce centre, il interpénètre aussi le sang qui le traverse et accompagne celui-ci dans toutes les régions du corps. Il en reste généralement suffisamment pour atteindre le cerveau. La puissance de la haute pensée philosophique et métaphysique semble dépendre en grande partie du volume et de l'activité de ce rayon vert, comme de l'épanouissement correspondant de la fleur à douze pétales, au milieu du centre de force situé au sommet de la tête.

La pensée et l'émotion de type spirituel très élevé semblent dépendre beaucoup du rayon violet tandis que la vigueur de la pensée ordinaire est stimulée par l'action du bleu mélangée à une partie de jaune comme l'épanouissement de la fleur à douze pétales au milieu du centre de force situé au sommet de la tête.

Dans certaines formes de crétinisme, le flux de vitalité allant au cerveau est presque entièrement arrêté.
Une activité et un volume exceptionnels du bleu, spécial au centre de la gorge,

coïncident avec la santé et la vigueur des organes physiques dans cette partie du corps. Ils communiquent la force et l'élasticité aux cordes vocales. Chez un orateur ou un grand chanteur, ces organes leur doivent une activité et un éclat particuliers. La faiblesse ou la maladie d'une région quelconque du corps sont accompagnées d'un trop faible courant de vitalité dans cette région.

Le sort des atomes vides

Le travail fourni par les différents courants d'atomes entraîne l'épuisement de la vitalité qu'ils contiennent. Il en est ainsi d'un courant électrique. Les atomes porteurs du rayon rose pâlissent par degrés en suivant les nerfs et sont expulsés du corps par les pores, formant ainsi ce qui a été appelé l'*aura de santé* dans l'*Homme visible et invisible*. Ils ont, pour la plupart, perdu la lumière rose au moment de quitter le corps, si bien que l'apparence générale de l'émanation est devenue blanc-bleuâtre. De même, la partie du rayon vert absorbée par le sang est emportée dans son cours perd sa couleur distinctive.

Ainsi privés de leur charge de vitalité, les atomes entrent dans certaines des combinaisons qui s'opèrent toujours dans le corps ou bien quittent ce dernier, soit à travers les pores, soit par les voies ordinaires. Les atomes vides du rayon jaune qui intéressant surtout les fonctions digestives, semblent faire partie des résidus ordinaires du corps et en être expulsés avec eux. C'est également, chez tout un chacun, le sort des atomes du rayon rouge orangé.

Les atomes appartenant aux rayons bleus spécifiques au centre de la gorge quittent généralement le corps par exhalation de l'air respiré. Ceux qui composent les rayons bleu et violet le quittent d'ordinaire par le centre situé au sommet de la tête.

Quand l'élève a appris à détourner les rayons rouge-orangés afin qu'eux aussi s'élèvent dans l'épine dorsale, leurs atomes vides jaillissent du sommet de la tête en une cascade enflammée. Celle-ci est souvent représentée comme une flamme dans certaines statues anciennes du Bouddha et d'autres grands saints. Ces atomes servent ainsi de nouveau comme véhicules physiques par les forces bienfaisantes et que des personnes hautement évoluées projettent de ce chakra coronal.

Vidés de la force vitale, les atomes redeviennent des atomes comme les autres, sauf que l'emploi qui en a été fait a permis à leur évolution de progresser légèrement. Le corps absorbe ceux dont il a besoin, de sorte qu'ils entrent dans des combinaisons diverses qui se forment constamment. D'autres, restés inutiles, sont évacués et se mêlent au grand manège cosmique.

Ni le flux de vitalité dans un centre ou à travers un centre quelconque, ni même son intensification, ne doivent être confondus avec un développement différent provoqué plus tard dans ce centre par l'éveil du feu-serpent sur les niveaux supérieurs et dont nous parlerons ultérieurement. Nous absorbons et spécialisons tous la vitalité mais beaucoup d'entre nous ne l'utilisent pas entièrement parce que, à différents égards, nos vies ne sont pas aussi pures, hygiéniques et sages qu'elles devraient être.
Quelqu'un dont le corps est soumis à l'influence de l'alcool, du tabac ou des

stupéfiants ne pourra jamais utiliser à fond sa vitalité comme le fait un homme dont l'hygiène de vie est plus rigoureuse. Tel individu dont la vie est impure peut posséder et possède souvent un corps physique plus vigoureux que les corps d'autres personnes plus pures que lui.
C'est là une question karmique, mais une personne qui pratique une bonne hygiène de vie a de meilleurs avantages.

Toutes les couleurs de cet ordre de vitalité sont éthériques. On verra cependant que leur action présente certaines correspondances avec la signification attachée à des couleurs semblables offertes par le corps astral. Sans aucun doute, les bonnes pensées et les bons sentiments réagissent sur le corps physique et augmentent la faculté qu'il possède d'assimiler la vitalité nécessaire à son bien-être.

On rapporte que le Bouddha dit un jour qu'une santé physique parfaite est le premier pas dans la direction du *nirvâna*. Assurément la manière d'y parvenir consiste à suivre le *Noble Sentier Octuple* qu'il a indiqué : *« Cherchez d'abord le royaume de Dieu et sa justice, et toutes ces choses vous seront données en surplus »*. Oui, et même la santé physique.

La vitalité et le magnétisme

La vitalité qui suit les nerfs ne doit pas être confondue avec ce que nous appelons ordinairement le magnétisme de l'homme, à savoir son propre fluide nerveux, spécialisé dans l'épine dorsale et composé de la force vitale primaire unie à Koundalini. C'est ce fluide qui entretient le long des nerfs l'incessante circulation de matière éthérique qui correspond à la circulation du sang dans les veines. Comme l'oxygène est charrié par le sang dans toutes les régions du corps, la vitalité est ainsi charriée le long des nerfs par ce courant éthérique. Les particules de la zone éthérique du corps humain changent constamment, tout comme celles de la partie plus dense. Avec nos aliments, avec l'air que nous respirons, nous absorbons de la matière éthérique et la partie éthérique du corps l'assimile. C'est ce qu'on appelle aujourd'hui le métabolisme du corps.

La matière éthérique est sans cesse expulsée par les pores, tout comme la matière gazeuse. Aussi, quand deux personnes sont très rapprochées, se produit-il nécessairement une absorption mutuelle d'émanations physiques.

Lorsqu'une personne en magnétise une autre, l'opération réunit par un effort de volonté une grande quantité de ce magnétisme, le projette sur le sujet, repousse le fluide nerveux du patient et le remplace par le sien. Le cerveau étant le centre de cette circulation nerveuse, la région du corps du sujet affectée par le magnétisme se trouve soumise au cerveau de l'intervenant et non plus à celui du patient. Celui-ci n'éprouve donc plus que ce que le magnétiseur veut lui faire éprouver. Si le cerveau du magnétisé, dépouillé de son magnétisme propre, est rempli par celui de l'opérateur, le premier ne peut penser et agir que suivant la volonté du second : il est pour l'instant complètement dominé.

Mais le magnétiseur cherche à guérir en déversant son énergie dans le patient. Il lui communique inévitablement beaucoup de ses propres émanations en même temps que sa vitalité. Il est bien évident que toute maladie existant chez le magnétiseur peut, de la sorte, être transmise facilement au sujet. La prudence s'impose donc dans ce type de soins.

Une autre considération est encore plus importante : bien que sa santé physique puisse être excellente du point de vue médical, il existe, outre des maladies physiques, des maladies mentales et morales et, comme les matières astrale et mentale sont communiquées au sujet par le magnétiseur en même temps que le courant physique, ces affections sont fréquemment transmises. Il n'est pas moins vrai qu'une personne aux pensées pures, profondément désireuse d'aider ses semblables, peut souvent atténuer bien des souffrances par le magnétisme si elle se donne la peine d'étudier la question des courants qui pénètrent dans le corps par les chakras et suivent le trajet des nerfs.

Que fait passer le magnétiseur dans son sujet ? Soit l'éther des nerfs, soit la vitalité ou les deux ensemble. Supposons qu'un patient, sérieusement affaibli ou épuisé, ait perdu la faculté de spécialiser pour lui-même le fluide vital. Le magnétiseur pourra alors renouveler le stock du malade en déversant une partie du sien sur les nerfs réceptifs et ainsi provoquer une guérison rapide. Le procédé est analogue à ce qui est souvent fait pour l'alimentation. Lorsqu'une personne est arrivée à un certain degré de faiblesse, l'estomac perd la faculté de digérer, ce qui accentue encore la faiblesse. Le remède alors adopté consiste à présenter à l'estomac des aliments déjà partiellement digérés au moyen de pepsine ou autres préparations similaires. Cette nourriture a des chances d'être assimilée, puis la force revient.

De même, une personne incapable de spécialiser seule peut encore absorber ce qui a déjà été préparé par une autre et ainsi recouvrer assez de force pour fournir l'effort nécessaire au rétablissement du jeu normal des organes éthériques. Dans bien des cas, la carence mentale n'a pas besoin d'autre remède.

Parfois encore, il s'est produit quelque congestion : le fluide vital circule mal, l'aura des nerfs est paresseuse et malsaine. Il est alors tout indiqué de la remplacer par de l'éther nerveux sain pris au dehors, mais il y a plusieurs manières de procéder. Certains magnétiseurs se contentent d'opérer avec une force brutale en déversant massivement leur propre éther dans l'espoir qu'ils emporteront avec eux ce qui doit être éliminé. Cela peut réussir en dépensant beaucoup plus d'énergie qu'il ne le faudrait.

Une technique plus méthodique procède avec plus de douceur : elle consiste d'abord à supprimer la matière congestionnée ou malade, puis à la remplacer par un éther nerveux plus sain, ce qui encouragera le courant paresseux à redevenir actif petit à petit. Le patient souffre-t-il d'un mal de tête, il est à peu près certain qu'une congestion de mauvais éther existe dans une partie du cerveau. Il faut, avant tout, le faire disparaître.

Comment y parvient-on ? Exactement comme on déverse la force, par un effort de la volonté. N'oublions pas que ces subdivisions plus subtiles de la matière sont facilement modelées ou affectées par l'action de la volonté humaine. Le magnétiseur peut

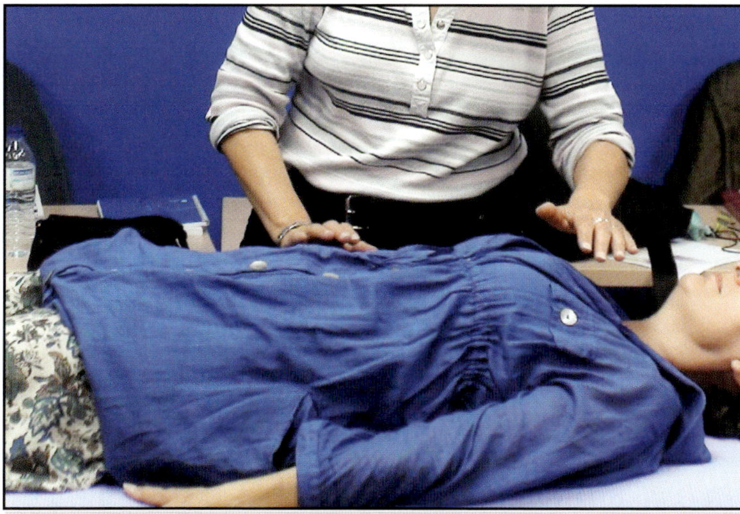

Soins par le magnétisme

faire des passes mais il ne fait que pointer son arme dans une certaine direction. Sa volonté est la poudre qui chasse le projectile et amène le résultat, le fluide est le projectile lui-même. Un magnétiseur qui connait son art peut fort bien, s'il le veut, agir sans passes. Leadbeater dit en avoir connu un qui ne les employait jamais et se contentait de regarder son sujet. La seule utilité de la main est de concentrer le fluide et peut-être de seconder l'imagination de l'opérateur. Car pour vouloir fortement, il faut croire fortement, et l'action manuelle lui permet sans doute de mieux se rendre compte de ce qu'il fait.

Si, par un effort de volonté, un homme peut déverser du magnétisme, il peut également le retirer de la même manière. Dans ce cas, un geste des mains peut l'aider. Veut-il traiter un mal de tête ? Il posera probablement les mains sur le front du patient et se les figurera comme des éponges qui retirent progressivement le magnétisme délétère du cerveau. Il s'apercevra sans doute très vite qu'il obtient le résultat auquel il pense car, à moins de prendre la précaution de rejeter le mauvais magnétisme qu'il absorbe, ou il prendra lui-même le mal de tête, ou il sentira une douleur dans le bras et dans la main. Il reçoit littéralement en lui-même de la matière malade et il est nécessaire à son bien-être et à sa santé qu'il s'en débarrasse avant qu'elle ne se soit logée dans son corps d'une façon permanente.

Il doit donc adopter une façon méthodique de s'en délivrer. Le plus simple est de le rejeter, de la faire tomber des mains comme on le ferait pour de l'eau. Bien qu'il ne la voie pas, la matière qu'il a retirée est physique et nous pouvons en disposer par des moyens physiques. Il est donc nécessaire qu'il ne néglige pas ces précautions et qu'il n'oublie pas de se laver les mains avec soin après avoir guéri une migraine ou toute indisposition de ce genre. Puis, ayant fait disparaître la cause du mal, il se met à déverser un bon, vigoureux et sain magnétisme qui en prendra la place et garantira le patient contre une rechute.

Notons au passage que les techniques de canalisation du Reiki répondent parfaitement à ce principe d'évacuation des énergies négatives prélevées sur un patient.

Comme on le voit, cette méthode présenterait de multiples avantages dans les cas d'affections nerveuses. Il s'agit presque toujours d'une irrégularité des fluides qui suivent les nerfs : ou ils sont congestionnés, ou ils ne coulent pas librement, ou ils sont trop rapides. Ils peuvent aussi être trop peu abondants ou de qualité insuffisante. En administrant des médicaments quelconques, nous ne pouvons tout au plus agir que sur le nerf physique et sur les fluides qui l'entourent, jusqu'à un certain point.

Le magnétisme, au contraire, agit directement sur les fluides eux-mêmes et atteint ainsi la racine du mal.

Développement des Chakras

Fonction des centres éveillés

Les centres de force maintiennent en vie le véhicule physique mais ils ont aussi une autre fonction. Celle-ci n'entre en jeu que lorsqu'ils sont éveillés et en pleine activité.

Chacun des centres éthériques correspond à un centre astral. Bien que le centre astral soit un vortex à quatre dimensions, il s'étend dans une direction tout autre que celle du centre éthérique. Ensuite, s'il y a coïncidence entre telle ou telle partie, les limites sont loin de concorder systématiquement. Le vortex éthérique est toujours à la surface du corps éthérique. Au contraire, le centre astral se trouve souvent complètement à l'intérieur de ce véhicule. Chacun des centres éthériques pleinement éveillés a pour fonction d'amener dans la conscience physique la qualité inhérente au centre astral correspondant. Avant d'énumérer les résultats à obtenir en rendant actifs les centres éthériques, il peut donc être utile de considérer le rôle de chacun des centres astraux bien que ces derniers soient déjà pleinement actifs chez toute personne cultivée.

Quel est donc l'effet produit dans chacun de ces centres astraux ?

Les centres astraux

Comme nous l'avons déjà expliqué, le premier de ces centres est le siège du *feu-serpent*, force existant sur tous les plans et dont l'activité éveille tous les autres centres. Représentons-nous le corps astral à son origine comme une masse presque inerte, ne possédant qu'une conscience des plus vagues, incapable de rien faire et ne sachant rien de précis concernant lemonde environnant. Tout d'abord, l'éveil de cette force se produit sur le niveau astral.

Ainsi éveillée elle gagne le deuxième centre, correspondant à la rate physique et vitalise tout le corps astral. L'homme peut, dès lors, se déplacer consciemment, sans pourtant se rendre compte nettement de ce qu'il rencontrait en chemin.

Puis la force passe au troisième centre correspondant à l'ombilic. Elle le vivifie, éveillant ainsi dans le corps astral la faculté de sentir, de subir toutes sortes d'influences, mais sans que cela ressemble aux impressions obtenues par la vue ou par l'ouïe.

Le quatrième centre, une fois éveillé, dote l'homme de la faculté de comprendre et d'accueillir avec sympathie les vibrations d'autres entités astrales et ainsi de se rendre compte, par instinct, de leurs sentiments. L'éveil du cinquième, correspondant à la gorge, lui confére le pouvoir d'entendre sur le plan astral. En d'autres termes, il amène le développement de ce sens qui, dans le monde astral, produit sur notre conscience l'effet nommé l'ouïe sur le plan physique.

Le développement du sixième, correspondant au centre situé entre les sourcils, fait naître la vue astrale. Cette faculté permet de percevoir nettement la forme et la nature des objets astraux au lieu d'être vaguement conscient de leur présence.

L'éveil du septième, correspondant au sommet de la tête, représente pour l'homme l'achèvement, le couronnement de sa vie astrale. Il lui confère les facultés dans leur plénitude. Relativement à ce centre, il semble exister une certaine différence suivant le type dont les hommes font partie. Chez beaucoup d'entre nous les tourbillons correspondant au sixième et septième de ces centres convergent l'un et l'autre sur le corps pituitaire. Celui-ci forme à peu près le seul lien direct entre le plan physique et les plans supérieurs (voir figure ci-dessous).

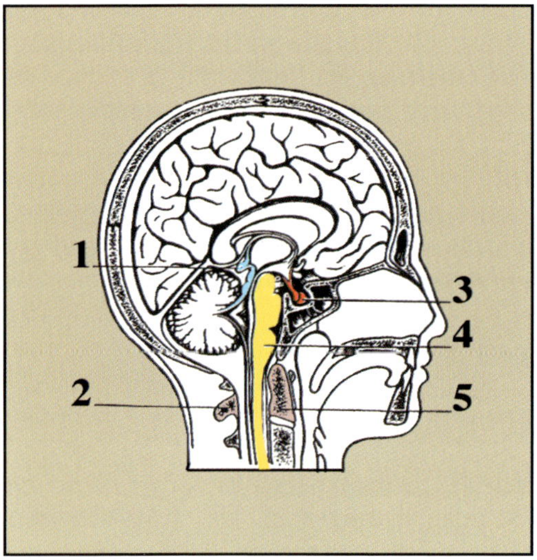

Le corps pituitaire et la glande pinéale
(selon Leadbeater)
1. Glande pinéale.
2. Colonne vertébrale.
3. Corps pituitaire.
4. Moelle allongée
5. Colonne vertébrale

Chez d'autres personnes, le sixième centre est encore attaché au corps pituitaire mais le septième s'infléchit jusqu'à ce que son vortex coïncide avec l'organe atrophié nommé la glande pinéale que les personnes de ce type vivifient et emploient comme ligne de communication directe avec le mental inférieur sans apparemment passer par le plan astral.

C'est à ces personnes que s'adressait Helena Blavatsky lorsque, dans son livre, elle appuyait avec tant d'insistance sur l'éveil de cet organe. Le Dr. Besant mentionne aussi le fait que, suivant les personnes, le développement a son point de départ sur des niveaux différents :

« La construction des centres et leur organisation graduelle en roues peut avoir pour point de départ un véhicule quelconque et, pour chaque individu, elle partira du véhicule qui représente le type spécial de tempérament de cet individu. C'est le type de tempérament de l'individu qui détermine la place où se déploiera la plus grande activité dans la construction des véhicules et leur transformation graduelle en instruments parfaits de la conscience qui va se manifester sur le plan physique. Ce centre d'activité peut être localisé dans le corps physique, le corps astral ou le corps mental inférieur ou supérieur. Dans tous ces corps, et même dans d'autres plus élevés encore, selon le tempérament de l'individu, nous trouverons ce centre dans le principe qui caractérise le tempérament. C'est de ce principe que le centre agira *vers le haut* et *vers le bas*, façonnant les véhicules de façon à les rendre aptes à manifester les caractéristiques de ce tempérament ».

Les sens astraux

Jusqu'à un certain point, ces centres tiennent aussi lieu d'organes sensoriels pour le corps astral mais, sans explications, ce terme risquerait fort d'induire en erreur. Il ne faudrait pas que nous soyons constamment obligés de parler de vue astrale ou d'ouïe astrale pour nous faire comprendre. Nous voulons seulement parler, en quelque sorte, de la faculté de répondre aux vibrations qui apportent à la conscience de l'homme, quand il fonctionne dans son corps astral, le même genre d'impressions qui lui sont fournies par ses yeux et par ses oreilles quand il est dans son corps physique.

Mais, les conditions astrales étant tout autres, ce résultat n'exige pas d'organes spécialisés. La matière capable de répondre ainsi se trouve partout dans le corps astral. Par conséquent, une personne qui fonctionne bien dans ce véhicule voit également bien les objets placés derrière lui, au-dessus de lui, au-dessous de lui, sans avoir à bouger la tête. On ne peut donc pas appeler ces centres des organes, dans le sens ordinaire du terme, puisque ce n'est pas par eux que l'homme voit et entend, comme il le fait par les yeux et par les oreilles. C'est pourtant de leur activation que dépend la faculté de mettre en jeu ces sens astraux dont chacun, une fois développé, donne au corps astral tout entier le pouvoir de répondre à une catégorie nouvelle de vibrations.

Toutes les particules du corps astral étant soumises, comme l'eau sur le feu, à une agitation et un bouillonnement continuels, elles traversent toutes successivement chacun des centres ou tourbillons. Chaque centre, à son tour, évoque la faculté de répondre à un certain ordre de vibrations dans toutes les particules du corps, de sorte que les sens astraux sont tous également actifs dans toutes les régions du corps. Pourtant, même après l'éveil complet des ces sens astraux, il ne s'ensuit pas du tout qu'on soit capable de faire passer dans son corps physique la moindre conscience de son action.

Éveil de Koundalini

Cet éveil astral se produit dans la conscience physique. La seule manière de faire profiter le corps dense de tous ces avantages est de recommencer pour les centres éthériques le même processus d'éveil. Il est possible d'y arriver de diverses manières, suivant l'école de yoga dont l'élève adopte les pratiques.

À l'époque de Leadbeater, on reconnaissait sept écoles de yoga en Inde :

1. Râja Yoga
2. Karma Yoga

3. Jnâna Yoga
4. Hatha Yoga
5. Laya Yoga
6. Bhakti Yoga
7. Mantra Yoga

Leadbeater leur a consacré quelques pages dans la deuxième édition de *Les Maîtres et le Sentier*. De son côté, le Professeur Wood les a pleinement décrites dans son ouvrage *Râja Yoga the Occult Training of the Hindus*.

Toutes admettent l'existence et l'importance des chakras et chacune possède une méthode particulière pour les développer.
Le *Râja Yogi* s'applique à méditer successivement sur tous les chakras et les rendre actifs par un effort de sa volonté. C'est une excellente méthode. L'école qui s'en préoccupe le plus est celle de Laya Yoga dont le système consiste à éveiller les potentialités supérieures du *feu-serpent* qu'elle oblige à traverser les centres l'un après l'autre. Son éveil obtenu, c'est par la puissance formidable de Koundalini que sont vivifiés les autres centres. Son effet sur les autres roues éthériques est tel qu'il communique à la conscience physique les facultés éveillées par le développement des chakras astraux correspondants.

Éveil des chakras éthériques

Quand le second des centres éthériques, celui de la rate, se trouve éveillé, on devient capable de se rappeler imparfaitement ses vagues déplacements dans l'astral. Une légère et accidentelle stimulation de ce centre produit quelquefois le souvenir incomplet d'une sensation délicieuse, celle de voler à travers l'espace.

Quand le troisième centre, celui du plexus solaire, devient actif, on commence à éprouver dans son corps physique toutes sortes d'influences astrales et on sent vaguement que certaines d'entre elles sont amicales et d'autres hostiles, ou que certains lieux sont agréables ainsi que d'autres sensations, sans bien savoir pourquoi.

La stimulation du quatrième, celui du coeur, fait connaître instinctivement à l'homme les joies et les peines de ses semblables et même détermine quelquefois chez lui la reproduction par sympathie de leurs douleurs et de leurs souffrances physiques.

L'éveil du cinquième, celui de la gorge, permet d'entendre des voix qui suggèrent toutes sortes de choses. Parfois encore, on entend de la musique ou d'autres sons moins agréables. Entièrement développé, il confère la clairaudience tout au moins sur le plan éthérique et sur le plan astral.

Quand le sixième est vivifié, celui du troisième oeil, on commence à voir tout éveillé. Tantôt des lieux, tantôt des personnes apparaissent. Au début de son développement, au premier symptôme d'éveil, cela se borne souvent à entrevoir des paysages et des nuages colorés. L'éveil complet de ce chakra produit la clairvoyance. Le centre placé entre les sourcils est encore d'une autre façon en rapport avec la vue : c'est par lui que s'exerce la faculté de grandir les très petits objets physiques. Il s'en détache un minuscule tube flexible de matière éthérique semblable à un serpent microscopique se terminant par une sorte d'oeil. C'est l'organe particulier qui sert à ce genre de clairvoyance. L'oeil situé à l'extrémité peut se dilater ou se resserrer, ce qui modifie la faculté grossissante suivant la grandeur de l'objet examiné.

C'est de cela qu'il s'agit dans les ouvrages anciens lorsqu'ils mentionnent la faculté de se faire à volonté grand ou petit. Pour examiner un atome, on développe un organe visuel proportionné aux dimensions de l'atome. Le petit serpent qui se dresse au centre du front était représenté symboliquement sur la coiffe du Pharaon d'Egypte qui, grand-prêtre en son pays, était supposé doué de pouvoirs occultes dont cette faculté.

Quand le septième centre est activé, on devient capable de quitter son corps en pleine conscience en le traversant, d'y revenir sans subir d'interruption, si bien que la conscience devient continue, nuit et jour. Lorsque le feu est passé par tous ces centres dans un ordre variable suivant les différents types humains, la conscience reste ininterrompue sur le plan astral jusqu'au passage dans le monde céleste en fin de vie sans qu'elle se trouve modifiée en rien, soit par la séparation temporaire du corps physique pendant le sommeil, soit par la division définitive au moment de la mort.

Clairvoyance accidentelle

Mais avant d'en arriver là, on peut entrevoir souvent le monde car des vibrations particulièrement fortes peuvent en tout temps galvaniser tel ou tel chakra et le rendre momentanément actif sans le moindre éveil du feu-serpent. Il peut arriver que le feu, se trouvant partiellement éveillé, amène également une clairvoyance spasmodique mais sans durée. Il arrive souvent qu'en faisant un effort de volonté pour l'éveiller, on parvienne à impressionner une seule de ces couches. Au moment où on croit être arrivé à ses fins, on peut s'apercevoir que l'oeuvre est incomplète et se trouver obligé de tout recommencer à maintes reprises, creusant toujours plus avant jusqu'au jour où ce n'est plus seulement la surface mais le coeur même du feu qui entre en pleine activité.

Chez la plupart des gens, la faculté de clairvoyance repose, endormie, à la base de l'épine dorsale et peut parfois générer de vives souffrances physiques. Il arrive même qu'elle puisse, comme cela a pu arriver, déchirer les tissus et détruire la vie physique.

Danger d'un éveil prématuré

Cette puissance ignée, comme elle est appelée dans la Voix du Silence, est véritablement semblable à un feu liquide lorsqu'elle se précipite en torrent à travers le corps après avoir été réveillée par la volonté. Le parcours qu'elle doit suivre est en spirale, comme les replis d'un serpent. Après son éveil définitif elle peut, dans un autre sens que celui mentionné plus haut, être appelée la *Mère du Monde*, car nos véhicules divers peuvent être vivifiés grâce à elle et le monde supérieur s'ouvrir successivement devant nous.

Mais sa présence peut rester insoupçonnée pendant la vie entière car elle repose endormie à la base de l'épine dorsale. Il est d'ailleurs infiniment préférable de la laisser en sommeil tant que l'on ne s'est pas moralement développé, tant que sa volonté n'est pas assez forte pour la maîtriser et ses pensées assez pures pour lui permettre de l'éveiller sans avoir à en souffrir. Nul ne devrait tenter l'expérience sans les leçons précises d'un instructeur au fait de la question car les dangers qui l'accompagnent sont très réels et terriblement sérieux. Quelques-uns sont simplement physiques.

En se mouvant sans être guidée, Koundalini détermine parfois des circonvolutions incontrôlables.

Le moindre des maux dont elle est capable est de rendre permanent l'accès de l'âme à des véhicules supérieurs qui peuvent s'avérer néfastes pour notre équilibre psychologique. Son éveil prématuré a très souvent pour conséquence qu'au lieu de s'élever dans le corps, elle se précipite de haut en bas. Elle excite ainsi les passions les plus déplorables, les exaspère et intensifie leurs effets à un degré tel que l'on peut se trouver dans l'impossibilité de leur résister : une puissance en présence de laquelle on est aussi désarmé qu'un nageur devant les mâchoires d'un requin est devenue active.

Les personnes qui ont vécu ce type d'évènement pourraient devenir pervers, des monstres de dépravation, car elles sont maîtrisés par une force absolument disproportionnée à notre faculté de résistance ordinaire. Elles pourront sans doute acquérir certains pouvoirs supérieurs à la normale mais ces pouvoirs particuliers les mettront en rapport avec un ordre d'évolution inférieur avec lequel notre humanité ne devrait pas être destinée à avoir une relation. Pour échapper à cet déplorable asservissement, une seule incarnation ne suffira peut-être pas.

Leadbeater dit qu'il n'exagère en rien l'horreur de cette situation, comme pourrait le faire quelqu'un qui en parlerait par ouï dire. Il a été personnellement été consulté par des personnes qui s'étaient attiré cette énergie clairement mauvaise.

Certaines école de magie noire utilisent cette force pour des fins semblables afin de vivifier un certain centre de force inférieures, des forces qui ne sont jamais employée ainsi par les observateurs de la Bonne Loi. Certains auteurs nient l'existence d'un tel centre, mais assurent que des Brahmanes de l'Inde méridionale en enseignent l'emploi à leurs élèves, sans que leur intention soit nécessairement néfaste. Un tel enseignement de yogi permet de courir beaucoup moins de danger pour l'obtention d'un résultat similaire.

Sans même parler de ce danger, de tous le plus sérieux, le développement prématuré des aspects supérieurs de Koundalini offre d'autres possibilités désagréables : il intensifie tout dans la nature humaine et agit plus facilement sur les qualités inférieures et mauvaises que sur les bonnes. Dans le corps mental, par exemple, l'ambition est très vite éveillée et prend bientôt des proportions incroyablement exagérées. L'éveil intensifierait sans doute beaucoup la force intellectuelle mais produirait en même temps un orgueil anormal dont le commun des mortels ne peut se faire aucune idée. Se croire capable de maîtriser toutes les forces qui naissent dans le corps humain dénote un manque de sagesse. Il ne s'agit pas d'une énergie ordinaire, mais d'un chose s uissante qu'un éveil de la conscience est indispensable. Si l'on s'aperçoit que l'éveil 'est accidentellement produit on doit consulter sans tarder une personne bien au ourant de ces questions.

)'ailleurs, Leadbeater évite avec soin toute explication concernant la manière d'ame-er l'éveil. Il ne mentionne pas non plus l'ordre dans lequel cette force, une fois éveil-ée, doit passer de centre en centre car ceci ne doit jamais être tenté que sur les indica-ions expresses d'un Maître qui surveillera son élève pendant les différentes phases de 'expérience.

:'est pourquoi Leadbeater met très solennellement en garde tous ses élèves contre n effort quelconque tendant à éveiller ces énergies formidables, sauf sous une direc-ion expérimentée. Il a eu personnellement l'occasion de constater les effets terribles uxquels s'expose une personne ignorante et mal conseillée par une personne mal visée qui voulait jouer avec ces très graves questions, ou d'une personne sincère et de onne volonté dont on peut s'interroger sur les compétences.

ien n'est pire que la bonne volonté sans la connaissance. Il en est ainsi en Lithothérapie orsque des personnes pleines d'humanité veulent faire le bien autour d'elles sans voir les connaissances scientifiques ou ésotériques nécessaires. La bonne volonté et 'intuition ne suffisent pas : elles ne sont rien sans le savoir intellectuel et l'expérience. 'our acquérir le savoir, il faut se former et se montrer très sélectif dans le choix de es formateurs, que ce soit par les livres ou lors de séminaires de formation. Tous les spects de ce qui fait la Lithothérapie doivent être abordés avec soin :

Les éléments objectifs au travers des thèses scientifiques (voir : *Chimie des minéraux t oligoéléments en Lithothothérapie* - Éditions Dangles ©2012).

Les éléments sensitifs tels que la lumière et la couleur (voir : *L'influence des couleurs n Lithothérapie* - Editions Dangles ©2013).

Les éléments de spiritualité et d'ésotérisme dont le présent ouvrage traite partielle-ient et que j'envisage d'étayer par d'autres approches énergéticiennes.

Les mystères engendrés par les découvertes scientifiques récentes qui posent de ouvelles questions sur la vie, la matière, les énergies et notre univers au fur et à iesure de leurs avancées. Cela fera probablement l'objet d'un nouvel ouvrage que 'envisage d'écrire..

a force est une réalité concrète qui peut amener une sorte d'explosion énergétique au sque d'en être soi-même la première victime. Que de peines et de désappointements vités si l'on s'était donné la peine d'acquérir le savoir en même temps que l'expé-ence ! Lorsque les forces intérieures s'éveillent spontanément, on éprouve alors un ague sentiment de chaleur. Le feu peut se propager d'une façon aussi formidable u'incontrôlé.

:'est l'un des grands principes fondamentaux de la nature. Leadbeater l'affirme avec toute l'insistance possible : ce n'est pas un jouet. Il n'est pas de question dont on puiss s'occuper à la légère. Se lancer dans de telles expériences sans y rien comprendre es beaucoup plus dangereux que si un enfant jouait avec de la nitroglycérine. Comm on le dit avec beaucoup de vérité le *Hathayoga Pradipika* : « Il apporte aux yogis l libération et aux sots l'esclavage ».

Dans des questions semblables, certains semblent croire qu'il y aurait pour eux un exception toute spéciale aux lois naturelles, qu'une intervention particulière de l providence leur évitera les conséquences de leur folie. Assurément il n'arrivera rien d semblable sauf quand une personne insouciante provoque un chaos énergétique On doit faire comprendre à chacun que, dans tout ce qui a trait à l'occultisme, nou voulons dire exactement et littéralement ce que nous disons. Ceci s'applique à tous le cas, sans aucune exception. Dans le fonctionnement des grandes lois de l'univers, l favoritisme n'existe pas. Chacun veut essayer toutes les expériences possibles, chacu est persuadé qu'il est prêt à recevoir les enseignements les plus élevés, à subir tout espèce de développement, mais aucun ne consent à s'appliquer patiemment à perfec tionner son caractère, à consacrer son temps et ses efforts à telle activité utile à l'oeuvre enfin à attendre toutes ces autres choses jusqu'au jour où un Maître lui annoncera qu'il es prêt à les aborder. Un vieil aphorisme déjà cité préédemment montre la voie de l sagesse : « Cherchez d'abord le royaume de Dieu et Sa justice, et tout le reste vous ser donné par surcroît ».

Éveil spontané de Koundalini

Si le processus peut se mettre en marche de lui-même, cela reste extrêmement rare Quand cela se produit, de vives souffrances peuvent en résulter car les canaux n'ayan pas été préparés, les énergies doivent se frayer un passage en brûlant littéralemen une grande quantité de résidus éthériques, ce qui ne peut se faire sans provoquer l douleur. Éveillé spontanément ou excité par accident, le feu essaie en général de s'éle ver à l'intérieur de l'épine dorsale par la voie que sa manifestation la plus basse et l plus bénigne a déjà prise. Si possible, la volonté doit être mise en jeu pour arrêter l mouvement ascensionnel. Si elle n'y parvient pas (et c'est fort probable) il ne faut pa s'alarmer : Koundalini s'élancera sans doute par la tête et s'échappera dans l'atmosphèr ambiante. Rien de très grave en conséquence mis à part peut-être un léger affaibliss ment et quelques migraines passagères. Il ne faut rien craindre de plus sérieux qu'un perte momentanée de conscience. Les dangers plus graves ne résultent pas du flu ascendant mais de la possibilité qu'il se trouve dirigé de haut en bas et de l'extérieu vers l'intérieur.

Relativement au développement occulte, Koundalini joue un rôle fondamental : dirigé sur les centres de force du corps éthérique, elle vivifie ces chakras et en fait des porte de communication plus efficaces entre les corps physique et astral. Il est dit dans *L Voix du Silence* qu'après avoir atteint le centre situé entre les sourcils et l'avo entièrement vivifié, le *feu-serpent* confère la faculté d'entendre la voix du Maître. Ce signifie dans ce cas qu'il s'agit de la voix de l'ego. Lors de cette activité, il se form avec le véhicule astral un lien parfait par lequel il est possible de recevoir du dedan toutes les communications.

:e chakra n'est pas seul éveillé : tous les centres de force supérieurs devront l'être ussi. Chacun doit devenir capable de répondre aux influences de tout genre venant es divers sous-plans astraux. Ce développement se produira en son temps chez tous :s hommes mais la plupart ne peut y parvenir dans la présente incarnation si c'est première fois qu'ils se sont sérieusement occupés de la question. Les répétitions ltérieures seront plus aisées. Rappelons-nous que l'action du *feu-serpent* varie suivant :s divers types humains. Par exemple, certains voient le moi supérieur plutôt qu'ils 'entendent sa voix. Et puis cette union avec le moi supérieur comporte de nombreux egrés. Pour la personnalité, elle signifie l'influence de l'ego, mais pour l'ego lui-même lle signifie la puissance de la *Monade*. Pour la *Monade*, l'union consiste à devenir une xpression consciente du *Logos*.

peut être intéressant de mentionner à cet égard une expérience personnelle de eabeater. Au début de son séjour en Inde, il ne fit aucun effort pour éveiller le feu. Il 'y entendait d'ailleurs pas grand-chose et supposait qu'il fallait pour cela posséder, ès la naissance, un corps spécialement psychique. Ce qui n'était pas son cas, estimait-. Mais un jour, l'un des Maîtres lui suggéra d'essayer un certain genre de méditation estinée à évoquer cette force. Naturellement, il mit ce conseil en pratique et, avec le mps et un bon enseignement, il se mit d'abord à ressentir puis à intégrer ces phéno-ènes. Il est certain que le Maître qui surveillait ses premières expériences les auraient iterrompues si elles étaient devenues périlleuses. Certains ascètes indiens enseignent la à leurs élèves en les soumettant pendant leurs exercices à une surveillance attentive, iais je ne connais aucun de ces ascètes et je ne leur accorderais ma confiance que s'ils aient spécialement recommandés par une personne possédant, à ma connaissance, le ivoir véritable.

n a souvent demandé à Leadbeater son avis au sujet de l'éveil de cette force : il onseille de faire exactement ce qu'il a fait, à savoir attendre le moment où on recevra s recommandations d'un Maître qui consent à diriger leur développement psychique , jusque-là, de poursuivre tous les exercices de méditation qui leur sont connus. Que développement se produise dans l'incarnation actuelle ou dans la prochaine ne doit ı rien les préoccuper. Ils doivent considérer la question au point de vue de l'ego et on de la personnalité, absolument persuadés que les Maîtres cherchent toujours des ersonnes à aider, qu'il est tout à fait impossible d'être oublié, et qu'enfin ils donneront ns aucun doute leurs instructions quand ils jugeront le moment favorable.

n'ai jamais entendu dire qu'il y eût au sujet de ce développement aucune limite âge et, d'ailleurs, je ne vois pas pourquoi l'âge ferait une différence du moment que santé est parfaite. La santé est nécessaire car, seul un corps vigoureux peut supporter tension. Celle-ci est beaucoup plus sérieuse que ne pourrait l'imaginer une personne ayant pas essayé de se soumettre à ce genre d'entraînement.

a force, dès son éveil, doit être sévèrement gouvernée et dirigée de centre en centre ıns un ordre qui diffère suivant le type de chaque élève. De plus, pour être efficace, le ouvement doit être imprimé d'une certaine manière que le Maître expliquera lorsque temps sera venu.

Le réseau éthérique

Nous avons déjà dit que les centres astraux et éthériques correspondent étroitemen entre eux, s'interpénétrant d'une façon difficile à décrire. Il existe une gaine ou résea formé d'un tissu serré. Cet étui est composé d'une seule couche de particules physique fortement comprimées et saturées par un genre particulier de force vitale. La vie divin qui, normalement, descend du corps causal au corps physique est accordée de telle sor qu'elle traverse ces particules sans la moindre difficulté mais elles constituent un barrière absolue pour toutes les autres forces, toutes celles qui ne peuvent employer l matière atomique sur les deux plans en question. Ce réseau est la protection prévue pa la nature pour empêcher l'ouverture prématurée d'une communication.

C'est encore ce réseau qui, dans les conditions normales, empêche de garder un souven précis de ce qui s'est passé pendant le sommeil. C'est lui qui cause l'inconscienc momentanée inséparable de la mort. Sans cette disposition miséricordieuse, l'homm ordinaire qui, absolument ignorant de ces faits n'y est en rien préparé, pourrait à tou instant être placé par une entité astrale sous l'influence d'énergies très supérieures à l force dont il dispose lui-même. Il serait exposé à subir l'obsession continuelle de to être habitant le plan astral qui voudrait s'emparer de ses véhicules.

Le lecteur comprendra donc sans peine que toute lésion de ce réseau est une sérieus calamité. La lésion peut se produire à tout moment mais on peut apporter tous no soins à nous en préserver. Elle peut être causée par un accident ou des pratiqu douteuses et persévérantes. Tout choc violent subi par le corps astral, comme ur soudaine et terrible frayeur, peut déchirer cet organisme délicat et, pour employ une allocution courante, rendre fou. La frayeur peut naturellement causer d'autr façons l'aliénation mentale mais c'en est une. Un formidable accès de colère peut aus produire le même effet. A vrai dire, la folie peut résulter de ces accès d'adrénaline qu la frayeur ou la colère déclenchent par une sorte d'explosion dans le corps astral.

Effets de l'alcool et des stupéfiants

Les abus qui peuvent plus graduellement léser ce réseau protecteur sont de deux genres l'usage de l'alcool ou de stupéfiants, et les pratiques méthodiquement poursuivie destinées à ouvrir des portes maintenues fermées par la nature comme les séances d spiritisme dites «de développement». Certaines drogues et boissons, notamme l'alcool et tous les narcotiques y compris le tabac, contiennent des éléments qui, en s dissociant, se volatilisent et passent en partie du plan physique au plan astral. Le th et le café eux-mêmes en contiennent mais en quantités si infinitésimales que l'effet manifeste seulement après un abus prolongé.

Quand cela se produit dans le corps humain, ces éléments se précipitent par les ch kras dans une direction opposée à celle qui leur est destinée. À la longue, ils attaque sérieusement et finalement détruisent le délicat réseau. Cette détérioration ou destructi peut être amenée de deux façons différentes suivant le type des personnes et suivant proportion des éléments malsains contenus dans les corps éthérique et astral. Dans u premier temps, le flux de matière volatilisée brûle littéralement le réseau et ainsi ouv une porte à toutes sortes de forces irrégulières et de mauvaises énergies.

Deuxième résultat : ces éléments volatils les durcissent en traversant les particules si bien que leurs pulsations sont sérieusement affaiblies et paralysées et que ces particules, naturellement en mouvement, ne peuvent plus emprunter de vitalité autype spécial d'énergie qui a constitué le réseau, d'où une sorte d'ossification. En cas d'excès, c'est le flux énergétique qui est considérablement réduit.

Nous remarquons chez les alcooliques les effets produits par les deux genres de détérioration. Ceux qui souffrent du premier deviennent victimes du *delirium tremens*, de l'obsession ou de l'aliénation mentale. Heureusement, ceux-là sont relativement rares. Le second genre de détérioration est infiniment plus commun. Dans ce cas, il se produit un certain amortissement des qualités ayant pour résultat un grossier matérialisme, la brutalité et l'animalité, enfin la perte de tous les sentiments plus relevés et de l'empire sur soi-même. L'homme perd la notion de sa responsabilité et se ment à lui-même et à ses proches. Il est en pleine déréalité passagère mais les troubles restent latents. À jeun, il est capable d'amour pour sa femme et ses enfants mais, quand il est ivre, il est capable des pires travers. Affection et responsabilité semblent avoir entièrement disparu.

Effets du tabac

Le deuxième genre d'effet se manifeste très communément chez les personnes qui souffrent d'une addiction tabagique. Depuis les récentes lois anti-tabac, elles ont parfaitement conscience d'importuner leurs voisins non-fumeurs et de mettre en péril leur santé lorsque cela se produit dans les espaces clos. Un fait suffit pour souligner le problème : fumer est la seule habitude obstinément conservée par une personne éminemment sociable sachant qu'elle peut causer à autrui le plus pénible effet. Dans ce cas, les sentiments délicats sont évidemment déjà sérieusement affaiblis, mais la pernicieuse manie semble avoir sur ses esclaves une telle emprise qu'ils sont tout à fait incapables de résister.Leurs instincts de gentlemen comme leur sens civique sont oubliés et cèdent le pas à cette forme d'égoïsme. Pourtant les mauvais effets en sont indéniables dans les corps physique, astral et mental.

Physiquement, l'homme est saturé de particules extrêmement impures dont les émanations sont si grossièrement matérielles qu'elles sont fréquemment perceptibles à l'odorat. Astralement, l'usage du tabac est une cause d'impureté. On ne peut progresser dans les sciences occultes lorsque les effets vibratoires sontamortis par un corps astral surchargé de particules impures et toxiques. Il nous faut la faculté de répondre instantanément à toutes les longueurs d'onde possibles. En même temps, il nous faut le contrôle absolu, afin que nos désirs, pareils à des chevaux conduits par le mental intelligent, nous transportent où nous voulons et ne s'emportent pas dans des situations où notre nature supérieure sait qu'elle ne devrait jamais se trouver.

Après la mort, les résultats sont également des plus pénibles : c'est une sorte d'ossification et de paralysie du corps astral. De sorte que pendant longtemps, plusieurs semaines, voire plusieurs mois, l'homme demeure dans un état d'impuissance, de prostration, de conscience partielle, enfermé comme dans une prison, incapable de communiquer avec ses amis, momentanément mort à toute influence d'en haut. Vaut-i la peine, pour s'accorder un si petit plaisir, de s'exposer à tant de maux ?

Pour toute personne vraiment décidée à développer ses véhicules, à éveiller ses cha kras, à progresser sur le sentier de la sérénité, le tabac est sans aucun doute une chose qu'il est préférable d'éviter.

Toutes les impressions passant d'un plan à l'autre ne doivent le faire normalement que par la voie des sous-plans atomiques, comme il a déjà été dit mais, lorsque l'action amortissante s'exerce, elle intoxique non seulement la matière atomique mais encore celle des deuxième et troisième sous-plans. Dès lors, l'astral et l'éthérique ne peuvent entrer en communication que si une force agissant sur les sous-plans inférieurs, les seuls où règnent des influences désagréables et pernicieuses, se trouve être assez puissante pour obtenir une réponse par la seule violence de sa vibration.

Ouverture des portes

Si la nature prend de telles précautions pour mettre ces centres à l'abri, son intention n'est pas du tout de les maintenir toujours hermétiquement fermés. Pour les ouvrir un méthode légitime existe. Peut-être serait-il plus correct de dire ceci : la nature n'entend pas que les portes s'ouvrent plus largement qu'elles ne l'ont fait jusqu'ici, mais que l'homme se développe de manière à pouvoir recevoir beaucoup plus par le canal dont il dispose. La conscience d'une personne ordinaire ne peut encore employer la matière atomique pure, ni dans le corps physique, ni dans le corps astral.

Nous pensons actuellement qu'il n'existe aucune forme d'interaction contrôlée des particules décrites par la physique quantique et le corps humain. Il serait donc impos sible de communiquer consciemment et à volonté entre les deux plans.

La vraie manière d'y parvenir est de purifier les deux véhicules jusqu'à ce que l matière atomique soit complètement vitalisée dans chacun afin que toutes les commu nications puissent emprunter cette voie. Dans ce cas, le réseau conserve au plus hau point sa position et son activité sans faire désormais obstacle à une communicatio parfaite. En même temps, il continue à jouer son rôle particulier, celui d'empêcher tou contact étroit entre des sous-plans inférieurs qui ouvriraient le passage à toutes sorte d'influences indésirables.

Voilà pourquoi l'on nous adjure toujours d'attendre le moment où elles se manifes teront naturellement pour développer nos facultés psychiques en conséquence d développement de notre caractère. L'étude de ces centres de force nous en donn l'assurance. Telle est l'évolution naturelle. C'est la seule méthode sûre car elle perme à l'élève d'en recueillir tous les avantages.

Le Layâ Yoga

Les livres hindous

Au début de son travail d’écriture sur les chakras, Leadbeater connaissait assez peu la volumineuse littérature sanscrite relative à cette question. Quelques années plus tard, plusieurs ouvrages importants traitant des chakras ont été traduits en anglais, entre autres : *The Serpent Power*, traduit du *Shatchakra Niroupana* par ArthurAvalon, *Thirty Minor Upanishads*, traduit par K. Nayaranaswami Aiyar, et le *Shiva Samhitâ*, traduit par Sris Chandra Vidyarnava. Ces ouvrages analysent longuement le sujet des chakras, mais beaucoup d'autres mentionnent ces centres sans trop de précisions. Celui d'Avalon donne une excellente série de gravures en couleur représentant tous les chakras, dessinés comme le font toujours les yogis hindous, sous une forme symbolique.
Ce département de la science hindoue commence graduellement à être connu en Occident. Je vais essayer d'en donner ici un résumé très bref.

Liste des chakras selon les Hindous

Les chakras mentionnés dans ces ouvrages sanscrits sont à peu près identiques aux chakras tels que nous les décrivons aujourd'hui mais les auteurs substituent toujours leur centre *Swâdhishtâna* au *centre splénique*. Ils ne sont pas absolument d'accord en ce qui concerne le nombre des pétales mais leur énumération est sensiblement proche de la nôtre, bien qu’ils ne citent pas le chakra du sommet de la tête et, se bornant à six chakras, appellent le centre coronal le *Sahasrâra Padma*, ou *Lotus aux mille pétales*. Ils ont bien observé le chakra plus petit, aux douze pétales, situé à l'intérieur. Ils en font mention.
Dans le sixième chakra, ils indiquent deux pétales au lieu de quatre-vingt-seize, mais ils veulent sans doute parler des deux divisions présentées par le disque du centre mentionnées au premier chapitre de ce livre.

Les différences dans le nombre de pétales n’a pas une grande importance :

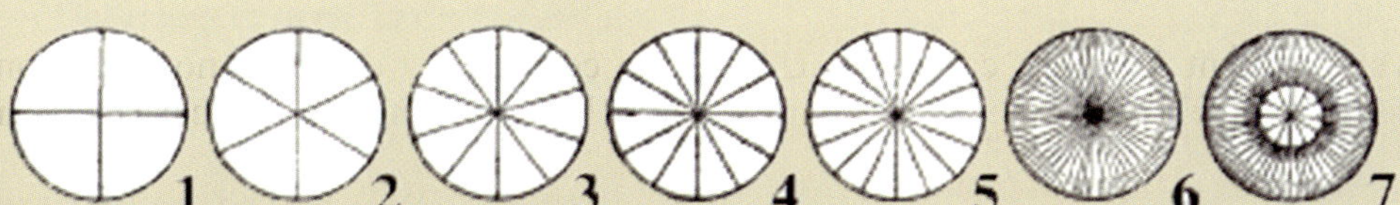

Les pétales des chakras *(selon Leadbeater)*

• le *Yoga Koundalî Upanishad* parle des seize pétales du chakra cardiaque au lieu de douze,
• le *Dhyânabindou Upanishad* et *Shândilya Upanishad* donnent l'un et l'autre au chakra ombilical douze rayons au lieu de dix,
• une série d'ouvrages parle aussi d'un chakra frontal et du lotus coronal comme étant très importants,

Couleurs des pétales des lotus

Chakra	Selon Leadbeater	Selon *Shatchakra Niroupana*	Selon *Shiva Samhita*	Selon *Garouda Pourana*	Couleurs actuellement admises
1	Rouge orangé	Rouge carmin	Rouge carmin	-	Rouge, Brun, Noir
2	Jaune solaire	Rouge vermillon	Rouge vermillon	Jaune solaire	Orange
3	Rouge et Vert	Bleu	Or	Rouge	Jaune solaire
4	Or	Rouge vermillon	Rouge sombre	Or	Vert, Rose, Or (accessoirement)
5	Bleu argenté	Pourpre	Jaune d'or	Blanc lunaire	Bleu ciel, Turquoise, Argent
6	Jaune et Pourpre	Blanc	Blanc	Rouge	Bleu, Indigo, Violet, Jaunc
7	-	-	-	-	Violet, Blanc, Or

• le *Dhyânabindou Upanishad* dit que le lotus du coeur a huit pétales, mais la façon dont il décrit l'usage de ce chakra pendant la méditation indique (nous le verrons plus loin) qu'il s'agit probablement du chakra cardiaque secondaire.
En ce qui concerne les couleurs des pétales il y a encore certaines différences. On les constatera en examinant le tableau ci-dessous où sont comparés quelques-uns des principaux ouvrages avec les observations de Leadbeater et les couleurs que nous utilisons actuellement.
Les différences constatées n'ont rien de surprenant car il existe incontestablement

Représentation symbolique du chakra cardiaque
(selon Avalon)

des variations dans les chakras suivant les nations, suivant les cultures, suivant même les facultés des observateurs. Ce que nous avons rapporté en début de ce livre résume les observations attentives faites par un certain nombre d'auteurs occidentaux qui ont, avec toutes les précautions possibles, comparé leurs notes et vérifié leurs constatations.

Les dessins des chakras faits par les yogis hindous à l'usage de leurs élèves sont toujours symboliques. Il ne représentent aucunement l'apparence réelle du chakra, sauf que l'artiste essaie, en général, d'indiquer la couleur et le nombre des pétales. Au centre de chaque dessin, on trouve une figure géométrique, une lettre de l'alphabet sanscrit, un animal, et deux divinités : l'une masculine, l'autre féminine. Nous reproduisons ci-contre le dessin du chakra cardiaque emprunté à l'ouvrage d'Arthur Avalon, *The Serpent Power*, et nous allons tenter d'en expliquer les différents symboles. Cela nous permettra aussi de les comparer avec l'interprétation contemporaine telle que nous l'utilisons actuellement.

Les figures des chakras

Laya ou *Koundalini Yoga* a le même but que tous les autres genres de yoga pratiqués dans l'Inde : unir l'âme à Dieu. Pour cela il est toujours nécessaire de faire trois sortes d'efforts : l'amour, la pensée et l'action.
Bien que dans une certaine école de yoga la volonté joue le premier rôle (par exemple dans la doctrine des *Yoga Soutras*) et que, dans une autre, l'amour soit prescrit avant tout (comme dans l'instruction donnée à *Arjouna* par Shri Krishna dans la *Bhagavad Gita*), il est toujours proclamé que l'effort doit se porter dans les trois directions.

Ainsi *Patanjali* impose au débutant *tapas*, l'effort purificateur, *Svâdhyâya*, l'étude des questions spirituelles, enfin *Ishvara pranidhâna*, la dévotion constante à Dieu. De même Shri Krishna explique à son élève que la sagesse est le plus précieux instrument, le plus grand sacrifice que l'on puisse offrir pour servir. Shri Krishna ajoute que la sagesse s'acquiert seulement par les recherches et le service par la dévotion. En terminant, il ajoute ces paroles significatives : « Les Sages qui contemplent la Vérité, t'enseigneront la sagesse ».

Dans *Aux pieds du Maître*, exposé de la doctrine orientale, la même triplicité s'affirme : les qualités requises comprennent le discernement, la bonne conduite et le développement de l'amour envers Dieu, le Guru, c'est à dire l'instructeur et l'homme. Pour comprendre les diagrammes des chakras employés par les *yogisens*, il faut toujours se rappeler qu'ils sont destinés à aider l'aspirant dans cette triple progression. Il est nécessaire que l'élève assimile les notions sur la constitution du monde et de l'homme, à la façon des Théosophes ou, mieux encore, en se référant aux découvertes scientifiques les plus récentes sur la composition de la matière, sur le formation de l'univers, de notre Terre-Mère, de l'émergence du vivant et des lois incontournables de l'évolution des espèces afin de bien comprendre d'où nous venons. Il est toujours bon de nous rappeler que nous sommes des poussières d'étoiles, que le miracle de la vie est accidentel, que nous ne sommes pas seuls dans l'Univers, qu'il existe de nombreux univers (les scientifiques parlent désormais de *multivers*) et que nous ne sommes que des animaux évolués possédant l'intelligence, l'humour, le savoir et la conscience.

Puis on doit faire naître en soi une dévotion profonde et ardente tout en s'efforçan d'éveiller les couches profondes de Koundalini et de la conduire car cette énergie es toujours décrite en déesse, de chakra en chakra. Étant donnés ces trois objectifs, nou trouvons dans tout chakra certains symboles relatifs à l'instruction et à la dévotio qu'il ne faut pas nécessairement considérer comme une partie constitutive ou activ du chakra.
Les services, ou pratiques de yoga collectives, nous donnent un exemple du mêm principe. Là aussi nous nous appliquons simultanément à encourager la dévotion, instruire des questions spirituelles tout en pratiquant la magie sous sa forme la plu humaniste. Rappelons-nous aussi que dans les temps anciens, les yogis errants ou le habitants des forêts, usaient peu de ces manuscrits sur feuilles de palmiers employé à leur époque. Il leur fallait donc cette assistance mnémonique que les symbole peuvent évoquer. Ils allaient parfois s'asseoir parfois aux pieds de leurs gurus e pouvaient ainsi se remémorer et récapituler la Théosophie qu'ils venaient d'entendre grâce aux notations fournies par ces dessins.

Chakra du cœur

Il n'est guère possible de tenter ici une explication complète du symbolisme des cha kras. Il suffira d'indiquer la signification probable attachée au chakra du cœur o *Anâhata*, représenté par notre figure.

L'une des plus sérieuses difficultés à vaincre est la multiplicité des interprétation données à la plupart de ces symboles. De plus, les yogis de l'Inde opposent à no questions une réticence impénétrable, une invincible répugnance à livrer leur savoir e leurs pensées à d'autres qu'à leurs propres élèves. Ceux-ci se mettent *in statu pupillar* avec la ferme résolution de se donner absolument au *Laya Yoga*, décidés qu'ils sont consacrer leur vie entière à cette tâche si la réussite est à ce prix.

Le chakra du cœur est décrit dans les versets 22-27 du *Shatchakra Niroupana*, do voici la traduction abrégée donnée par Avalon :

« Le lotus du Coeur a la même couleur que la fleur rouge du Bandhouka et sur se douze pétales se trouvent les lettres de Ka à Tha, surmontées du Bindou. La coule en est le vermillon.
Dans son péricarpe est le Vayou-Mandala hexagonal, couleur de fumée et, au-dessu le Souryya-Mandala contenant le Trikona resplendissant comme dix millions d'éclair Plus haut, le Vayou Bîja, d'un ton fumé, est monté sur une antilope noire. Il a quat bras et porte l'aiguillon (angkush).
Comme ceux d'Hangsa (Hangsâbha), les bras sont étendus dans le geste d'accord des grâces et de dissiper la crainte.
Dans le péricarpe de ce Lotus, assis sur un lotus rouge est la Shakti Kâkini. Elle quatre bras et porte le noeud coulant (Pâsha), le crâne (Kapâla) et fait les signes d grâces accordées (Vara) et de la crainte dissipée (Abhaya). Elle est couleur d'or. Vêt de jaune, elle porte des joyaux de tout genre et une guirlande d'os. Son cœur est adou par le nectar.
Au centre du Trikona se trouve Shiva sous la forme d'un Vâna-Lingga portant sur s

L'alphabet sanscrit

*En yoga cet alphabet est considéré comme réunissant la totalité des sons humains et, au point de vue du langage, comme une expression matériellement étendue de l'unique son ou verbe créateur. Comme le mot sacré **Aum** (dont le son commence dans le fond de la bouche par **a**, en traverse le centre avec **u** et fini sur les lèvres avec **m**), il représente tout langage créateur et, par conséquent, un ensemble de puissances. En voici la répartition : les seize voyelles sont données au chakra de la gorge, de **Ka** à **Tha** au cœur, de **Da** à **Pha** à l'ombilic, de **Ba** à **La** au second, enfin de **Va** à **Sa** au premier.*
***Ha** et **Ksha** sont donnés à l'Ajnâ chakra. Le lotus Sahasrâra ou chakra coronal est regardé comme contenant l'alphabet tout entier, vingt fois répété.*

16 voyelles

अ a आ â इ i ई î उ u ऊ û ऋ ṛi ॠ ṛî

ऌ lṛi ॡ lṛî ए e ऐ ai ओ o औ au

ं *anusvâra* (ṃ or ṉ) ः *visarga* (ḥ)

33 consonnes

	Dures			Douces			
	क	ख	ग	घ	ङ		
Gutturales	ka	kha	ga	gha	ṅa		
	च	छ	ज	झ	ञ	य	श
Palatales	cha	chha	ja	jha	ña	ya	śa
	ट	ठ	ड	ढ	ण	र	ष
Linguales	ṭa	ṭha	ḍa	ḍha	ṇa	ra	sha
	त	थ	द	ध	न	ल	स
Dentales	ta	tha	da	dha	na	la	sa
	प	फ	ब	भ	म	व	ह
Labiales	pa	pha	ba	bha	ma	va	ha ***(aspirée)***

ête le croisant de la lune et Bindou. Il est couleur d'or. Son expression est joyeuse et narque le désir.

Au-dessous de lui est le Hangsa, semblable au Jîvâtmâ. Il ressemble à la flamme immobile et verticale d'une lampe.

Au-dessous du péricarpe de ce Lotus est le lotus à huit pétales. Sa tête est relevée. C'est dans ce lotus (rouge) orné de joyaux, surmonté d'une tente et décoré de bannières et autres ornements semblables, qu'est le lieu du culte mental »...

Nous retrouverons les descriptions d'Avalon pour chacun des chakras dans la seconde partie de ce livre.

Les pétales et les lettres

Les pétales de chacun de ces lotus, comme nous l'avons vu, sont constitués par les forces primaires qui se dispersent dans le corps suivant les rayons de la roue. Le nombre des rayons est déterminé par le nombre des facultés spéciales à la force qui traverse un chakra particulier.

Dans le cas présent il y a douze pétales, et les lettres qui leur sont appliquées symbolisent évidemment une certaine section de la puissance créatrice.

Les caractères mentionnées ici vont de *Ka* à *Tha* et sont placées dans l'ordre régulier de l'alphabet sanscrit. Cet alphabet est extraordinairement imagé et symbolique avec ses quarante-neuf lettres généralement disposées comme dans le tableau (voir page suivante) auquel est ajouté *Ksha* pour compléter le nombre de lettres nécessaires aux cinquante pétales de six chakras.

Nous n'avons pas trouvé de raison apparente pour expliquer la manière dont on attribue les sons aux chakras cités, mais en nous élevant de chakra en chakra le nombre des puissances augmente. Peut-être les fondateurs du système *Laya* connaissant à fond ces puissances, ont-ils employé les lettres pour les décrire, comme nous désignons nous-mêmes par des lettres les figures géométriques ou les rayonnements des matières radioactives.

La méditation sur ces lettres n'est évidemment pas étrangère à l'appréciation symbolique du « son intérieur qui tue le son extérieur », pour employer une formule empruntée à La Voix du Silence. La méditation scientifique des Hindous commence par la concentration sur un objet figuré ou sur un son. C'est seulement après avoir immobilisé son mental sur eux qu'ils vont plus loin et conçoivent leur signification supérieure.

En méditant sur la pensée d'un Maître, ils se représentent d'abord son apparence, puis ils essaient d'éprouver les émotions du Maître, de comprendre ses pensées, et ainsi de suite.

En ce qui concerne les sons, le yogi s'efforce de passer du dehors au dedans du son tel que nous le connaissons et proférons, à la qualité et à la puissance intérieures de ce son. C'est donc un moyen d'aider sa conscience à passer de plan en plan. Dieu, pourrait-on dire, créa d'abord les plans de l'alphabet. Notre langage articulé en est la spirale inférieure.

Dans cette forme de yoga, l'aspirant, par absorption ou *laya intérieure*, s'applique à reprendre ce chemin en sens inverse et à se rapprocher de la Divinité. *La Lumière sur le Sentier* nous exhorte à écouter la vie et à essayer de percevoir ses notes cachées ou supérieures.

Les formes symboliques des éléments

Chakra	Élément	Forme	Couleur
1	Terre	Carré	Jaune
2	Eau	Eau	Blanc
3	Feu	Feu	Rouge vif
4	Air	Deux triangles entrelacés - Figure hexagonale	Brun clair
5	Éther	Éther	Blanc
6	Mental	Mental	Blanc

Les Mandalas

Le *mandala* hexagonal ou « cercle » occupant le péricarpe du lotus cardiaque est pris pour symbole de l'élément-air. Chacun des chakras est considéré comme étant en relation spéciale avec l'un des éléments : terre, eau, feu, air, éther et mental.
Il faut voir dans ces éléments des états de matière et non des éléments tels que nous l'entendons en chimie moderne. Ils correspondent ainsi aux termes solide, liquide, igné ou gazeux, aérien et éthérique. Enfin, ils présentent une certaine analogie avec nos sous-plans physique, astral, mental, etc. Ces éléments sont représentés par certains yantras ou diagrammes de caractère symbolique, donnés comme suit dans le *Shatchakra Niorupana* et qui sont montrés contenus dans les péricarpes des lotus représentés.

Dans la liste précédente, le rouge orangé est quelquefois donné au lieu du jaune, le bleu au lieu du fumé et, dans le cinquième chakra, le noir au lieu du blanc. Mais le noir, est-il expliqué, représente l'indigo ou le bleu foncé. Cela donnera peut-être de voir le mental classé parmi les éléments. Cependant, l'Hindou n'en est pas surpris, car il considère le mental comme un simple instrument de la conscience.

L'Hindou envisage les questions à un point de vue très élevé, parfois même au delà, dirait-on au point de vue de la Monade. Par exemple, dans le septième chapitre de la *Gita*, Shri Krishna dit :
« La terre, l'eau, le feu, l'éther, l'intellect, la raison et l'égotisme aussi, telle est la division octuple de ma nature (prakriti) ». Un peu plus loin il parle de ces huit éléments comme de « ma nature inférieure ».
Les éléments sont associés à la notion des plans. Il n'est pas moins certain qu'en méditant sur ces éléments et les symboles qui leur sont associés, le yogi se remémore l'ensemble des plans. Peut-être aussi trouve-t-il dans ce genre de méditation un moyen pour éveiller son conscient vers les niveaux du plan sur lequel il fonctionne pour

l'instant, jusqu'au septième niveau le plus haut et, par ce moyen, d'atteindre un degré de conscience encore supérieur.
Laissant tout à fait de côté la possibilité de passer en pleine conscience sur un plan supérieur, nous trouvons ici un moyen de hausser si bien la conscience qu'elle arrive à sentir les influences d'un monde plus élevé et à recevoir les impressions venues d'en haut. La force ou influence ainsi reçue et sentie est sans doute le « nectar » dont parlent les auteurs et sur lequel nous aurons à revenir en étudiant la façon d'élever Koundalini après son éveil, jusqu'au centre supérieur.

Les yantras

Dans *Les Forces subtiles de la Nature*, le *pandit* Rama Prasad nous présente une étude approfondie des raisons qui ont déterminé les formes géométriques de ces yantras.

De même qu'il existe un éther lumineux transmettant la lumière à nos yeux, il existe un genre d'éther spécial pour chacun des autres ordres de sensation : odorat, goût, toucher, ouïe. Il décrit ainsi les formes particulières de certains yantras : l'odorat avec l'élément solide (carré), le goût avec l'élément liquide (croissant), la vue avec l'élément gazeux (triangle), le toucher avec l'élément air (hexagone), enfin l'ouïe avec l'élément éthérique (cercle).
Le son, fait remarquer le *pandit*, se propage en cercle, soit une radiation en tous sens, d'où le cercle dans le cinquième chakra. La lumière, dit-il encore, se propage en forme de triangle, d'où le triangle dans le troisième chakra, puisqu'il est le siège de la lumière.

Leadbeater fait remarquer qu'il se produit aussi un mouvement dans l'éther quand il s'agit du toucher, du goût et de l'odorat, et il donne des raisons pour le choix des formes que nous leur trouvons associées dans leurs chakras respectifs.

Les animaux

L'antilope, à cause de son agilité, est un symbole approprié à l'élément-air, et la *bîj* ou *mantra-semence* c'est-à-dire le son dans lequel se manifeste la puissance gouvernant cet élément) est nommé *Yam*. Ce mot se prononce comme la lettre y suivie de la voyelle neutre a, puis d'un son nasal fréquent dans la langue française. C'est le point surmontant la lettre qui représente le son et c'est dans ce point que réside la divinité à vénérer dans ce centre : *Isha* aux trois yeux.

Parmi les autres animaux se trouvent :
• l'éléphant, associé à la terre à cause de sa masse et à l'éther en raison des fardeaux qu'il peut porter,
• le makara ou crocodile d'eau (2e chakra),
• le bélier, évidemment regardé comme un animal emporté ou agressif (3e chakra).
• pour des raisons particulières, le yogi peut se figurer lui-même monté sur ces animaux et exerçant le pouvoir représenté par leurs qualités.

Les divinités

Représentation indienne contemporaine du dieu Brahma

Une très belle idée se trouve dans certains de ces mantras. Nous en donnerons un exemple en parlant du mot sacré, connu de tous : *Aum*.
Celui-ci, dit-on, comprend quatre parties : *a*, *u*, *m* et *ardhamâtrâ*. On y fait allusion en ces termes dans *La Voix du Silence* : « Et alors, tu pourras reposer entre les ailes du Grand-Oiseau. Oui, doux est le repos entre les ailes de ce qui n'est pas né, de ce qui ne meurt pas, mais qui est l'AUM à travers l'éternité des âges ».

Helena Blavatsky parle dans une note de *Kala Hamsa*, le Grand-Oiseau comme «l'oiseau» ou cygne. Il est dit, dans la *Nâdavindou Oupanishad* (Rig Véda), traduite par la Société Théosophique de Koumbakonam : « La syllabe *A* est considérée comme son aile droite, *U* est l'aile gauche, *M* est la queue et l'*Ardhamâtrâ* (demimètre) est sa tête ».

Le yogi, après être arrivé dans sa méditation à la troisième syllabe, passe à la quatrième, c'est-à-dire au silence qui suit. Dans ce silence il pense à la divinité.

Dans les différents ouvrages les divinités assignées aux chakras peuvent varier. Par exemple, le *Shatchakra Niroupana* situe respectivement Brahmâ, Vishnou et Shiva dans les premier, deuxième et troisième chakras. Il met ensuite plusieurs formes de Shiva. Au contraire, le *Shiva Samhitâ* et d'autres livres localisent Ganesha (le dieu à tête d'éléphant et fils de Shiva) dans le premier, Brahmâ dans le deuxième et Vishnou dans le troisième. Ces différences semblent motivées par le type d'enseignement reçu par l'adorateur.

Dans le cas présent nous avons comme divinité féminine la *Shakti* Kâkini qui accompagne Isha. *Shakti* signifie puissance ou force. La force de la pensée est définie comme une *Shakti* du mental.

Dans chacun des six chakras se trouve une de ces divinités féminines (Dâkinî, Râkini, Lâkinî, Kâkinî, Shâkinî et Hâkinî) que certains identifient avec les puissances gouvernant les divers *dhâtous* ou substances corporelles.

Dans ce chakra, Kâkinî est assise sur un lotus rouge. On en parle comme ayant quatre bras (quatre pouvoirs ou fonctions). Avec deux de ses mains elle fait comme Isha, les gestes signifiant le don des bienfaits et le bannissement des craintes. Les deux autres mains tiennent un nœud coulant (symbole qui est une forme de la croix ansée) et un crâne (symbole, sans doute, de la nature inférieure immolée).

Méditation corporelle

Les méditations habituellement prescrites pour ces chakras sont assignées à l'ensemble du corps, comme dans l'extrait suivant du *Yogatattwa Oupanishad* : *« Il y a cinq éléments : la terre, l'eau, le feu, l'air et l'éther ». Pour le corps des cinq éléments, il y a une quintuple concentration.»*

« La région allant des pieds aux genoux est dite celle de la terre.
Elle est quadrilatérale, de couleur jaune et porte la lettre La.
Dirigeant le souffle avec cette lettre La vers la région de la terre (des pieds au genou) et contemplant Brahma aux quatre faces et à la couleur d'or, c'est là qu'il peut méditer...».

« La région de l'eau s'étend des genoux à l'anus. L'eau est de forme semi-lunaire.
Elle est de couleur blanche, sa bija (semence) est Va. Faisant remonter le souffle avec la lettre Va le long de la région de l'eau, il faut méditer sur le dieu Narayana, aux quatre bras et à la tête couronnée, comme ayant la couleur du pur cristal, comme vêtu de tissu orange, comme incorruptible... ».

« De l'anus au cœur, c'est la région de feu.
Le feu est de forme triangulaire, de couleur rouge.
Sa bija ou semence est la lettre Ra.
Faisant, par la région du feu, monter le souffle, qu'a fait resplendir la lettre Ra, il faut méditer sur Roudra, aux trois yeux, qui exauce tous les voeux, qui est de la couleur du soleil à midi, dont le corps entier porte les marques de cendres saintes, et dont le contentementanime le visage...».

«Du cœur à l'intervalle entre les sourcils, se trouve la région de l'air.
L'air est de forme hexagonale.
De couleur noire, il brille avec la lettre Ya. Faisant passer le souffle par la région de l'air, il faut méditer sur Ishvara, l'omniscient, comme présentant des visages de tous côtés.... ».

« Du centre des sourcils au sommet de la tête, c'est l'éther.
Elle est de forme circulaire, de couleur fumée, et brille avec la lettre Ha.
Élevant le souffle dans la région de l'éther, il faut méditer sur Sadâshiva de la manière suivante, comme créant le bonheur, comme offrant la forme de hindou (une goutte), comme le Grand Déva, comme ayant la forme de l'éther, comme brillant de l'éclat du pur cristal, comme portant sur sa tête le croissant de la lune naissante, comme ayant cinq visages, dix têtes et trois yeux, comme offrant une contenance agréable, comme porteur de toutes les armes, comme couvert de tous les ornements, comme ayant dans une moitié de son corps la déesse Ouma, comme disposé à accorder des faveurs et comme la cause de toutes les causes ».

Ces textes confirment jusqu'à un certain point l'idée que nous avions déjà suggérée : dans certains cas, les principes sur lesquels nous sommes appelés à méditer s'appliquent à telles régions du corps pour des raisons purement mnémoniques et sans intentions arrêtée d'affecter ces régions.

Les noeuds

Au centre du lotus cardiaque est figuré un *trikona* ou triangle inversé. Ceci ne caractérise pas tous les centres mais seulement les chakras racine, cardiaque et frontal. Ceux-ci présentent trois *granthis* ou noeuds spéciaux à travers lesquels Koundalini, au cours de son voyage, doit s'ouvrir un passage.

Le premier est quelquefois nommé le noeud de Brahmâ, le second celui de Vishnou, le troisième celui de Shiva. Ce symbolisme semble offrir l'idée que l'ouverture de ces chakras entraîne d'une certaine façon un changement d'état spécial, peut-être le passage de la personnalité au soi supérieur, puis de celui-ci à la Monade, régions sur lesquelles, pourrait-on dire, règnent ces Aspects.

Pourtant cela ne peut être exact que d'une manière subordonnée ou secondaire car nous avons observé que le chakra cardiaque reçoit des impressions de l'astral supérieur, que le centre de la gorge les reçoit du mental, et ainsi de suite. Dans chaque triangle, la divinité estreprésentée comme un linga, ou instrument d'union.

Le *Jivâtma* (littéralement «soi vivant»), dirigé verticalement «comme la flamme d'une lampe», est l'ego représenté comme une flamme non vacillante, probablement parce qu'il n'est pas affecté par les accidents de la vie matérielle comme le serait la personnalité.

Le lotus cardiaque secondaire

Le deuxième petit lotus représenté juste au-dessous du chakra cardiaque caractérise également ce centre d'une manière spéciale.

C'est là que se pratique la méditation soit sur la forme du *guru*, soit sur l'Aspect de la divinité vers lequel l'adorateur se trouve particulièrement attiré ou sur l'Aspect qui lui est assigné. Ici le dévot se représente une île en pierres précieuses contenant de beaux arbres et un autel pour les adorateurs. En voici la description dans *Gheranda Samhitâ* :

Que pour lui une mer de nectar se trouve en son coeur.
Qu'au milieu de cette mer, il y ait une île en pierres précieuses, dont le sable même est formé de diamants et de rubis pulvérisés.
Que de tous côtés s'y élèvent des arbres Kadamba, chargés de fleurs odorantes.
Que, près de ces arbres, se dresse, comme un rempart, une rangée d'arbres fleuris tels que mâlatî, mallikà, jâtî, kesara, champaka, pârijâta et padma, et que le parfum de ces fleurs sepropage partout, dans toutes les régions.
Au milieu du jardin, que le yogi se représente un bel arbre Kalpa, ayant quatre branches

représentant les quatre Védas, et chargé de fleurs et de fruits. Les insectes y bour-donnent, les coucous y chantent.
Sous cet arbre, qu'il se représente une riche estrade, formée de pierres précieuses et portant un trône somptueux, incrusté de gemmes, et, assise sur ce trône, sa Divinité spéciale, suivant les instructions de son guru. Qu'il contemple la forme appropriée, les ornements et le véhicule de cette Divinité ».

Pour créer ce beau tableau, l'adorateur met en jeu son imagination avec une telle inten-sité qu'il s'enveloppe de sa pensée et oublie sur le moment le monde extérieur. Cette méthode n'est cependant pas entièrement imaginative car c'est là un moyen pour rester sans cesse en contact avec le Maître.

Comme les egos animent les portraits créés par les défunts dans le monde céleste, le Maître remplit de sa présence réelle la forme-pensée créée par son élève. Une inspira-tion et parfois un enseignement véritables peuvent être donnés par l'intermédiaire de cette forme. Un exemple intéressant nous en fut donné par un vieux monsieur hindou habitant comme yogi un village de la présidence de Madras. Il se disait élève du Maître Morya. Le Maître, au cours d'un voyage dans l'Inde méridionale, quarante-cinq ans auparavant, avait visité le village où demeurait le yogi. Ce dernier devint son élève. Le Maître repartit, « Mais, dit le yogi, je ne le perds pas pour autant, car il m'apparaît fréquemment et m'instruit par un de mes centres intérieurs ».

Les Hindous insistent beaucoup sur la nécessité d'avoir un guru (Maître) et quand ils l'ont trouvé lui témoignent un extrême respect. Ils ne se lassent pas de répéter qu'il doit être considéré comme divin. Le *Tejobindu Upanishad* dit : « La dernière limite de toutes les pensées est le *guru* ». Ils maintiennent que, si l'on fixe la pensée sur les glorieuses qualité de l'Être Divin, l'imagination reste incapable de s'élever jusqu'aux perfections du Maître. Nous qui connaissons bien les Maîtres, nous savons que cela est vrai.

Leurs élèves découvrent dans la conscience du Maître des capacités qui dépassent toute imagination. Non pas qu'ils considèrent le Maître comme l'égal des dieux, mais son degré de divinité réduit à néant l'idée qu'ils s'en étaient faite.
J'attire votre attention sur le fait que si cette conception très stricte de la notion de «Maître» se justifie pleinement dans les pratiques spirituelles traditionnelles indiennes ou plus généralement asiatiques, elles ne devraient pas avoir cours dans le monde occidental. Tant d'abus ont été commis en son nom !
Si, en tant qu'enseignant, j'accepte d'être considéré comme un «Maître», celui qui transmet son savoir lors de cours magistraux, je me refuse à exercer quelque autorité morale sur mes élèves et j'attends d'eux une attitude responsable et indépendante à mon égard. Je bannis de leur part toute attitude de soumission à ma personne. Je me fais un devoir de les inciter à conserver précieusement leur libre-arbitre et à exercer leur esprit critique sur les enseignements que je leur transmets.

Effets de la méditation sur le coeur

Shiva Samhita décrit en ces termes les avantages que confère la méditation sur le centre cardiaque :

« Il obtient le savoir illimité, connaît le passé, le présent et l'avenir. Il possède la clairaudience, la clairvoyance et peut, quand il le veut, marcher dans les airs ».

« Il voit les adeptes et les déesses appelées Yoginîs. Il obtient le pouvoir connu sous le nom de Khecharî, et maîtrise les êtres qui se meuvent dans l'espace ».

« Celui qui, chaque jour, fixe sa contemplation sur le Bânalinga caché obtient, à coup sûr, les facultés psychiques appelées Khechari (celle de se mouvoir dans les airs) et Bhouchari (celle de se rendre à volonté dans tous les lieux du monde) ».

Il est inutile de commenter ces descriptions poétiques des divers pouvoirs car l'élève sait lire entre les lignes. Pourtant le sens littéral lui-même peut présenter certaines vérités car bien des merveilles se voient aux Indes, des facultés mystérieuses des hommes qui marchent dans le feu ou des pouvoirs hypnotiques absolument extraordinaires dont font preuve ceux qui accomplissent le tour dit «de la corde» et bien d'autres...

Koundalini

Les yogis hindous pour lesquels furent écrits les ouvrages qui nous sont parvenus ne s'intéressaient pas particulièrement à la physiologie et à l'anatomie du corps, mais ils avaient pour objectif de pratiquer la méditation et d'éveiller Koundalini pour élever la conscience et atteindre des plans supérieurs. C'est peut-être pour cette raison que les ouvrages sanscrits mentionnent peu ou même pas du tout les chakras superficiels, mais au contraire, beaucoup décrivent les centres dans l'épine dorsale et la manière dont Koundalini les traverse.

Koundalini est décrite comme une dévi ou déesse brillante, roulée trois fois et demie sur elle-même comme un serpent autour du *svayambhou linga*.

Sa tête barre l'entrée du *svayambhou linga* qui s'y trouve et l'entrée du *soushoumna*.

Il n'est pas dit que la couche extérieure de cette force est active en chaque homme mais il est dit : en dormant « elle maintient tous les êtres qui respirent ».

Dans les corps humains, elle est le *Shabda-Brahman*. Shabda signifie parole ou son. Il s'agit par conséquent du *troisième Aspect du Logos*. Dans la création du monde, ce son a été proféré quatre fois. Nous ne serons probablement pas éloignés de la vérité en associant à ces quatre périodes nos idées occidentales concernant les trois états nommés le corps, l'âme et l'esprit, plus un quatrième qui est l'union avec l'Etre Divin ou Esprit-total.

Représentatio indienne contemporaine de la déesse Koundalini

Éveil de Koundalini

L'objectif des yogis est d'éveiller la partie endormie de Koundalini puis de l'élever graduellement dans le canal de soushoumna. Pour cela, différentes méthodes sont prescrites, y compris l'emploi de la volonté, certaines façons de respirer, enfin des postures et des mouvements divers.

Le *Shiva Samhità* décrit dix *moudras* qu'il affirme les plus efficaces. La plupart exigent simultanément tous ces efforts. En parlant, dans son ouvrage de l'effet produit par une de ces méthodes, Avalon décrit ainsi l'éveil des couches internes de Koundalini :

« Dans le corps, la chaleur devient alors très forte et Koundalini, la sentant, se réveille, tout comme un serpent qui, frappé d'un coup de bâton, siffle et se dresse. Puis elle s'engage dans le Soushoumna ».

Il y a des cas où Koundalini a été réveillée non seulement par la volonté,mais aussi par un accident, un coup frappé ou une pression physique.
Un confrère de Leadbeater, conférencier théosophe, lui aurait dit qu'il en avait rencontré un exemple au cours d'une tournée au Canada. Une dame tout à fait ignorante de ces choses fit une chute dans l'escalier de sa cave. Elle demeura quelque temps sans connaissance puis se mit à voir ce qui se passait dans toutes les pièces de la maison. Depuis lors, elle a conservé cette faculté.
Nous pensons que, dans le cas rapporté, cette dame a dû recevoir un choc à la base de la colonne vertébrale au point précis que la nature précise nécessaire pour déterminer par ébranlement l'activité partielle de Koundalini. Il se peut encore, bien entendu, qu'un autre centre ait été artificiellement stimulé de la sorte.

Les livres recommandent parfois la méditation sur les chakras sans éveil préalable de Koundalini. Ainsi, dans les vers suivants du *Garouda Pourâna* :

« Moulâdhâra, Svâdhishthâna, Manipouraka, Anàhatam, Vishouddhi et aussi Ajnâ sont nommés les six chakras ».
« Méditer successivement, dans les chakras, sur Ganesa, sur Vidhi (Brahmâ), sur Vishnou, sur Siva, sur Jiva, sur Guru et sur Parambrahman omniprésent ».
« Après avoir mentalement adoré dans tous ces chakras, sans flottement de la pensée, répéter l'Ajapâ-Gâyatrî conformément aux ordres de l'Instructeur ».
« Méditer sur le Randhra, au lotus inverti formé de mille pétales, sur le bienheureux Instructeur à l'intérieur du Hamsa dont la main, semblable au lotus, délivre de la crainte ».
« Imaginer le corps lavé dans le nectar découlant de Ses pieds. Après avoir vénéré de la quintuple manière, se prosterner en chantant ses louanges ».
« Puis, en méditant sur la Koundalini, la voir s'élever et descendre, en passant par les six chakras placés dans trois replis et demi ».
« Méditer ensuite sur l'endroit nommé Soushomna, qui sort du Randhra : Voilà comment l'on atteint l'état supérieur de Vishnou ».

La montée de Koudalini

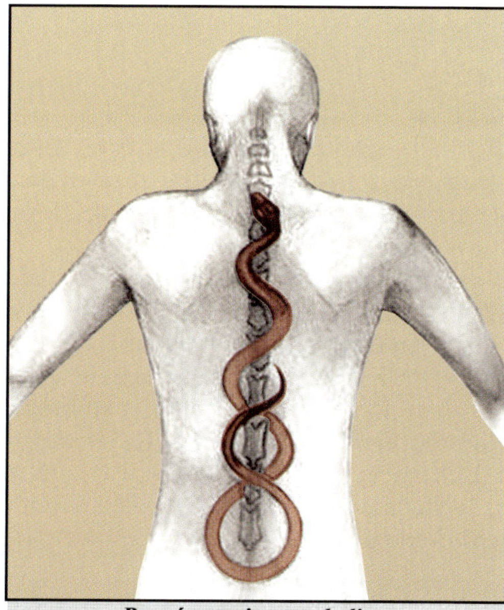

Représentation symbolique de la montée de Koundalini

Les ouvrages expliquent moins qu'ils ne donnent à entendre ce qui arrive quand Koundalini s'élève dans le canal à travers le *soushoumna*. Ils désignent l'épine dorsale comme *Meroudanda*, la verge de Merou, « axe central de la création », probablement la création du corps. Elle renferme, disent-ils, le canal appelé *Vajrinî*. Enfin, ce dernier en contient un troisième appelé *Chitrinî*, qui est « aussi ténu qu'un fil d'araignée ». Les chakras sont enfilés sur lui « comme des noeuds sur un bambou ».

Koundalini s'élève peu à peu dans *Chitrinî* sous l'influence de la volonté mise en jeu par le yogi pendant la méditation. Dans un tel effort, il se peut qu'elle progresse peu mais, dans le suivant, elle avance davantage et ainsi de suite. En atteignant un des chakras ou lotus, elle le perce et la fleur qui auparavant penchait la tête, la relève.

Après la méditation, l'aspirant fait revenir Koundalini par le même chemin, dans le *Moulâdhâra*. Mais dans certains cas, elle n'est ramenée que jusqu'au chakra cardiaque et pénètre dans celui qui est nommé sa chambre.

Plusieurs ouvrages disent que Koundalini réside dans le chakra ombilical. Chez les personnes ordinaires, nous n'avons jamais constaté qu'elle s'y trouve mais cette déclaration s'applique-t-elle à celles qui l'ont déjà réveillée et possèdent ainsi, dans le centre en question, un dépôt laissé par le *feu-serpent*. Koundalini pénètre dans chacun des chakras et les quitte ensuite au cours de son ascension.

Dans ce genre de méditation, Koundalini ramène à l'état latent (d'où le mot *laya*) les fonctions psychologiques de ce centre. Dans le chakra où elle pénètre, il se produit une grande exaltation de la vie mais, ayant pour but le chakra le plus élevé, elle continue à monter jusqu'à ce qu'elle atteigne le centre supérieur, le lotus *Sahasrâra*. Là, suivant le symbolisme hindou, elle jouit de l'union avec son seigneur, Paramashiva. En revenant en arrière elle rend à chacun des centres ses facultés spécifiques, mais plus développées.

Tout cela est la description d'une transe partielle que doit nécessairement subir une personne plongée dans une méditation profonde car, en concentrant toute notre attention sur un sujet transcendant, nous cessons pour un temps d'enregistrer les sons et les objets divers dont les vibrations nous entourent et nous impressionnent. Suivant

Avalon, il faut généralement compter, à partir du commencement des exercices en question, plusieurs années pour amener Koundalini dans le Sahasrâra, bien que, dans des cas exceptionnels, ce soit possible assez rapidement.

L'exercice donne la facilité, si bien qu'un expert est supposé pouvoir élever et faire descendre la Shakti en moins d'une heure. Rien ne s'oppose naturellement à ce qu'il demeure dans le centre coronal aussi longtemps qu'il le désire.

D'après certains auteurs, lorsque Koundalini s'élève dans le corps, la région qu'elle a dépassée se refroidit. Il s'agit là, sans doute, de pratiques spéciales entraînant pour le yogi un état de transe prolongé, et non de l'emploi ordinaire de cette énergie. Dans *La Doctrine Secrète*, Helena Blavatsky cite le cas d'un yogi trouvé dans une île aux environs de Calcutta dont les membres avaient fini par être enlacés par des racines d'arbres. On l'endélivra, dit-elle encore, mais en essayant de le réveiller on lui infligea de tels sévices qu'il en mourut. Elle cite aussi un yogi, dans le voisinage d'Allahabad, qui vécut assis sur une pierre pendant cinquante-trois ans pour des raisons personnelles sans doute bien déterminées.

Le but de Koundalini

Les vers qui terminent le *Shatchakra Niroupana* décrivent admirablement la manière dont Koundalini achève son parcours :

« La Dévi qui est Shouddha-Sattva perce les trois Lingas et ayant atteint tous les lotus appelés lotus du Brahmanâdi, brille en eux de tout son éclat. Puis, dans son état subtil, resplendissante comme l'éclair et fine comme une flamme, le Bonheur suprême, et tout d'un coup donne les joies de la libération »..

« La belle Koundalini boit l'excellent nectar rouge qui procède de Para Shiva et de là, où resplendit dans toute sa gloire l'Eternelle et Transcendante Béatitude, revient en arrière par la voie de Koula et rentre dans le Moulâdhâra. Le yogi qui est parvenu à l'équilibre mental présente en oblation (Tarpana) à l'Ishladevata et aux Devatas dans les six chakras, Dakini et les autres, ce ruisseau de nectar céleste contenu dans le vaisseau de Brahmanda, dont il a pu acquérir la connaissance grâce à la tradition »

«Si le Yogi, vénérant les pieds, pareils au Lotus, de son Guru, gardant le cœur paisible et le mental concentré, lit cet écrit qui est la source suprême de la connaissance relative à la Libération, s'il est san péché, pur et très secret, alors en vérité& sa pensée dansera aux pieds de son Ishta-devata».

Conclusions

Selon CharlesWebster Leadbeater

Comme nous, les Hindous maintiennent que les résultats du Laya-Yoga peuvent être obtenus par les méthodes de tous les systèmes de yoga. Dans les sept écoles de l'Inde et parmi les étudiants occidentaux, tout homme qui sait comprendre vise le but suprême des efforts humains, la liberté supérieure à la libération, parce qu'elle inclut l'union avec les Forces Cosmiques dans des séjours dépassant la manifestation terrestre. Un travail sur chaque plan développe les pouvoirs qui font de l'homme un *Aa*, un fonctionnaire ou travailleur au service de l'Être Divin qui consiste à élever les millions d'êtres constituant l'humanité vers la gloire et la félicité qui nous attendent tous.

Selon Reynald Georges Boschiero

Les expériences de Leadbeater lors de son long séjour en Inde sont impressionnantes. Elle révèlent une curiosité sans limites, une volonté d'acquérir un savoir sans failles, et une admirable ouverture d'esprit de la part de ce citoyen américain, originellement ormé dans un système éducatif typiquement occidental. C'est certainement l'intérêt qu'il a porté très tôt aux thèses théosophiques qui lui ont permis d'aborder avec sérieux et sérénité les enseignements de ses Maîtres indiens, sans aucun a priori culturel ou religieux.

n le lisant, même si je n'ai pas adhéré à toutes les thèses qu'il développe, j'ai été tupéfait à de nombreuses reprises des capacités intuitives, prémonitoires, dont il a fait preuve dans le domaine scientifique pour des découvertes qui ont été faites des dizaines 'années après sa mort. Rappelons simplement que, de son vivant, rares étaient les scientifique qui soupçonnaient l'existence des mystères de la physique quantique ou de l'astrophysique.

e récit de ses expériences en Inde m'a permis de me remémorer mon bref passage dans quelques *ashrams* alors que je n'étais encore qu'un adolescent en recherche de lui-même. Trop pressé, trop ignorant, je n'avais pas eu la patience de m'imprégner de cet enseignement et je n'y avais pas compris grand chose. Mais à la lumière des explications de Charles Leadbeater et d'une bonne trentaine d'années de méditations avec les cristaux, j'ai pu enfin comprendre ce qui m'avait échappé autrefois.

C'est pourquoi je souhaite partager avec vous mon savoir et ma sensibilité aux énergies cristallines dans la seconde partie de ce livre. J'ai essayé de le faire avec modestie et simplicité afin que vous puissiez dès à présent mettre en pratique des techniques méditatives aussi basiques qu'efficaces.
Il est certain que je ne vais pas vous entraîner dans les profondeurs subtiles des philosophies hindoues. Je ne suis ni ne veux devenir votre *guru*.

J'essayerai juste d'être un bon enseignant, un bon maître, sans majuscule, comme on disait autrefois. Pas plus que la plupart d'entre vous, je ne souhaite devenir un ermite ascète passant la plus grande partie de sa vie nu, en position du lotus, sous un arbre ou au fond d'une grotte.

Je souhaite simplement faire en sorte que vous puissiez vous sevir de ce fabuleux outil qu'est la méditation avec les cristaux pour vous aider à bien vous intégrer avec réalisme dans la société dans laquelle nous vivons, que vous soyez capable d'en surmonter les contraintes, qu'elles soient sociales, familiales, administratives ou financières. De même, cela devrait vous permettre de gérer correctement votre santé et de vous libérer de la pesanteur des traditions locales, familiales ou religieuses afin de n'en conserver que la ,substantifique moelle, celle qui, justement, contribuera à votre bien-être au quotidien ainsi qu'à celui de vos proches.

La seconde partie de cet ouvrage vous donnera les clés pour l'harmonisation et un bon équilibrage de vos chakras sur l'ensemble de votre canal de circulation des énergies. C'est de cette harmonie que dépend votre bien-être dans tous les aspects de votre vie.

Seconde partie

Harmonisation des Chakras

avec les pierres et les cristaux

Introduction

Œe manuel a été spécialement conçu pour les personnes qui souhaitent s'initier en toute implicité aux principes de base de la Lithothérapie énergéticienne, qu'elles soient lébutantes ou qu'elles aient déjà une expérience dans d'autres domaines de l'énergé-ique tels que le Yoga, le Reiki, le Magnétisme et d'autres techniques dans lesquelles es méditations sont mises en oeuvre.

/ous aviez sans doute déjà porté des pierres en pendentif en souhaitant qu'elle vous pportent de bonnes énergies? C'était un bon début. Peut-être même aviez-vous uelques pierres fétiches dans votre poche ou dans votre sac à main? Excellent!.. vous vez pratiqué la lithothérapie sans le savoir, un peu à la manière de Monsieur Jourdain, ui faisait de la prose sans le savoir (Molière, *«Le malade imaginaire»*).

.a Lithothérapie (du grec ancien *lithos* «pierres», et *therapeia* : «cure», dérivé de *herapevô* «servir, prendre soin de» (par extension, «soigner, traiter»), et de *théraps* serviteur») est une technique millénaire de médecine douce alternative qui utilise les ninéraux, pierres et cristaux pour les soins.

\insi donc, porter un pendentif, un collier de pierres ou garder une pierre fétiche dans a poche, ce n'est déjà pas si mal : c'est de la lithothérapie passive. Si les énergies sont ien là, elles mériteraient d'être activées pour être plus efficaces.

:ncore faut-il savoir un peu plus précisément ce que l'on fait quand on utilise les pierres our son bien-être. Connaître leurs propriétés particulières est une bonne chose. Bien es utiliser en est une autre. C'est pourquoi cet exposé sur l'harmonisation des chakras vec les cristaux vous guidera pas à pas pour réaliser les principaux exercices de base ui vous permettront de mieux ressentir les énergies subtiles des pierres et des cristaux, t de mieux comprendre comment les utiliser pour votre développement personnel.

:es exercices de sensibilisation aux énergies des pierres sont ceux que je fais faire mes élèves dès les premiers jours de mes séminaires de formation à la lithothérapie. :'est sur ces bases que nous pouvons alors développer les bonnes techniques qui ermettent d'utiliser correctement les cristaux et pierres de soins : cela s'appelle la thothérapie active.

Aais la Lithothérapie active n'est pas que dans le ressenti énergétique. Si l'on éveloppe une bonne sensibilité aux énergies subtiles des pierres et des cristaux aturels, c'est déjà bien, mais les énergies ne font pas tout. En matière de soins, on oit tenir compte des propriétés biochimiques des minéraux que l'on utilise, surtout lorsque l'on doit traiter des pathologies physiques. Les oligoéléments que les minéraux contiennent en sont la clé de voûte car ils agissent sur notre métabolisme (voir : *Chimie des minéraux et oligoéléments en Lithothérapie* - Éditions Dangles ©2012). Vous découvrirez également dans les pages qui suivent l'inportance des couleurs dans l'application des pierres sur votre système énergétique, que ce soit dans le domaine de la spiritualité, d'un travail sur les comportements ou les soins en physiologie. Pour tout savoir sur les propriété de la lumière et des couleurs, reportez-vous à *L'influence des couleurs en Lithothérapie* (Éditions Dangles©2013).

Enfin, vous trouverez dans le *Dictionnaire de la Lithothérapie* (Éditions Ambre ©2006) toutes les informations que vous souhaitez sur les propriétés énergétiques des pierres et des cristaux naturels. Un ouvrage indispensable !

Vous disposerez ainsi d'informations très complètes sur cela Lithothérapie peut vous apporter et sur les techniques que vous pourrez mettre en œuvre afin d'en tirer le plus de bien-être possible.

En attendant, je vous souhaite de merveilleux plaisirs dans la découverte des énergies subtiles des pierres et des cristaux en pratiquant soigneusement les exercices que vous trouverez dans les pages qui suivent.

Les méditations

À quoi ça sert?

Trop préoccupés par les contraintes matérielles que les sociétés modernes nous imposent, nombreux sont ceux qui pensent encore que la méditation est un exercice inutile, un perte de temps, et qu'elle ne sert à rien d'autre qu'à nous évader des réalités parfois cruelles auxquelles nous sommes confrontés afin de les fuir. Courage, fuyons! Pour eux, c'est la politique de l'autruche : autant se mettre la tête dans le sable pour ne rien voir, ne rien entendre, ne rien dire.

En fait, c'est très exactement le contraire : les méditations nous permettent de voir, d'entendre, de dire ce qui se passe en soi, de comprendre ce qui se trame et se déroule autour de soi.

Nos sociétés s'articulent sur trois axes bien programmés dans notre quotidien : un temps pour le travail, un temps pour le repos, un temps pour les loisirs. On n'échappe pas au premier : un travail est indispensable pour satisfaire aux nécessités matérielles et aux principes de consommation inhérents à nos sociétés.

Le second est tout aussi indispensable : sans de bonnes phases de repos, notre corps physique de dégraderait, entraînant ainsi une déchéance de l'esprit. Les méditations peuvent s'inscrire dans ces phases. Personnellement, j'éprouve un immense plaisir lors de ces instants précieux entre éveil et sommeil, lorsque l'esprit devient lucide dans la confusion, à tel point que je tente presque chaque soir de repousser le point de rupture qui me plongera dans le sommeil et l'inconscience.

Le troisiième axe, le temps de loisirs, est souvent celui que nous préférons parce qu'il est celui qui nous éloigne des contraintes de la vie matérielle. Hélas, le temps des loisirs est devenu un acte de consommation, programmé dès votre plus jeune âge par le système éducatif. Grâce aux enquêtes d'opinion et aux analyses des psychosociologues, les loisirs de masse sont devenus une affaire juteuse. En flattant vos plus bas instincts, ils vous entrainent dans une sorte de moins-disant culturel grâce à des concepts aussi peu valorisants que possible pour l'esprit.

Et pourtant, je reconnais tout le plaisir que l'on peut avoir à s'évader dans des programmes télévisés qui peuvent nous faire rêver et nous distraire, fascinés que nous sommes par les paillettes festives de l'étrange lucarne. Parmis les programmes les plus suivis, on y trouve les matchs de football. grands pourvoyeurs de montées d'adrénaline. Conçus comme des substituts aux guerres d'autrefois, guerres tribales, conflits

régionaux ou vastes pujilats mondialisés, ne risquent-ils pas de réveiller nos instincts guerriers nationaux ou régionaux, plus ou moins bien canalisés ?
Et les soap-opéras ? romantisme, amour, gloire et beauté, belles villas, grosses voitures luxe à tous les étages, étalage d'argent, et j'en passe... Derrière leurs façade faites de plus beaux marbres, n'y trouve-t-on pas, sous prétexte de romantisme, que de bas instincts, des sentiments glauques, des trahisons, des mensonges, des tromperies et une corruption morale, financière et intellectuelle ?

Quant aux reality-shows qui mettent en scènes le quotidien des participants comme si vous y participiez vous-même, ne seraisce pas une curiosité un tantinet malsaine qui attiserait vos tendances au voyeurisme ? Avez-vous remarqué qu'on y prône l'élimination des candidats en lice par un public pas plus hostile que celui qui réclamait la mort des gladiateurs vaincus dans les arènes romaines ? Il ne faudrai qu'une bonne propagande pour que celà se passe ainsi dans la vraie vie. Ce n'est pas un fantasme paranoïque : cela s'est déjà produit dans l'Histoire avec des régimes politiques autoritaires et, si nous ne sommes pas vigilents, cela pourrait bien se reproduire.

Quant aux jeux télévisés, ils répondents à deux stimulis : une petite couche de culture indigente étalée en couche mince sur votre tartine du savoir pour vous laisser croire que vous en savez bien assez pour gagner un jour à un de ces jeux, ou des jeux d'argent dans lesquels l'ignorance se confronte à la bêtise, au grand profit du hasard, au petit bonheur à la chance. Dans ce dernier cas, les candidats sont sélectionnés en fonction de leur physique et de leur présence à l'écran, en telle sorte que vous puissiez vous imaginer à la place des gagnants. Carressons donc la vénalité dans le sens du poil. Du pain et des jeux de cirque ! Les programmateurs de l'audiovisuel n'ont rien inventé et notre société actuelle est trop fréquemment bâtie sur ce modèle qui flatte nos plus ba

ıstincts. Il est vrai que les programmes télévisés s'inspirent largement de la médiocrité de nos contemporains à grands coup d'études et de sondages.

.e rêve, le repos de l'esprit, la paix de l'âme, tous ces sentiments profonds qui nous abitent, doivent-ils être éternellement censurés, régulés par un système visant uniqueıent à faire de nous des consommateurs ?

i la méditation peut nous sortir de cette médiocrité là, c'est déjà ça de gagné !

'ar dans tout ce fatras télévisuel, nous sommes passé à côté de valeurs plus fondaıentales. Il nous reste des moyens d'évasions que nous pouvons contrôler et qui nous ermettent de retrouver notre moi profond : un paysage, une musique, un tableau, un oucher de soleil, nos animaux familiers, voir grandir nos enfants et les aimer... Toutes es petites choses merveilleuses nous permettent de nous recentrer et de méditer sur e que nous sommes réellement : des êtres humains, vraiment humains, qui peuvent ouver en eux leur bonheur, leur capacité à être heureux, ensemble, sur cette planète.

a méditation n'est ni une fuite, ni un refus de voir la réalité en face. C'est tout le ontraire. Méditer, c'est d'abord se retrouver face à soi, face à l'infini, sans masque, ıns fard et sans artifices, hors de toute pression sociale. C'est se regarder bien en face, ssayer de comprendre. À ce titre, c'est déjà une démarche psychanalytique et théraeutique. C'est passer de l'état de paraître à celui d'être.

avoir qui l'on est n'est pas une mince affaire. L'admettre en est une autre. Modifier s conceptions, ses comportements et son mode de vie est encore plus difficile quand n a un conjoint, des enfants, un travail, un patron, et des administrations de l'état ıxquelles on doit rendre des comptes.

omme nous somme embrigadés dès notre plus tendre enfance par un système éducatif ıi, avec la complicité inconsciente des générations qui nous ont précédées, nous colle ıe étiquette dans le dos, et bientôt un code-barre tatoué ou une puce électronique sous peau, en nous faisant entrer dans un moule social de plus en plus étroit, nous avons u de chances de nous en sortir intacts.

est inutile d'en vouloir à nos parents, beaucoup n'avaient jamais entendu parler de méditation. Il est inutile d'en vouloir aux enseignants, ils ont suivi leur programme. est inutile d'en vouloir à la société, à ses législateurs, à ses administrations et à leurs présentants. Ils ont fait ce qu'ils estiment être ce qu'il y a de mieux pour le bien llectif. Et ils l'ont bien fait. Seulement, ce bien collectif est loin de ce qui pourrait ire notre bonheur individuel même si cela pourrait y contribuer.

éditer, c'est se mettre face à ces réalités-là. C'est trouver la voie de notre bonheur dividuel, même et peut-être surtout quand ce bonheur nous parait inaccessible. C'est élément indispensable à notre équilibre psychologique, à notre créativité, à notre tégration sociale, à notre santé.
est inutile d'en vouloir à ceux qui ne pratiquent pas la méditation : ce sont eux ıi resteront englués dans leurs schémas, leurs idées toutes faites, leurs conceptions

arbitraires, leurs lieux communs, leur psychorigidité. Il suffit d'éviter la confrontatio et la polémique avec eux. Nous ne les convaincrons probablement pas. Quand un articulation est rouillée, on a peu de chances de lui faire retrouver toute sa soupless Du côté du cerveau, c'est pareil.

Alors, qu'importe le sens de nos méditations ou la conception que chacun se fait d bonheur. Qu'elles soient mystiques dans la quête de Dieu, déconnexions du context social, découvertes de soi, prières, rêves éveillés, démarches conceptuelles créative confrontations à notre mort physique ou analyses des processus chimiques de notr cerveau, ceux qui génèrent nos pensées, nos sentiments, nos émotions et commande les fonctions vitales de notre corps, les méditations nous sont indispensables.

On peut méditer avec une pierre pour de multiples raisons et les différents types de mé ditations supposent l'emploi de techniques adaptées. Les textes qui suivent décrive chacun des chakras, leurs caractéristiques, leurs symboliques, leurs fonction sur le pla physique, psychologique et spirituel. Ils sont destinés à mettre en oeuvre des médit tions dites «assistées».

L'équilibrage énergétique

Avec votre icosaèdre en Cristal de Roche

.

C'est un exercice de base préliminaire à toute séance de soins spécialisés.

Icosaèdre en cristal de roche
Un merveilleux outil de sensibilisation et d'équilibrage énergétique

L'icosaèdre est le plus élaboré des cinq solides de Plato Chacune de ses vingt facettes en forme de triangle équ latéral est le symbole de la trinité divine et de l'équilib élémentaire. Ses ondes de forme spécifiques en font u excellent outil de méditation, de réharmonisation, d'act vation des chakras et de rééquilibrage de l'ensemble c canal de circulation des énergies. J'utilise systématiqu ment ce merveilleux outil de sensibilisation aux énergi subtiles des pierres avec tous mes élèves pour le trava d'équilibrage et d'harmonisation énergétique que no réalisons dans mes séminaires de formation à la lithoth rapie.

Dans un premier temps, apprenez à communiquer av votre icosaèdre, essayez de comprendre comment il réagit, comment il distribue s énergies. Faites de lui un ami, un confident, un complice, un compagnon fidèle.

Allongez-vous dans un endroit calme et paisible et prenez votre icosaèdre dans v mains. Regardez-le, faites miroiter la lumière dans ses facettes en le faisant tourn entre vos doigts, explorez-le dans sa structure la plus intîme pour découvrir son âme Abandonnez-vous au rêve en laissant courir votre regard dans ses givres, dans s galaxies internes, dans ses arcs-en-ciels, dans ses reflets. Lorsque vous sentirez q otre cristal vous observe avec la même curiosité que vous l'observez, vous pourrez asser à la phase suivante.

ermez les yeux, placez votre icosaèdre dans vos mains serrées, adressez-lui quelques nessages mentaux d'amour et mettez-vous en éveil. Très rapidement, vous allez essentir les impressions typiques de son activation énergétique : chaleur, picotements, ulsations. Testez ces impressions en le plaçant au creux d'une main, puis dans l'autre. entez s'il y a des différences.

uis placez votre icosaèdre au creux de votre poitrine à même la peau, et couvrez-le e vos mains croisées. Essayez de sentir son rayonnement particulier, par chacune de es pointes, par tous ses plans sécants. Il rayonne depuis son coeur, depuis votre coeur, ans tout l'espace environnant, avec la même intensité dans toutes les directions. ituez-vous mentalement dans votre proche environnement et élargissez vos per-eptions mentales jusqu'aux confins de l'univers : vous en êtes le centre et l'univers ourne autour de vous dans une valse lente qui vous entraîne dans sa ronde cosmique usqu'à l'ivresse.

'émotion que cela suscite en vous pourrait augmenter légèrement votre rythme ardiaque et faire monter votre température corporelle. C'est normal et fréquent. Ne ous en effrayez pas car cela va bientôt rentrer dans l'ordre des choses.

laintenant, soyez attentif aux moindres petits signes qui proviennent de votre corps hysique : picotements au sommet du crâne, jambes lourdes, sentiment d'être tiré vers arrière, petite douleur qui s'éveille là où vous savez qu'il y a un problème, ou toute utre sensation. Ce sont des messages qu'il vous faudra apprendre à interpréter, à dé-rypter en fonction de votre vécu. Ce sont toujours des signes de recentrage de votre nveloppe énergétique (aura) autour de votre corps physique. Ce sont les prémisses e votre harmonisation. Afin de mieux comprendre ces signes, je vous recommande la cture de mon *Guide pratique de la Lithothérapie énergéticienne* (Éditions mbre©2007).

t puis, soyez aussi attentif aux petits flashes qui vous traversent l'esprit lors de cet xercice (flashes de couleurs, formes géométriques, évocation fugitive d'un souvenir u autres sensations). Là encore, ce sont des signes qu'il vous faudra interpréter. otez-les soigneusement après votre exercice dans les pages de votre cahier de néditations.

et exercice préliminaire étant achevé, vous allez pouvoir passer au travail sur les nakras.

quilibrage énergétique avec les pierres spécialisées

e cristal de roche de votre icosaèdre est neutre et universel : il contient en lui toutes s couleurs de l'arc-en-ciel, il suffit de le placer sur une feuille blanche en plein soleil our le constater.
n revanche, les pierres de couleurs sont dites « spécialisées » car elle ne peuvent agir

que dans leur domaine d'application. C'est pourquoi je vous propose de les découvri grâce à ces exercices de sensibilisation qui vous permettront d'explorer chacune d'entr elles. Le principe des ces exercices est exactement identique à celui des exercice avec l'icosaèdre. Vous devrez travailler chakra par chakra avec une pierre différent adaptée au travail sur le chakra concerné. Pour ne pas commettre d'erreurs, il suffit d'; apposer une pierre dont la couleur correspond à celles que le chakra préfère. Comm précédemment, vous noterez soigneusement vos impressions dans votre cahier. Vou constaterez qu'elles diffèrent sensiblement de celles que vous avez éprouvées lorsqu vous aviez fait le même excercice avec votre icosaèdre. Ce n'est pas un hasard : elle ont des propriétés particulières que vous retrouverez dans les paragraphes correspon dants du *Dictionnaire de la Lithothérapie* (Éditions Ambre ©2006).

Lorsque vous aurez testé de nombreuses pierres, vous pourrez faire un ultime exercic d'équilibrage et d'harmonisation avec toutes les pierres spécialisées d'un seul coup e les posant sur chacun des chakras adaptés. Énergétiquement, c'est assez puissant. Vou n'auriez pas pu le faire dès le départ mais, avec tous les exercices que vous avez déj faits préalablement, avec votre icosaèdre sur chacun des chakras puis avec chacune de pierres spécialisées, votre sytème énergétique est désormais entraîné à recevoir de plu grandes quantités d'énergies. Néanmoins, ne conservez pas cette vaste configuratio trop longtemps : une vingtaine de minutes tout au plus, pour le plaisir.`

Les chakras

1er chakra **: le chakra racine**
situé à la base de la colonne vertébrale (coccyx), entre les organe génitaux et l'anus.

2ème chakra **: le chakra sacré**
situé environs quatre centimètres en dessous du nombril, à la limite des poils pubiens.

3ème chakra **: le chakra du plexus solaire**
situé environs deux centimètres au dessos du nombril,

4ème chakra **: le chakra du cœur**
situé au centre de la poitrine dans l'alignement ds mamelons.,

5ème chakra **: le chakra de la gorge**
situé au centre de la fosse jugulaire, sous la pomme d'Adam.

6ème chakra **: le chakra du troisième œil**
situé au centre du front, entre les sourcils.

7ème chakra **: le chakra coronal**
situé à la pointe extrême du crâne. Ce sont les points par lesquels les échanges énergétiqu

ont lieu entre l'extérieur et l'intérieur. Ces points sont nombreux sur tout le corps humain mais beaucoup n'ont qu'un rôle secondaire : ils agissent souvent en complément d'un chakra principal qui se trouve à proximité. C'est pourquoi je ne m'attacherai généralement qu'à décrire dans cet ouvrage les sept chakras principaux.

La plupart des gens méconnaissent ces centres d'énergie car ils ne font pas partie de la culture traditionnelle occidentale. Maintenant que vous avez lu la première partie de ce livre, vous commencez à en avoir une bonne connaissance.

Il est nécessaire avant tout travail lithothérapeutique de bien connaître les chakras car ce sont eux qui vont canaliser les énergies cristallines. Il faut bien connaître les interactions entre les organes et les chakras, les passages entre les chakras et les différents corps énergétiques, les corrélations des chakras entre eux, en comprendre et en maîtriser le fonctionnement : les ouvrir, les fermer, débloquer les noeuds énergétiques, canaliser les énergies entre la Terre-Mère et les Forces Cosmiques, et réciproquement, fluidifier, doser les énergies, savoir opérer des transferts énergétiques, localiser les dysfonctionnements, réguler, équilibrer, harmoniser, et, si vous y arrivez, mettre en oeuvre la très célèbre montée de la Kounadalini, ainsi que le font les grand sages.

Description

Les chakras sont des vortex en forme d'entonnoir. L'ouverture mesure à peu près quinze centimètres au niveau de l'enveloppe éthérique pour deux ou trois centimètre au niveau du corps physique. Leur rayonnement est en moyenne d'une dizaine de centimètres au delà du corps physique. Ils sont intégrés au corps éthérique. Ce rayonnement peut-être plus ou moins vaste selon le niveau de connaissances et de conscience de chaque individu.

Ces vortex sont animés d'un mouvement rotatif et agissent comme le ferait une vis d'Archimède, faisant circuler les énergies de l'extérieur vers l'intérieur et réciproquement, selon leur sens de rotation. J'entends parfois dire : *«Je crois que tel ou tel de meschakras ne tourne pas dans le bon sens»*. Il n'y a pas de «bon» ou de «mauvais» sens de rotation : le sens de rotation révèle si le chakra absorbe ou élimine des énergies. Dans les descriptions qui suivent pour chacun des chakras, le sens de rotation indiqué est celui de l'absorption des énergies extérieures vers l'intérieur de corps physique.

Les chakras de l'homme et ceux de la femme tournent dans le sens inverse selon le principe de complémentarité yin et yang : *«Je te donne ce que tu reçois, je reçois ce que tu me donnes»*. Lorsque les chakras masculin et féminin sont face à face, ils tournent à l'unisson dans le même sens de rotation. Cela vaut aussi pour les homosexuels dont le sens de rotation des chakras est tributaire des tendances profondes de chacun vers le Yin ou vers le Yang.

Afin d'obtenir un bon équilibre énergétique, je vous recommande de travailler méthodiquement, chakra par chakra, pour obtenir une ouverture progressive du canal de circulation des énergies à partir du chakra central, à savoir le chakra du cœur. Pour ce faire, vous déplacerez votre icosaèdre à chaque exercice sur sur chakra concerné, à même la peau.

Il est nécessaire d'ouvrir ses chakras

Avant toute chose, prenons conscience que nous sommes une partie intégrante d'un tout, que la structure matérielle de notre corps est de notre esprit sont, par leurs fréquences vibratoires, à l'unisson des forces cosmiques dans lesquelles elles baignent en permanence. Bien avant notre naissance ses composantes existaient déjà : nous sommes un assemblage de particules nées au coeur des étoiles. Nos composants survivront à la mort de notre corps physique. Ce n'est qu'un changement de forme.

Hélas, il existe bien des freins à l'élévation du niveau de conscience de chacun. L'ignorance est souvent le moteur de la peur de l'inconnu et d'un repli sur soi : elle est la mère de bien des craintes! Dès les premières manifestations de curiosité et de volonté d'apprendre, l'esprit se libère de ses blocages et le niveau de conscience s'élève.

Chassez vos craintes et vos préjugés, ouvrez votre esprit à ce que votre culture ignore ou refuse, laissez-vous aller à vos intuitions. La peur, les contraintes sociales ou familiales, les blocages culturels sont souvent à l'origine d'un médiocre fonctionnement des chakras. C'est le frein principal à l'enrichissement spirituel et à un développement harmonieux de la conscience. Les conventions et les pressions sociales en sont l'outil

Commencez par vous détacher des pressions de votre entourage, affimez votre personnalité, votre indépendance de vue, votre liberté de penser autrement. Libérez-vous du *«qu'en dira-t-on»*. Libérez-vous de vos peurs, de la peur de la mort, de l'inconnu, du manque de biens matériels. C'est ainsi que, détachés du matériel, vous accéderez à une spiritualité plus riche et vous vous sentirez envahis de flux d'amour, amour de la vie de vos proches et de tous les gens qui vous entourent avec un immense sentiment de compassion.

Contrairement à ce que certains pensent de cette démarche, elle ne conduit pas à la marginalité mais, au contraire, à la construction de rapports sociaux plus authentiques plus profonds, plus riches, plus sensibles et plus justes.

Faites sauter les verrous qui occasionnent vos blocages! Vous vous trouverez ainsi en situation de connaître des joies plus profondes dans votre propre vie et dans votre environnement social.

Pierres et chakras

La couleur des pierres est un des éléments fondamentaux qui détermine la qualité des énergies subtiles de ces pierres. La symbolique des couleurs est puissante, j'aurai l'occasion de survoler ce thème plus loin. Cependant, vous trouverez bien plus de précieuses informations sur l'influence des couleurs dans *L'influence des couleurs en Lithothérapie* (Éditions Dangles©2013)

Si l'on pose la question à un physicien, il répondra que la couleur n'existe pas c'est une onde qui vibre à une fréquence particulière. Cette onde est captée par notre système de vision et interprétée par notre cerveau. La couleur est donc une création de notre imagination. La fréquence vibratoire de cette onde est mesurable et c'est elle qui détermine la couleur que notre cerveau interprète. Cette fréquence vibratoire influe sur les fréquences vibratoires de notre corps physique et de notre système énergétique

Chakras et canal de circulation des énergies

Elle est plus particulièrement sensible au niveau des chakras.

Ainsi que je l'ai dit précédemment, les chakras sont sensibles à certaines gammes de couleurs particulières. Dans l'absolu, on devrait pouvoir appliquer quasiment toutes les pierres de couleurs à tous les chakras, sous réserve de savoir ce que l'on fait.

Certaines couleurs sont en meilleure harmonie avec les chakras, de la même manière que l'on parle des signes astrologiques de prédilection de chacune des pierres : la fluidification des échanges d'énergies est meilleure, on gagne en efficacité dans les réharmonisations énergétiques, on limite les risques d'interprétations erronnées. En travaillant d'un manière précise, on risque moins d'engendrer un incident en créant un nouveau déséquilibre énergétique ou en accentuantt un déséquilibre énergétique existant.

Lors de mes séminaires de formation à la lithothérapie, je demande dans un premier temps à mes élèves d'adopter, comme en toutes choses, une démarche dont la prudence n'a d'égale que la modestie. On aura soin de vérifier tout d'abord quelles sont les couleurs avec lesquelles le chakra est en harmonie afin de n'y apposer que les pierres de la couleur correspondante. Vous trouverez en fin de chaque chapitre consacré aux chakras les correspondances élémentaires entre les pierres de couleurs et les chakras.

Dans les descriptions des chakras, il m'arrive de mentionner certains dysfonctionnements sous le terme de «surdimentionnement». Il ne s'agit en aucun cas de chakras qui fonctionneraient trop bien : tous les chakras doivent avoir une large ouverture et sont sensés brasser autant d'énergies que possible avec une bonne vitesse de rotation. Veuillez considérer qu'il s'agit plutôt d'un chakra qui présenterait une couleur particulière en excès. Si cet excès de couleur crée un préjudice à la personne, on compensera cet excès en soustrayant des énergies avec une pierre d'une couleur complémentaire sur le chakra concerné ou par un ajout d'énergies avec une pierre de couleur complémentaire sur un autre chakra... mais l'interprétation de cette méthode est un peu plus délicate. Si cet excès de couleur ne crée pas de préjudice, il n'y a aucune raison d'intervenir sur un excès bénéfique!

A contrario, si un chakra est noué ou bloqué, c'est qu'il nc brassc pas suffisamment d'énergies. Il faudra donc y ajouter des énergies en y appliquant une ou plusieurs pierres de la couleur correspondante pour le rendre plus actif.

Quand une personne qui se prétend très intuitive applique n'importe quelle pierre de couleur sur n'importe quel chakra, cela m'horripile : elle risque de créer d'autres déséquilibres énergétiques ou d'amplifier celui qu'elle cherche à traiter. Mais rien ne l'empêche de faire valoir ses capacités intuitives dans le cadre des règles et protocoles de la Lithothérapie. À mon sens, l'intuition est indispensable dans toutes les thérapies alternatives énergéticiennes mais elle ne devrait être mise en œuvre que lorsque l'on a épuisé toutes les ressources qui permettent un pré-sélections des pierres que l'on va utiliser en soins. On minimise ainsi les risques d'erreurs, voire d'accidents.

Principe de l'harmonisation centrée

Lors de mes premières expériences d'harmonisation des chakras afin de fluidifier les flux énergétiques pour qu'ils s'écoulent parfaitement dans le canal de circulation des énergies entre la Terre-Mère et les Forces Cosmiques, et réciproquement, j'étais parti du principe que si les chakras étaient numérotés de un à sept, ce n'était pas sans raisons. J'ai donc travaillé l'équilibrage de mes chakras en commençant par le chakra racine et en terminant par le chakra coronal.
J'ai appliqué cette méthode lors de mes tous premiers séminaires de formation à la

Lithothérapie. Je me suis rapidement rendu compte que c'était une erreur dans la mesure où les énergies avaient tendance à se décaler vers le haut et à s'y accumuler. C'est très bien lorsque l'on souhaite s'élever en spiritualité mais ce n'est pas une harmonisation équilibrée. De toute évidence, on crée un déséquilibre énergétique avec cette méthode.

J'ai donc à nouveau expérimenté pour trouver une méthode fiable qui permettrait d'obtenir une hamonisation plus équilibrée. C'est ainsi que j'ai découvert le principe de l'harmonisation centrée qui permet d'équilibrer chacun des chakras en énergies et de fluidifier ces énergies progressivement sur le canal en commençant par le chakra central, celui du cœur.

C'est ainsi que le canal de circulation des énergies s'irrigue progressivement en s'élargissant méthodiquement par une alternance du positionnement de la pierre sur les chakras supérieurs et les chakras inférieurs.
On utilise évidemment pour cet exercice une pierre neutre, le cristal de roche, si possible sous la forme d'un icosaèdre dont les ondes de forme permettent une distribution énergétique équilibrée dans toutes le directions de ses pointes.

L'illustration e la page suivante présente les différentes phases de ce travail et le cheminement de la pierre que l'on déplace après chacune des séances de méditation sur chaque chakra.

Vous trouverez en début de chaque exercice un schéma qui vous précise où vous devez déplacer votre pierre de contact.

L'harmonisation complète du canal de circulation des énergies s'obtient par une série de sept exercices décrits très précisément dans les pages qui suivent. Pour résumer le principe et sa méthodologie, voici quelques uns des effets recherchés :

A. Chakra du cœur :
Amour et compassion
universels : aimer les autres, s'aimer soi-même.

B. Chakra du plexus solaire :
Gérer ses émotions, apport de joie et de bonne humeur.

C. Chakra de la gorge :
S'ouvrir à la communication, s'exprimer, être à l'écoute des autres et de soi-même.

D. Chakra sacré :
Prendre conscience de ses
pulsions physiques,
purification par l'eau.

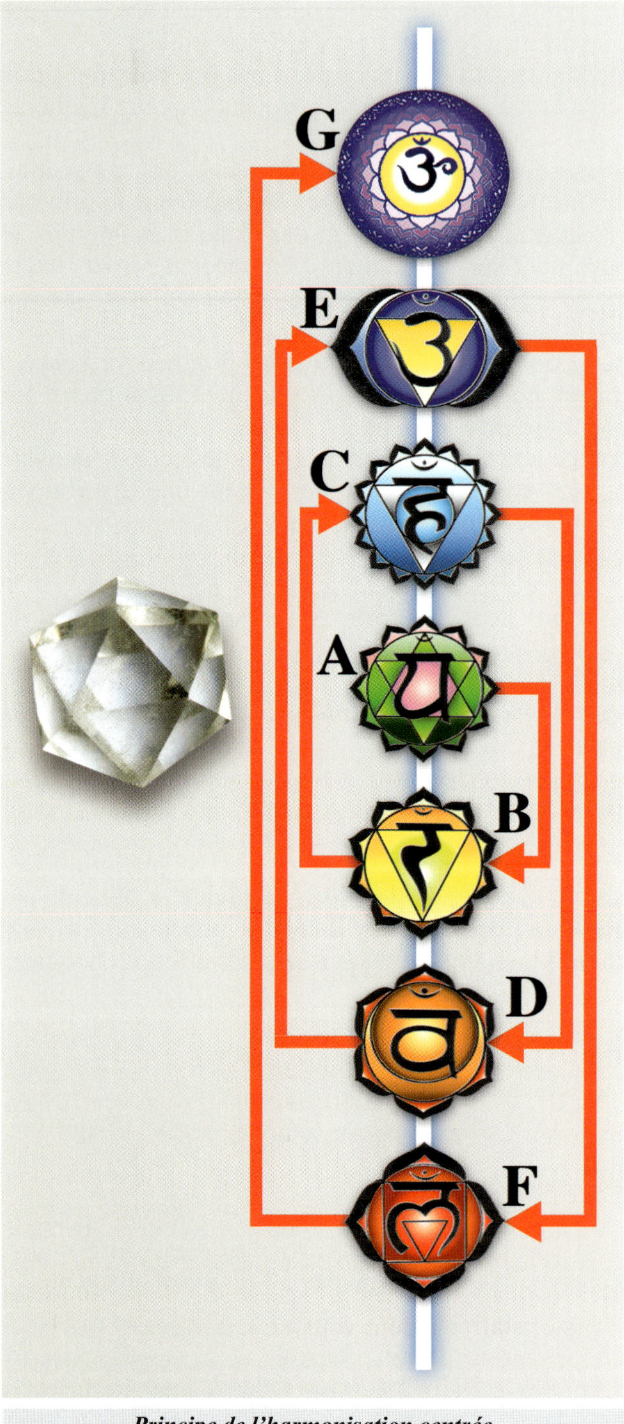

Principe de l'harmonisation centrée
Déplacement de l'icosaèdre à partir du chakra du cœur

E. Chakra du troisième œil :
Tout ce qui concerne l'esprit. Accès au rêves, à la créativité, à l'imagination, renforcement de la mémoire, capacités d'analyse et de synthèse, intuitions, capacités extra-sensorielles.

F. Chakra racine
Réalisme, sens pratique, courage, force physique, confiance en soi, enracinement.
C'est un exercice indispensable avant de travailler au chakra coronal.

G. Chakra coronal
Spiritualité, illumination, accès à la connaissance innée, foi, rencontres mystiques, accès aux mystères.

Méditation assistée

Pour bien réaliser chacun de ces exercices, je vous conseille de lire soigneusement au préalable le chapitre correspondant et de bien vous en imprégner. Mieux encore, vous pouvez demander à une personne de votre entourage en qui vous avez une confiance sans failles de vous assister : elle pourra vous faire la lecture du chapitre correspondant (les Principes), lentement, d'une voix douce et posée pendant que vous entrez en méditation.

Allongez-vous, fermez les yeux et laissez-vous aller. Essayez de ressentir la symbolique de chaque chakra, d'en ressentir les principes sur le plan physique, le plan mental, le plan spirituel, de prendre conscience des organes concernés, d'en visualiser les couleurs, d'en comprendre les dysfonctionnements possibles.

Restez en éveil sur les sensations physiques et mentales que vous éprouvez pendant l'exercice et notez-les soigneusement dans un cahier que vous consacrerez à vos méditations. Pendant cet exercice, n'hésitez pas à mettre en oeuvre tout ce qui pourrait contribuer à votre bien-être : coussins moelleux, lumières tamisées, bâtonnet d'encens, évaporateur d'essences florales, musique douce, etc. Tout ce qui peut vous détendre est bon à prendre.

Au fur et à mesure des ces exercices, votre icosaèdre va progressivement se charger de ce que vous êtes sur le plan énergétique pour devenir très exactement votre double énergétique. Il intègre vos énergies afin de vous les restituer avec un meilleur équilibre. De ce fait, il ne sera pas nécessaire de le purifier si vous désirez renouveler cette série d'exercices. Il se mettra à jour automatiquement. En revanche, ne confiez jamais votre icosaèdre ainsi chargé à une autre personne. Si vous voulez le prêter, purifiez-le préalablement. Vous trouverez toutes les techniques de purification dans le *Guide pratique de la Lithothérapie énergéticienne* (Éditions Ambre©2007).

Sensibilisation aux énergies des pierres spécialisées

Lorsque vous aurez terminé tous vos exercices d'harmonisation avec votre icosaèdre, vous pourrez passer au travail avec les pierres spécialisées. Ces pierres sont très nombreuses et chacune possède des propriétés particulières. Vous trouverez la liste et des planches couleurs des pierres qui conviennent à chacun des chakras à la fin de chaque chapître de ce livre.

Il s'agit, dans un premier temps, de se sensibiliser à leurs énergies particulières en y prenant plaisir et de comprendre les principes élémentaires de la Lithothérapie. Peut être même vous donneront- elles envie d'en apprendre encore plus sur ce vaste domaine. Vous découvrirez alors des merveilles cristallines dont vous ne soupçonniez peut-être pas l'existence. Lorsque vous aurez bien exercé votre sensibilité à ces pierres, vous pourrez envisager de les utiliser pour perfectionner votre équilibre énergétique, puis en soins.

La fréquence vibratoire de chaque chakra détermine sa couleur dominante. C'est cette couleur qui permettra de déterminer quelles sont les pierres spécialisées qui pourron être appliquées sur chaque chakra pour lui apporter les énergies correspondantes.

Lorsque l'on applique sur un chakra une pierre de la couleur complémentaire de la couleur dominante du chakra, on agite en soustrayant des énergies de ce chakra.
Exemple : si on applique une pierre rouge au chakra racine, on ajoute des énergies rouges.

Si on y applique une pierre verte (couleur complémentaire du rouge), on y soustrait des énergies rouges. (Voir les explications détaillées page 205).
Certains chakras peuvent vibrer selon plusieurs fréquences différentes. On pourra ains y appliquer des pierres de plusieurs couleurs.
Exemples :
• pour ajouter des énergies au chakra du coeur, on peut y placer prioritairement de pierres vertes mais aussi des pierres roses. Il va de soi qu'une pierre comme la tourmaline «melon d'eau», verte et rose dans le même cristal, peut y être idéalement appliquée
• le chakra du troisième oeil vibre en harmonie avec les pierres bleu sombre, bleu indigo, éventuellement bleu ciel, violet et jaune.
Les chakras sont les terminaux du système énergétique : ils canalisent les énergies ver l'axe central formé par la colonne vertébrale, du sommet du crâne au coccyx, pou irriguer tout l'organisme.

Il s'agit de bien canaliser les énergies qui circulent entre la Terre- Mère et les Force Cosmiques au travers de ce vecteur qu'est notre colonne vertébrale. Le développemen harmonieux des chakras et une circulation fluide des énergies le long de ce canal son tributaires du niveau de conscience de chacun et de l'intégration intellectuelle et spiri tuelle des expériences et des circonstances de notre vécu.

Les chakras n'ont pas d'existence objective : ils sont pure énergie. Lorsque nou arrivons à les percevoir chez autrui, c'est en fonction des énergies colorées qui pré dominent en nous. D'ailleurs, on constate que, selon les personnes, les nuances chro matiques de de leurs énergies sont très variables. Autant que je sache, la plupart de auteurs clairvoyants est capable de décrire l'aura et les chakras d'autrui mais aucun n parle de ce qu'il observe dans son propre système de circulation des énergies...

Exercice N°1

Méditation sur le Chakra du Cœur

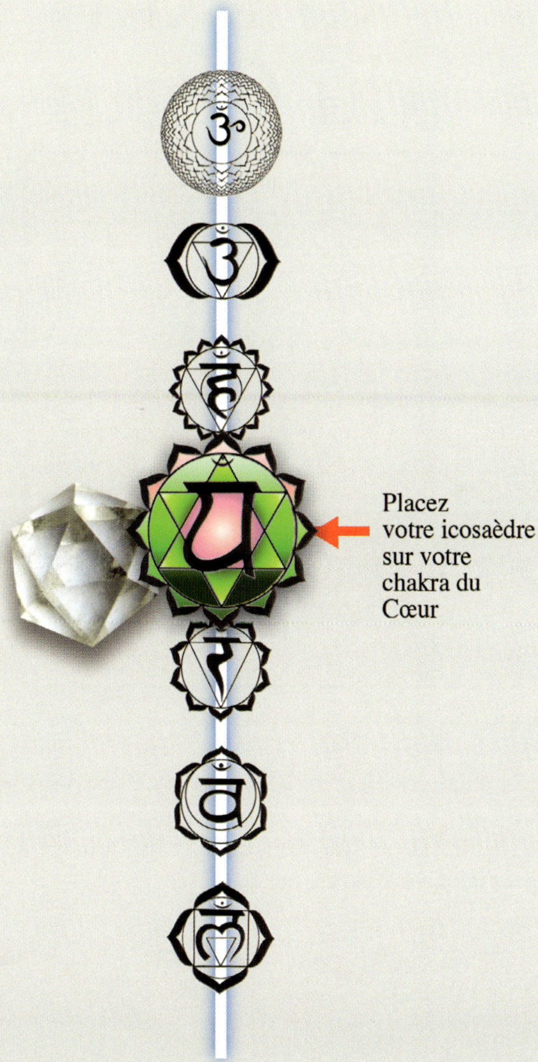

Chakra du Cœur

Caractéristiques

- **Nom en sanscrit :** Anahata chakra (*anahata* = «non-frappé», le son spontané)
- **Autres dénominations :** chakra du coeur, centre cardiaque.
- **Localisation :** au milieu de la poitrine, dans l'alignement des mamelons.
- **Couleurs dominantes :** vert, rose, or.
- **Pétales :** 12
- **Élément :** air
- **Planète :** Vénus
- **Sens de rotation :**
  Femme : sens des aiguilles d'une montre
  Homme : sens contraire
- **Fonction sensorielle :** le toucher

- **Fonction physiologique :** le thymus
- **Fonction mentale** : amour universel
- **Fonction spirituelle :** amour divin
- **Correspondance aurique :** éthérique et astral
- **Sonorité musicale :** Fa
- **Mantra** : *Yam* ou *A* (se prononce è)

Description traditionnelle
(d'après A. Avalon, *MahaNirvana Tantra*)

Anahata chakra est un lotus à douze pétales d'un rouge profond, situé au-dessus du Chakra du Plexus Solaire, dans la région du cœur, qui doit être distingué du lotus du cœur qui est tourné vers le haut, à huit pétales, dont parle le *Tantra*, et sur la divinité (Ishtadevata) duquel on médite.

L'élément Air évolué à partir de l'éther est le *Tattva* de ce lotus.
Sur les douze pétales figurent les *varnas* (lettres) vermillon : «kang» «khang», «gang», «ghang», «ngang», «chang», «chhang», «jang», «jhang», «nyang», «tang», «thang», ainsi que douze *vrittis* (états mentaux), à savoir :
- *asha* (espoir),
- *chinta* (souci, anxiété),
- *cheshta* (effort),
- *mamata* (sens de la possession),
- *dambha* (arrogance ou hypocrisie),
- *vikalata* (langueur),
- *ahankara* (suffisance),
- *viveka* (discrimination),
- *lolata* (envie, convoitise),
- *kapatata* (duplicité),
- *vitarka* (indécision),
- *anutapa* (regret).

Un mandala triangulaire à l'intérieur de la corolle de ce lotus, brillant comme l'éclair, est connu sous le nom de *Trikona Shakti*. Dans ce mandala se trouve un *vana-linga* (phallus de bois) de couleur rose, appelé *Narayana* ou *Hiranyagarbha* (l'OEuf d'or) et à proximité se trouvent Ishvara et sa Shakti Bhuvaneshvari.
Ishvara, qui est le Seigneur gouvernant les trois premiers chakras, a la couleur de l'or fondu et, de Ses deux mains, il accorde des bénédictions et dissipe les frayeurs. Près de lui se tient sa Shakti Kakini aux trois yeux, brillante comme l'éclair, de ses quatre mains brandissant le lacet et la coupe Elle fait le geste de bénédiction et celui qui dissipe les frayeurs. Elle porte une guirlande d'ossements humains. Elle est énervée mais son cœur est adouci par l'ivresse du vin.

Ici on trouve également plusieurs autres *Shakti*, telle Kala-Ratri, ainsi que le *bija* de l'Air (*vayu*) ou «vang». À l'intérieur du lotus se trouve un mandala à six angles, couleur de fumée, et la région circulaire de *Vayu*, couleur de fumée, assis sur une antilope noire. Ici se trouve également l'âme incarnée (*jivatma*), semblable à la flamme effilée d'une lampe.

Certains auteurs hindous mentionnent le *Hrit Chakra* ou *Kamala* (*hrit* = cœur, *kamala* = lotus rose).
D'après moi, il s'agirait d'un chakra secondaire imbriqué dans le chakra principal. Le terme *kamala* (lotus rose) justifierait en partie la couleur rose contenue au centre du chakra du coeur.

Le *Hrit* possède 8 pétales, sa couleur est dorée, rouge et blanc. Il semblerait que l'illustration que nous a proposé Leadbeater pour le chakra du coeur corresponde à cette description. Ce chakra est relié aux 8 pouvoirs supra-normaux (*siddhis*) qui figurent sur ses pétales. L'*Arbre-qui-exauce-les-souhaits* est symboliquement enraciné au centre de ce lotus.

Description contemporaine

Sur le plan symbolique

Avec les trois chakra supérieur au-dessus de lui et les trois chakras inférieurs en dessous, le chakra du coeur est central : il est le point de convergence des chakras spirituels et des chakras physiques, le lieu où les énergies éthériques-physiques et les énergies subtiles des champs spirituels fusionnent. Il est donc d'une importance capitale pour l'équilibre et le plein épanouissement de l'être intégral.

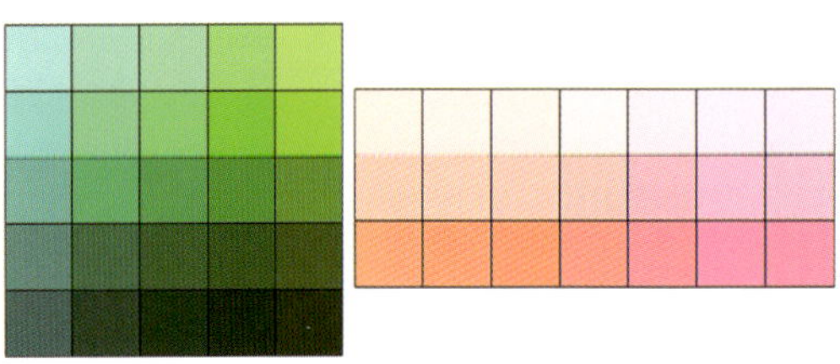

Palette des couleurs du chakra du cœur

Cette convergence est matérialisée par une étoile à six branches composée de deux triangles équilatéraux : celui des trois chakras supérieurs en union intime celui des trois chakras inférieurs. Cette union permet la manifestation de l'amour universel.
Sa couleur dominante est le vert, avec toutes les nuances du vert pastel jusqu'au vert sombre, du vert jaune jusqu'au vert turquoise bleuté. Le vert est le signe de la guérison, de la sympathie et de l'harmonie. Au coeur du vert se trouve toute une palette de roses : roses pâles à rose «fuchsia» très vif, rose violacé ou rose orangé. C'est la couleur de la tendresse, calme paisible, sereine.
Essayez de bien visualiser toutes les nuances de ces couleurs et de les ressentir au plus profond de votre chakra du coeur.

Plan physique

Le rayonnement du chakra du coeur vers l'extérieur véhicule des flux d'amour très puissants, un amour capable de transformer et de guérir. En dirigeant cet amour vers un organe malade, que cet organe appartienne à votre corps ou au corps d'une autre personne, vous permettrez à cet organe de franchir un pas important vers la guérison.

Le chakra du coeur est associé au thymus. Il gouverne les organes de la cage thoracique : le cœur et l'ensemble du système de circulation sanguine, les poumons, le diaphragme, mais aussi les bras et les mains.

Le chakra du coeur agit sur la force musculaire du coeur et sur son rythme. Entrez en vous et essayez de bien visualiser votre coeur, d'en percevoir ses battements, d'en augmenter ou d'en ralentir le rythme.
Le chakra du coeur est aussi le régulateur de tout le système de circulation du sang.
Après avoir visualisé votre coeur, essayez de suivre le réseau complexe de votre ystème circulatoire : les artères qui conduisent le sang frîchement oxygéné vers vos organes, les grosses veines qui rapportent le sang qui a purifié vos organes. Suivez les amifications de ce réseau complexe et délicat jusqu'au moindre vaisseau capillaire au xtrémités de vos doigts, de vos pieds, de votre nez, de vos oreilles.
Le chakra du coeur régule les rythmes biologiques : le rythme cardiaque, bien sûr, mais également le rythme respiratoire. Dans cet exercice, approfondissez votre respiation et prenez conscience de l'air vital qui pénètre dans vos poumons, cet air dont 'oxygène est extrait. Suivez son itinéraire. Voyez son transfert vers votre sang par vos ronches, sentez vos globules rouges se charger en oxygène pour alimenter tous vos rganes et vos muscles avec cet élément indispensable à la vie. C'est grâce à lui que os organes vont brûler les aliments et maintenir votre température corporelle à trenteept degrés centigrades.

Le chakra du coeur préserve l'épiderme et le derme des agressions. Il s'oppose aux égradations de la peau. Il active les processus de la cicatrisation. Entrez mentalement ans la pierre que vous portez au chakra du coeur et essayez de ressentir votre enveoppe de peau.

Et puis, le chakra du coeur est le gardien du système immunitaire qu'il stimule et enforce. En cas d'immunodéficience, tel que c'est le cas pour les porteurs du virus IV (SIDA), on peut leur apporter un soutien par ce chakra tout en leur prodiguant affection et la compassion dont ils sont trop souvent privés.

nfin, il agit sur la croissance des enfants qu'il harmonise, sur le rythme de croissance, ır de nombreux plans : physique, intellectuel, affectif et spirituel.

orsque le chakra du coeur brasse suffisamment d'énergie mais ne fonctionne pas à unisson avec les autres chakras, cela peut provoquer des maladies auto-immunes, de arythmie cardiaque, des risques cardiovasculaires.
n revanche, lorsqu'il est bloqué ou noué, cela peut provoquer des allergies cutanées respiratoires, et des perturbations au niveau du sytème immunitaire, avec les risques infections que cela suppose.

ur le plan mental

activité de ce chakra s'exerce au quotidien, avec les influences psychologiques ibutaires des énergies d'amour en tant que reconnaissance d'une identité commune ui dépasse la valeur des individus pris séparément. C'est donc la source de tous s sentiments d'amour et d'amitié, positifs et généreux, orientés vers l'honnêté et le spect, la compréhension et la compassion.

chakra du coeur est le centre des sentiments, qu'ils soient positifs et heureux comme

les élans affectifs, l'amour, l'amitié, les plaisirs intellectuels perçus au travers de la musique, de la littérature, les plaisirs sensuels de la caresse et du contact physique, les plaisirs esthétiques de la contemplation de la nature ou d'une oeuvre d'art.
Mais il est aussi ouvert aux énergies négatives, au malheur à la tristesse, à la déception, au sentiment de rejet, à l'insensibilité, à l'indifférence.

L'amour universel dont il est le siège n'est pas seulement amour et compassion pour autrui. Il a le sens d'une acceptation inconditionnelle de tout ce qui est, physiquement ou spirituellement. Sa spontanéité généreuse attire l'amitié et l'affection des autres pour un partage de joie et de bonne humeur.

Il s'agit aussi d'apprendre à s'aimer, de se reconnaître en tant que personne, esprit et ensemble d'organes, de façon lucide et sans complaisance.
En cas de relations familiales tumultueuses entre parents et enfants, entre frères et sœurs, le chakra du coeur permet de les apaiser en estompant les jalousies, en accordant le pardon sur d'anciennes rancoeurs.

Lorsque ce chakra est bien irrigué en énergies mais que ces énergies sont plus actives que dans les autres chakras, cela peut avoir des nombreuses conséquences car les sentiments sont forts mais incorrectement canalisés : ils basculent du positif au négatif. Le souci d'autrui est envahissant, avec un sens des responsabilités exacerbé. Dans une démarche quelques peu excessive l'esprit de sacrifice occulte nos propres besoins. Ils passent après ceux des autres avec une complaisance exagérée. Cela relève d'un masochisme inconscient qui engendre de nombreuses frustrations et tisse une dépendance inextricable à autrui.
Cette dépendance à autrui peut se manifester de bien des manières. Ce peut être, par exemple, une générosité excessive dans le seul but d'avoir une reconnaissance en retour, ou des excès de passions amoureuses qui ne sont pas partagées et qui peuvent se montrer dévastatrices, ou encore le sentiment d'être exploité et incompris des autres en raison de l'amour excessif qu'on leur porte.

Un excès d'énergies au chakra du coeur peut aussi engendrer un sentiment de supériorité dû à un amour de soi trop exclusif. Soyez vigilents : aimez-vous, mais pas trop!

Lorsque ce chakra est noué ou bloqué, les émotions négatives prédominent : aversion, culpabilité, égoïsme, impatience, apitoiement sur soi, soupçons de malveillance de part d'autrui. Les sentiments sont tenaces, mais fortement conditionnels : l'autre doit aimer en premier, doit le prouver à tout moment, l'égocentrisme prime. C'est ainsi que l'on observera des blocages affectifs, une incapacité à aimer, de l'indifférence, une incapacité à manifester son amour par peur du rejet et de l'échec, des déceptions amoureuses fréquentes, le sentiment de se sentir rejeté, de la peur d'autrui.

Cela se manifeste aussi par un manque de générosité, des comportements égoïstes, de repli sur soi, des difficultés à s'aimer tel qu'on est, un sentiment de solitude, des négligences sur sa propre apparence physique et sur l'hygiène corporelle.
Interrogez-vous sur le fonctionnement de votre chakra du coeur lorsque vos relations amicales ou familiales se dérobent, se détournent de vous...

'lan spirituel

:e sont les traces de couleur dorée qui apportent une symbolique spirituelle au chakra u coeur : il canalise l'amour divin en soi et en direction des autres. C'est ainsi que l'on ıitie un dévouement spirituel car un bon développement du chakra du coeur favorise ouverture du chakra du troisième oeil et du chakra coronal. Le travail de l'âme peut lors opérer pleinement à travers sa propre personnalité et de la hauteur de ses sentiıents vers le Divin.

:essenti complémentaire

ans cet exercice, il est important de percevoir la qualité de vos sentiments.

ssayez tout d'abord de vous concentrer sur l'amour que vous vous portez. Regardezous dans un miroir avec un regard franc et objectif : votre visage, votre nez, vos yeux, otre bouche, vos cheveux, votre peau, l'ensemble de votre corps dans ses moindres étails. Prenez pleinement conscience de ce que vous êtes physiquement. Portez votre ·gard sans complaisance sur ce qui vous plait et concentrez-vous plus particulièreıent sur ce que vous ne voulez pas voir, sur tout ce qui vous déplait. Apprenez à aimer ı vous tous les défauts que vous vous trouvez. C'est à vous et à personne d'autre. .imez-vous.

ı vous aimant, vous trouverez en vous les ressources nécessaires pour améliorer otre image à vos propre yeux. S'aimer soi-même, c'est se détacher du regard des ıtres jusqu'à en éradiquer tous vos complexes. En prenant conscience de l'amour ıe vous vous portez, vous serez plus capable d'aimer les autres d'une manière plus ıcide en vous voyant dans leur propre regard. Vous percevrez mieux la qualité des ·ntiments qu'ils vous portent.

ı vous aimant sans devenir le centre de votre amour, vous aimerez mieux vos 'oches. Sentez tout l'amour que vous portez à votre conjoint, à vos frères et sœurs, à ›s parents et grands parents, à vos enfants, à vos amis, à vos animaux favoris, à tout : qui vit sur terre. Ne refusez pas vos affinités particulières mais gardez toujours un gard objectif sur l'amour que vous portez aux autres. Ne devenez pas esclave de ›tre amour pour tout ce qui vit et respectez la vie par amour.
›us percevrez ainsi beaucoup mieux l'amour que tout votre entourage vous porte.
imer et se sentir aimé, c'est un grand pas vers la sérénité de l'âme.

›us êtes désormais apaisé.

armonisation avec les cristaux

:s pierres que l'on peut appliquer au chakra du coeur ont chacune des propriétés ·écifiques en dehors du fait que les influences de leurs couleurs conviennent bien à chakra. Je vous conseille de vous référer au *Dictionnaire de la Lithothérapie* ou de ·nsulter le site internet www.reynaldboschiero.com pour découvrir les propriétés

• **Pierres dorées :** elles élèvent l'amour au niveau du spirituel.
Chalcopyrite, Marcasite, Or natif, Pyrite

• **Pierres de centrage :** excellentes pour un travail de centrage des énergies sur le chakra central : celui du coeur. Elles permettent également un repositionnement de votre enveloppe énergétique (aura) afin que votre corps physique soit bien centré dans cette
enveloppe.

Chiastolite (ou Pierre de croix),
Gypse incolore à cristaux maclés,
Staurotide.
particulières de ces pierres.

• **Pierres vertes** (des verts pâles aux verts sombres, dans les nuances vert bleuté à vert jaune) : elles guérissent des blessures amoureuses, véhiculent la sympathie, régénèrent, donnent de l'énergie et de la volonté, stimulent le système immunitaire.

Amazonite
Apatite verte
Apophyllite verte
Aventurine
Chrysocolle
Chrysoprase
Diamant vert
Diopside
Dioptase
Émeraude
Épidote
Fluorite verte
Grenat démantoïde
Grenat uvarovite
Grenat tsavorite
Héliotrope (ou Jaspe Sanguin)
Hiddénite
Jadéite (ou Jade impérial)
Jade néphrite
Malachite
Moldavite
Péridot
Prehnite
Quartz à inclusions de chlorite
Saphir vert
Serpentine
Sphène
Topaze verte
Tourmaline verte (ou Verdelite)
Tourmaline Uvite verte
Vivianite

• **Pierres roses** (rose pastel à rose fuch sia très vif, dans les nuances rose violac à rose orangé) : elles apaisent, dénouen ouvrent à l'amour partagé, stimulent créativité.

Danburite rose
Diamant rose
Fluorite rose
Kunzite
Morganite
Quartz rose
Rhodochrosite
Rhodonite
Topaze impériale rosée
Topaze rose
Tourmaline rose (ou Rubellite)
Tugtupite

• **Pierres roses et vertes :** elles réunisse les qualités des pierres roses et des pierr vertes.

Alexandrite
Rubis sur Zoïsite
Tourmaline Melon d'Eau (la plus merve leuse des pierres d'équilibrage au chak du coeur)

Quelques pierres pour le Chakra du Cœur

1. Quartz rose - 2. Kunzite - 3. Tourmalines roses - 4. Rhodochrosite
5. Émeraude trapiche - 6. Tourmalines «Melon d'eau» - 7. Émeraude
8. Tourmalines vertes - 9. Chrysoprase - 10. Malachite - 11. Vivianite
12. Aventurine - 13. Fuchsite - 14. Variscite -15. Moldavite
16. Prehnite - 17. Péridot - 18. Dioptase

Exercice N°2

Méditation

sur le Chakra du Plexus Solaire

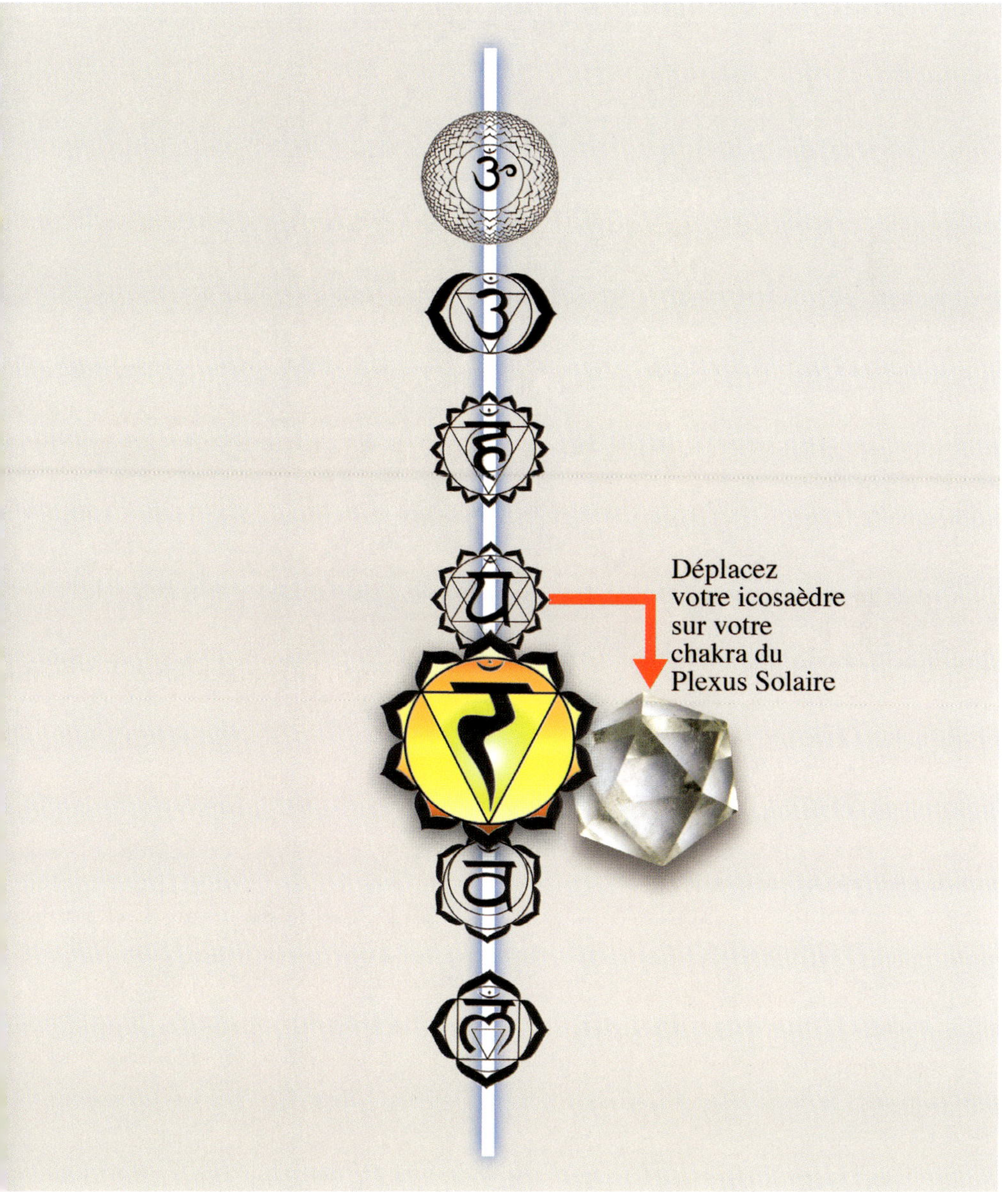

Chakra du Plexus Solaire

Caractéristiques

- **Nom en sanscrit :** Manipura chakra (*Manipura* = le joyau placé devant, ou «abondance de joyaux», le nombril)
- **Autres dénominations :** chakra du plexus solaire, chakra du nombril, chakra de rate, de l'estomac, du foie.
- **Localisation :** environ deux ou trois centimètres au dessus du nombril
- **Couleur dominante :** jaune
- **Pétales :** 10
- **Élément :** feu
- **Planète :** Soleil

Sens de rotation :

Homme : sens des aiguilles d'une montre
Femme : sens contraire

Fonction sensorielle : la vue
Fonction physiologique : régit le pancréas et la rate
Fonction mentale : dynamisme, gaité, émotions
Fonction spirituelle : purification spirituelle
Correspondance aurique : essentiellement astral mais aussi mental concrêt
Sonorité musicale : Mi
Mantra : *Ram* ou *AUM*

escription traditionnelle

l'après A. Avalon, MahaNirvana Tantra)

es dix pétales ont une teinte nuageuse, et portent des *varnas* (lettres) bleues : «dang», lhang», «nang», «tang», «thang», «dang», «dhang», «nang», «pang», «phang», ainsi ue dix *vritti* (états mentaux), à savoir :

lajja (honte),
ɔishunata (inconstance),
irsha (jalousie),
trishna (désir),
sushupti (paresse),
vishada (tristesse),
kashaya (manque de vivacité),
moha (ignorance),
ghrina (aversion, dégoût),
bhaya (peur).

u centre de la corolle, se trouvent le *bija* (syllabe-semence) du Feu («rang») et une rme triangulaire (mandala) d'Agni, Seigneur du Feu, portant sur ses côtés trois gnes propices ou *svastika.*

gni aux quatre mains, de couleur jaune orangé, est assis sur un bélier au centre de ce andala triangulaire. Lui font face Rudra et sa Shakti Bhadra-kali.

ıdra est rouge vermillon et il est âgé. Son corps est maculé de cendres. Il possède ɔis yeux et deux mains. De l'une il fait le geste qui accorde bénédictions et bienfaits, l'autre celui qui dissipe les craintes.

ses côtés se tient sa Shakti Lakini aux quatre bras, couleur d'or fondu (*tapta-kanana*), portant vêtements et ornements de couleur jaune. Son esprit est affolé par la ssion (*madamatta-chitta*).

ı-dessus du lotus *Manipura*, se trouvent la demeure et la région de *Surya*, le Soleil. ı région solaire s'abreuve du nectar qui goutte de la région lunaire.

: Manipura chakra est situé juste au-dessus du nombril. Il est tantôt désigné comme ntre ombilical (Orient), tantôt comme plexus solaire (Occident), lequel correspond fait au Surya chakra et parfois comme centre splénique ou de la rate. Il peut donc avoir confusion entre deux chakras, le Manipura et le Surya. On remarquera qu'il iste de nombreux chakras secondaires à proximité du chakra principal. Leur inter-

action est très forte, particulièrement lorsque l'on travaille avec les pierres car leu rayonnement énergétique balaie une zone relativement large.
L'énergie est ici essentiellement émotionnelle et mentale, et constructive plutôt qu créatrice. Ce plan émotionnel-mental est celui des réalisations concrètes, des plan du sens de l'organisation et de l'habileté à utiliser les matériaux existants en forme nouvelles et plus performantes, accroissant ainsi le sentiment de pouvoir sur la natur et sur son propre destin

.

Description contemporaine

Plan symbolique

Le chakra du plexus solaire est activé dès la vie intra-utérine via le cordon ombilic reliant le foetus à la mère. Ce cordon qui assure non seulement la liaison avec la sourc nutritive mais aussi avec le monde extérieur grâce aux cinq sens de la mère.
Il détermine la qualité du corps éthérique et le fonctionnement des organes de la cavi abdominale et, par conséquent, la qualité des contacts avec le monde extérieur et capacité de s'y projeter.

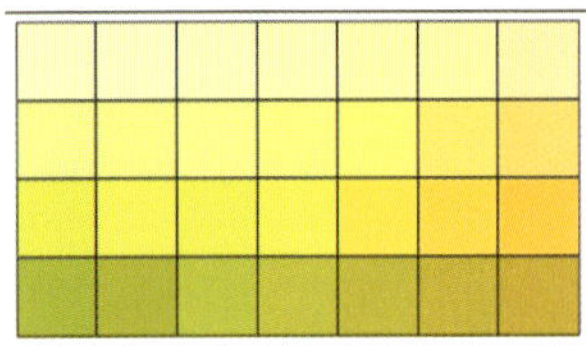

Palette des couleurs du chakra du plexus solaire

C'est le chakra utilisé dans la mag blanche pour déverser les énergies pos tives captées par les chakras supérieu ou pour les travaux de guérison. Comn les chakras des mains sont ses auxiliaire il est particulièrement actif chez les m gnétiseurs et les gens qui pratiquent Reiki.

Les dénominations du troisième chakra sont nombreuses : il regroupe dans la mên zone un chakra principal et plusieurs chakras secondaires dont les fonctions sont ass similaires.

Il est la porte d'entrée vers le corps astral. Le corps astral est le siège des émotion. I ce fait, les émotions sont véhiculées par le chakra du plexus solaire : sympathies antipathies s'y croisent. C'est pourquoi il agit directement sur notre comportement société car il est le centre du bien-être personnel dans le cadre de notre intégrati sociale. Lorsque ce chakra fonctionne bien, on se sent en harmonie avec soi et avec s entourage dans un esprit de tolérance.

Les échanges énergétiques de feu et de lumière au niveau du troisième chakra dét minent notre personnalité. En conséquence, ils définissant notre place dans la socié notre sens de la hiérarchie et nos réactions par rapport aux règles sociales : les conve tions, les règlements et les lois. De ce fait, il régit notre conception du pouvoir.

Cette lumière irrigue notre esprit. Elle rend nos idées plus lumineuses, éclaire n conceptions, affine notre culture, magnifie nos instincts, élève nos sentiments, boni nos émotions. La lumière chasse les ténèbres et la peur. Elle nous permet de rayonr autour de nous pour que notre vie devienne une source de joie et de bonheur.

'lan physique

.e chakra du plexus solaire régule les fonctions métaboliques. Tous les organes de la avité abdominale le concernent : le système digestif en général, l'estomac, le foie, le ancréas, la vésicule biliaire, le colon, l'intestin, l'oesophage.

l est déterminant pour la qualité de l'aura éthérique et pour l'état de santé en général ar c'est à partir de lui que l'énergie pranique se fragmente pour être distribuée dans :s diverses parties des corps physique, éthérique, astral et mental concret.
régule le système nerveux neurovégétatif, celui qui commande nos fonctions vi- ales en dehors de notre volonté : respiration, pulsations cardiaques, etc. Lors de cette iéditation, approfondissez bien votre respiration, régulez-là doucement, puis essayez e modifier le rythme de vos pulsations cardiaques. Concentrez-vous bien.

n cas de diabète, le chakra du plexus solaire contrôle la glycémie et contribue à stabi- ser les excès de sucre dans le sang. Il a également un effet modérateur que les excès e cholestérol et de triglycérides. En cas de régime alimentaire, il apporte de la volonté : de la rigueur afin de maîtriser les variations de poids et les excès de graisses.
n cas d'excès énergétique sur ce chakra, nous avons pu constater des problèmes igestifs, de l'acidité gastrique qui peut évoluer en ulcères.

es pathologies sont plus nombreuses lorsque ce chakra est noué ou bloqué : tension erveuse, crampes musculaires, altérations du pancréas, diabète, hypoglycémie, foie . reins paresseux, irritations du colon, surcharge pondérale, transit intestinal perturbé, oubles de la vision, tendances à l'anorexies et à la boulimie, fatigue chronique, oubles maniaco-dépressifs, mais aussi les même pathologies que précédemment, à ivoir des problèmes digestifs, de l'acidité gastrique pouvant évoluer en ulcères.

lan mental

orsque le chakra du plexus solaire est bien équilibré, on a affaire à des gens qui ont ie forte personnalité stable et bien centrée, gais et confiants en leurs capacités, avec : l'optimisme, de l'humour et un excellent sens pratique. Ce sont des gens sympa- iques et dynamiques qui construisent pour le présent et le futur, capables de s'adapter ix changements, de se projeter dans l'avenir en développant des projets, des plans, et adapter ceux-ci aux contraintes extérieures toujours changeantes. Ainsi, les projets affirmation du soi s'insèrent-ils habilement aux réalités ambiantes. Ils ont le goût de :ntreprise, ne refusent pas de prendre des risques et sont ouverts aux innovations.

ien intégrés dans la société, il ont un rayonnement personnel, un bon sens concret une énergie personnelle non dominatrice. Ils sont à l'écoute des autres, sociables, iverts et tolérants, avec beaucoup de charisme. Leurs vie émotionnelle est faite de ofondeur et de plénitude. Ils apprécient la douceur de vivre.

ɔrsque ce chakra est irrigué en énergies excédentaires, cela peut générer des ten- inces autoritaires, aussi bien vis-à-vis de soi que vis-à-vis des autres. Cela peut se anifester par une volonté de toujours avoir raison, de tout contrôler, de tout dominer.

Ces gens-là recherchent l'estime à tout prix, même par des compromissions, avec un volonté permanente de se valoriser. Leurs succès peut alors générer un désir de puis sance et de domination avec de grands élans de vantardise. A contrario, cela peut auss créer des tendances à l'insatisfaction, un manque d'estime pour soi et pour les autres une irritabilité qui peut dégénérer en grandes colères face aux contradicteurs ca entêtés qu'ils sont, ils refusent les influences et les conseils extérieurs.

Ce sont souvent des mégalomanes monomaniaques qui manquent d'intérêt et d'atten tions pour les autres, avec une impolitesse chronique, un irrespect méprisant d'autru et de graves carences en capacité d'écoute. Pourtant, ils détestent la solitude dan laquelles ils sont incapables de se ressourcer. Ils ont besoin d'un auditoire, d'une cour de flatteurs. Il adorent fouiller dans la vie privée des autres pour mieux les dominer. D ce fait, ils adorent la vie mondaine et ses travers hypocrites.

On constate aussi parfois un esprit purement rationnel, éminemment critique, une sor d'intellectualisme froide qui méprise toutes soumission aux émotions. Leurs opinion suivent une logique manichéenne : elles sont tranchées une bonne fois pour toute entre ce qui est bien, ce qui est mal, le blanc ou le noir, sans nuances.

Lorsque le chakra du plexus solaire est bloqué ou noué, nous avons affaire à des per sonnes émotives, nerveuses, stressées, insomniaques, angoissées, tendues aussi bie sur le plan physique que psychologique. C'est un terrain paranoïde propice au déclen chement de querelles de voisinage.

Ces personnes manquent souvent de discernement et sont souvent incapables de ratio naliser dans des situations délicates tant elles sont victimes de leur excès d'émotivit Elles sont mentalement passives et elles ne sont pas bien capables de se projeter dan l'avenir. Elles n'ont pas de projet à moyen ou long terme. C'est encore un réflexe d crainte tant leur peur du changement est grande.

Pourtant, elles peuvent se complaire dans des situations désagréables car leurs blo cages émotionnels les rendent incapables de goûter une certaine douceur de vivre. E fait, elles vivent dans un monde d'illusions car elles sont incapable de percevoir réalité. Il est clair que, dans ce contexte, elles manquent souvent de combativité. Ell ont tendance à abandonner les projets face aux obstacles qu'ils soulèvent. Elles n'o pas cet instinct de révolte qui peut parfois s'avérer utile pour sa propre survie tant ell sont soumises aux ordres et aux désirs des autres. Leur manque de personnalité aff mée provoque un enfouissement de leurs propres désirs.

Certaines sont timides à l'excès par crainte des autres. Leur effacement excessif dév loppe un complexe d'infériorité. Elles peuvent alors présenter des défauts de coor nation des mouvements sous le coup d'une émotion. Souvent encore, elles manque d'esprit d'entreprise et sont atteintes d'un syndrome d'échec récurrent.

Plan spirituel

Le chakra du plexus solaire est, par définition, solaire. Il est le centre du corps ph sique. Grâce au symbole du soleil, il est le point par lequel la lumière pénètre no

corps et notre esprit. Il est donc le siège de la purification spirituelle.
Quand il est assez développé, il gouverne la sensibilité astrale et éthérique et donc la clairvoyance et l'intuition. C'est par sa nature solaire qu'il oriente la conscience vers l'illumination progressive des plans occultes, ordinairement cachés.

Ressenti complémentaire

Entrez en vous par votre nombril et voyez son rayonnement. C'est l'espace que vos énergies occupent tout autour de vous.

Lorsque vous sentez de bonne humeur, ce rayonnement est beaucoup plus vaste que lorsque vous êtes déprimé. Votre sphère d'influence s'étend dans votre proche environnement. Elle est communicative et transmet vos émotions et vos états d'âme à vos proches. Lorsque votre sphère est solaire, lumineuse, chaleureuse, dynamique, bouillonnante d'humour, d'idées, de joie, de projets, elle influence tous vos proches, que e soit en famille, au travail, en compagnie de vos amis ou, plus généralement, dans n'importe quel contexte social.

Alors, visualisez bien cette sphère et nourrissez-la de lumière, de chaleur, de bonne humeur et de dynamisme. Sentez-la enfler et s'étendre tout autour de vous. Voyez-la envelopper les gens qui vous côtoient et observez leurs réactions : leur attitude à votre égard devient progessivement plus communicative, plus amicale, plus respectueuse. Vous sentez qu'il vous apprécient encore plus, que vous avez gagné leur respect et leur admiration.

C'est votre charisme qui se manifeste. Votre joie et votre enthousiasme vous font apprécier de tous. Vous êtes bien intégré dans la société, vous vous y sentez à l'aise.
lus jamais vous ne serez replié sur vous-même!

Harmonisation avec les cristaux

Les pierres que l'on peut appliquer au chakra du plexus solaire ont chacune des pro priétés spécifiques en dehors du fait que les influences de leurs couleurs conviennen bien à ce chakra. Je vous conseille de vous référer au Dictionnaire de la Lithothérapi ou de consulter le site internet www.Lithotherapie-stage.com,pour découvrir les pro priétés particulières de ces pierres
.

Sur ce chakra, nous utilisons exclusivement les pierres jaunes, du jaune pâle à l'ocr jaune en passant par des jaunes francs, des jaunes d'or (plus orangés), des jaune citrons (plus verts) :

Ambre jaune
Anglésite
Apatite jaune
Brasilianite
Calcite jaune
Chalcopyrite
Chrysobéryl
Citrine
Cuivre natif
Diamant jonquille
Fluorite jaune
Grenat andradite
Grcnat grossulairc
Héliodore
Jaspe jaune
OEil de Chat (Chrysobéryl)
OEil de Tigre
Quartz à inclusion de Rutiles (Cheveux de Vénus)
Saphir jaune
Soufre natif
Topaze impériale jaune
Wulfénite

Quelques pierres pour le Chakra du Plexus Solaire

1. Chrysobéryl - 2. Calcite jaune - 3. Pyrite - 4. Calcite optique jaune
5. Citrine - 6. Anglésite - 7. Quartz rutilé (Cheveux de Vénus) - 8. Orthose
9. Amblygonite - 10. Scapolite - 11. Diamant «Jonquille» - 12. Soufre natif
13. Opale de feu - 14. Ambre - 15. Topaze impériale

Exercice N°3

Méditation
sur le Chakra de la Gorge

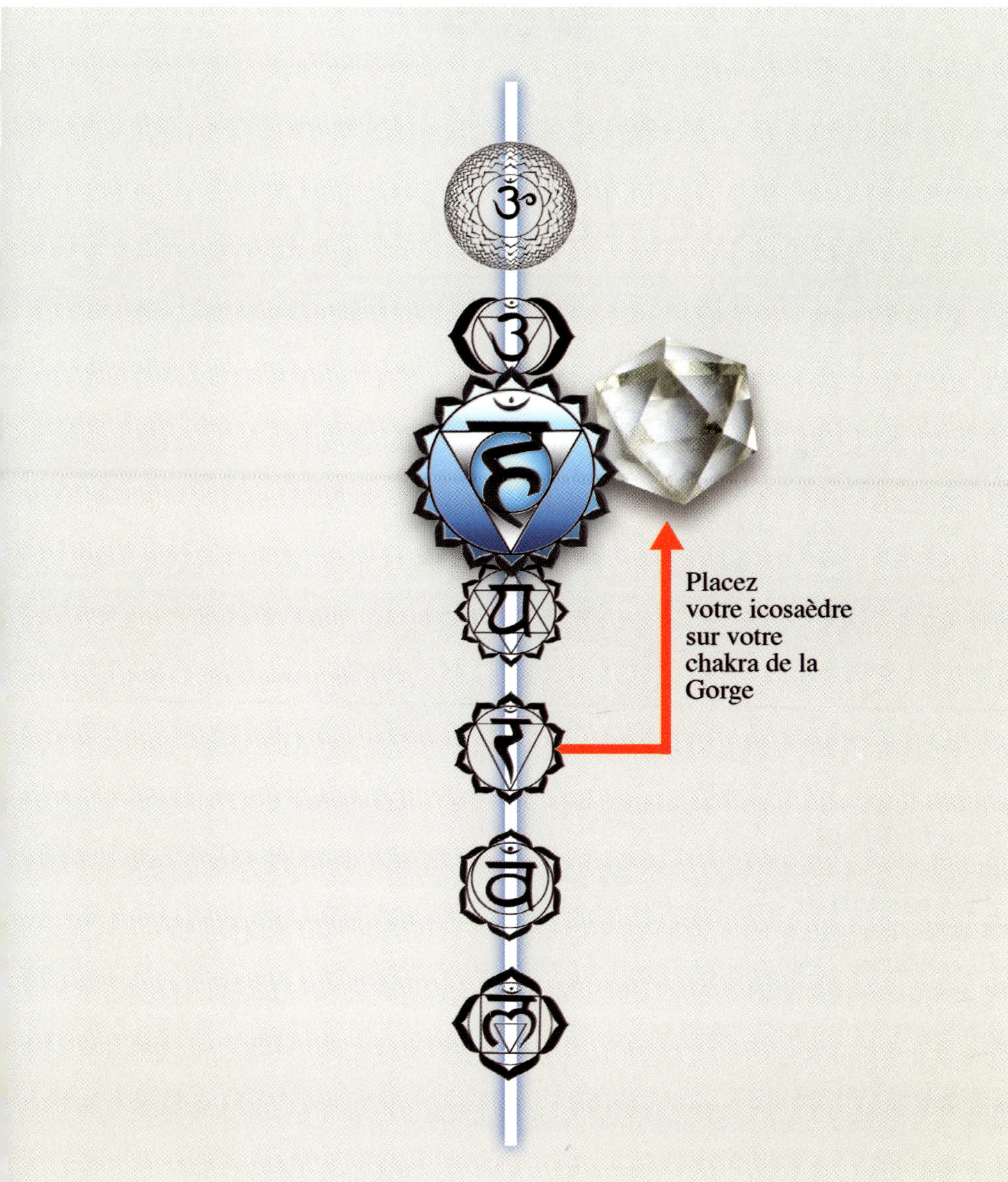

Chakra de la Gorge

Caractéristiques

- **Nom en sanscrit :** Vishuddha chakra (*vishuddha* = pureté)
- **Autres dénominations :** chakra de la gorge, centre de la communication
- **Localisation :** entre la pomme d'Adam et la fosse jugulaire.
- **Couleurs dominantes :** bleu clair, bleu nuancé de vert (turquoise), argent.
- **Élément :** l'éther (cosmique)
- **Planète :** Mercure
- **Sens de rotation :**
  Homme : sens des aiguilles d'une montre
  Femme : sens contraire
- **Fonction sensorielle :** l'ouïe

• **Fonction physiologique :** le thymus
• **Fonction mentale :** la communication
• **Fonction spirituelle :** le lien avec tous les chakras, la Terre-Mère et les Forces Cosmiques
• **Correspondance aurique :** corps mental (vijnanamaya kosha)
• **Sonorité musicale :** Sol
• Mantra : *Ham*

Description traditionnelle
(d'après A. Avalon, MahaNirvana Tantra)

Vishuddha chakra ou Bharatisthana, demeure de la Déesse de la Parole, est au-dessus du chakra du coeur, à la base de la gorge (*kantha-mula*). Le *Tattva* de ce chakra est l'élément Éther (*Akasha*). C'est un lotus couleur de fumée ou de la couleur du feu vu à travers un écran de fumée.
Il a seize pétales, qui portent les *varnas* (lettres) rouges : «ang», «ing», «ung», «ring», «lring», «eng», «aing», «ong», «aung», «ang», «ah», ainsi que les sept notes de musique (*nishada, rishabha, gandhara, shadaja, madhyama, dhaivata et panchama*), «venin» sur le huitième pétale, les *bija* (syllabes semences) «hung», «phat», «vaushat», «vashat», «svadha», «svaha», «namah», et sur le seizième pétale, le nectar (*amrita*).
Dans la corolle se trouve une région triangulaire, où se tient Shiva sous sa forme androgyne, appelée Arddha-narishvara. S'y trouvent également la région de la lune pleine et celle de l'éther avec son *bija* «hang».
L'akasha-mandala est transparent, de forme arrondie.
Akasha en personne est ici vêtu de blanc, monté sur un éléphant blanc. Il a quatre mains, brandissant le lacet (*pasha*), l'aiguillon (*angkusha*), et faisant le *mudra* qui accorde des bénédictions et dissipe les frayeurs.
Shiva est de couleur blanche, à cinq visages, trois yeux, dix bras, il est vêtu d'une peau de tigre. Près de lui est la blanche Shakti Shakini à quatre mains, vêtue de jaune, portant l'arc, la flèche, le lacet et le crochet.

Lalana ou Kala Chrakra

Au-dessus du Vishuddha chakra, sur la voûte du palais (*talumula*) se dissimule un chakra nommé *Lalana* et, dans certains Tantras, *Kala-chakra*.
C'est un lotus rouge à douze pétales, portant les *vritti* (états mentaux) suivants : *shraddha* (foi), *santosha* (contentement), *aparadha* (sens de l'erreur), *dana* (maîtrise de soi), *mana* (colère), *sneha* (affection), *shoka* (chagrin), *khed* (découragement), *shuddhata* (pureté), *arati* (détachement), *sambhrama* (agitation), *urmmi* (appétit, convoitise).

D'après moi, il s'agit d'un chakra secondaire localisé à proximité du chakra de la gorge auquel il contribue et dont il subit l'influence.

Description contemporaine

Plan symbolique

Le chakra de la gorge est le chakra de la communication : il est le siège du langage articulé, de la capacité d'expression, de la faculté de bien communiquer avec autrui car il régit l'énergie akashique, le médium vibratoire par lequel se propagent les sons.

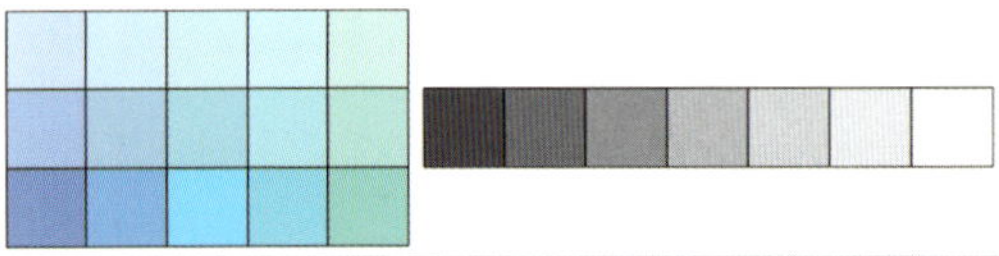

Palette des couleurs du chakra de la gorge

Il est le point par lequel tout ce que nous ressentons sera transmis à l'extérieur : les sentiments, les désirs, les émotions, les raisonnements, les interrogations, etc. Cette particularité fait du chakra de la gorge le porte-parole de tous les autres chakras.

Mais la communication ne se fait pas uniquement par le langage articulé : le chakra de la gorge agit aussi sur nos gestes, nos attitudes, les mouvements de notre corps, de notre visage et de nos yeux.
Il contribue à notre expression artistique et littéraire, développe notre faculté de création et toutes choses signifiantes que nous allons transmettre à notre entourage, consciemment ou inconsciemment.

La capacité que nous avons à nous exprimer dans différents contextes sociaux n'est pas suffisante car la communication n'est pas à sens unique. C'est la raison pour laquelle notre sens de l'ouïe est directement relié au chakra de la gorge. C'est lui qui nous confère nos capacités d'écoute et de compréhension. Notre capacité d'écoute ne doit pas seulement s'exercer vis à vis de notre entourage. Elle doit nous permettre d'être en phase avec notre corps autant qu'avec notre esprit. En effet, le chakra de la gorge est en communication constante avec les autres chakras. Il nous permet de décèler nos carences physiques, nos problèmes de santé, de comprendre nos problèmes affectifs, sexuels, intellectuels et spirituels. En effet, il communique aussi avec les chakras de la tête afin de stimuler notre imagination, notre créativité, notre intelligence, nos capacités de raisonnement, d'analyse et de synthèse rationnelle, interpréter nos rêves, formuler nos interrogations, enrichir notre savoir et notre esprit.

Le chakra de la gorge facilite la circulation en double sens des informations :
• entre les chakras du bas et ceux du haut avant qu'elles soient transmises vers l'extérieur par la parole, l'écrit et le geste. C'est une fonction d'interprétation et d'intellectualisation.
• entre les chakras du haut et ceux du bas : il capte les informations extérieures pour les canaliser vers les chakras du haut afin de les interpréter avant de les rediriger vers le bas. C'est le principe fondamental qui veut que la réflexion précède l'action.

C'est par le chakra de la gorge que l'on peut se mettre en recherche de la sincérité, de la manifestation de la vérité et de l'objectivité, traquer les mensonges, ceux que l'on se fait à soi ou et ceux que l'on essaie de faire croire aux autres.

C'est aussi le chakra de la transmission du savoir, le chakra privilégié de l'enseignant, du formateur, du conférencier, de l'enseignant face à ses élèves, du maître artisan face à son apprenti.

C'est encore le lieu de passage de l'air, que nous respirons, source de l'oxygène vital pour notre organisme, et de la nourriture qui alimente notre corps.

Plan physique

Comme le chakra de la gorge est relié au thymus et à la parathyroïde, il gouverne toute la zone et les organes avoisinants, depuis les poumons, la cavité buccale, jusqu'aux oreilles et yeux, et à la moelle cervicale. Le chakra de la gorge contrôle donc les muscles du cou, les vertèbres cervicales, la mâchoire, la langue, les cordes vocales, le pharynx et le larynx, les bronches, l'oesophage et, bien sûr, les oreilles.
Il agit aussi directement sur les bras et les mains, outils traditionnels indispensables de communication, particulièrement dans les civilisations latines.

Il est le garant du bon développement physique et intellectuel, lors de la croissance, par l'acquisition des savoirs transmis, que se soit une transmission orale, écrite ou audiovisuelle.

Il régularise le métabolisme du corps, la transformation des aliments et de l'air en énergie, la consommation énergétique des organes et des muscles (d'après Maha Narayana Up, il s'agirait du «... *Feu majeur, sans déclin, omniscient, brûlant vers toutes les directions, qui se réjouit de la nourriture qu'on lui présente en offrande, qui se repaît de l'énergie assimilée à partir de la nourriture absorbée, dont les rayons s'éparpillent à la verticale et à l'horizontale pour réchauffer le corps dans lequel il réside, depuis la plante des pieds jusqu'à la couronne crânienne*»).

Lorsque ce chakra est noué ou bloqué, comme ces personnes ne sont pas suffisamment à l'écoute de leur propre corps, elles sont incapable de percevoir les signes annonciateurs des maladies ou des dysfonctionnements pathologiques avant un déclenchement grave. Elles n'on aucun sens de la prévention.
Les pathologies que l'on rencontre couramment dans ce cas sont des inflammation des amygdales, des angines à répétition, de l'asthme, des bronchites, des douleurs de la nuque, de l'hyperthyrroïdie, une langue chargée, des problèmes respiratoires, une capacité auditive médiocre, des toux chroniques.

En revanche, lorsque le chakra de la gorge est trop actif, ces personnes vont souvent avoir des tendances hypocondriaques : à être trop à l'écoute de son corps, on peut y découvrir et même y déclencher toutes les maladies répertoriées dans les dictionnaires médicaux.
On constate souvent des enrouements, une haleine fétide, des ronflements avec, parfois, des apnées du sommeil.

Plan mental

Le chakra de la gorge est un puissant instrument de résonance, dont l'épanouissement suscite l'éveil des pouvoirs intuitifs supérieurs, notamment la clairaudience.

Lorsqu'il est correctement équilibré, nous avons affaire à des gens raisonnables qui s'expriment avec simplicité, cohérence et sincérité. Leur discours est clair et fluide. Ils tiennent compte des informations extérieures pour étayer leurs paroles et leurs actes dans le respect des opinions d'autrui car ils ont d'excellente capacités d'écoute et de compréhension.

Lorsque ce chakra est noué ou bloqué, cela peut se manifester par de la timidité, des bafouillages, des bégaiements, des difficultés d'élocution et de language avec des mots qui se bousculent. Avec la nervosité que cette personne manifeste, son discours peut être décousu, voire incohérent, sans fil conducteur.
Cela peut se manifester aussi au niveau de la voix, avec une voix cassée, aigrelette ou inaudible. Et puis, en conséquence directe d'un manque d'assurance, peu d'expressions du visage et de mouvements du corps et des mains pendant une conversation. Ces personnes doutent de leurs capacités de persuasion, elles manquent de naturel, de sincérité, elles ont une grave une tendance aux mensonges répétés, voire à se mentir à elles-mêmes. Le mensonge est caractéristique d'un dysfonctionnement du chakra de la gorge, que ce soit en excès ou en manque d'irrigation énergétique.

Lorsque le chakra de la gorge est trop actif par rapport aux autres chakras, on constate de nombreux dysfonctionnements dans les rapports sociaux : des tendances au bavardage ininterrompu, des discours logorrhéiques, des comportements monomaniaques avec un sérieux manque de capacités d'écoute, la volonté de toujours avoir raison, souvent avec mauvaise foi, des mouvements excessifs des bras, des mains et des mimiques théâtrales lors de conversations même d'une extrême banalité (c'est une conséquence directe de cette tendance à passionner les débats à l'excès), et un penchant très net pour des comportements relevant de la mythomanie et de la mégal omanie avec, évidemment tous les mensonges à soi-même et aux autres que cela suppose.

C'est le cas le plus complexe à résoudre en énergétique : il y aura lieu de rééquilibrer les excès par un travail sur tous les chakras : chakra racine, celui du plexus solaire, celui du sexe, celui du cœur, celui du troisième oeil et celui du sommet. C'est un long travail de structuration énergétique mais, hélas, cet équilibre est instable, éphémère, et nécessite d'être répété à de nombreuses reprises pour atteindre un équilibre stable.

Plan spirituel

Les mantras font vibrer puissamment ce chakra et conduisent progressivement au son originel, le *nada*. Il est donc une clef essentielle pour la découverte de notre propre identité intérieure comme pour atteindre et contempler les plans supérieurs.

Le chakra de la gorge permet une perception innée de l'existence de plans supérieurs et le pressentiment d'une conscience de la sphère mystique ou occulte.

Lorsqu'il est pleinement épanoui, il est le canal de l'Amour divin purement désintéressé, qui illumine le sens de l'incarnation humaine. Il manifeste alors un grand intérêt pour les plans supérieurs et leurs expressions humaines, à savoir les théosophies religieuses, le mysticisme, l'ésotérisme. Il autorise ainsi une bonne prise en charge de son destin avec un grand sens des responsabilités et une sensibilité innée aux lois du *karma*.

En revanche, lorsqu'il est noué ou perturbé, on assiste chez ces personnes à un rejet des spiritualités en général, par peur des forces peut-être réellement maléfiques qu'elle pressentent derrière ce qu'elles considèrent être des superstitions. Cela se produit lorsque l'information vient directement des chakras du corps sans transiter par ceux de la tête et conduit à un rejet brutal de l'inconnu, des manifestations de peur. Dans ce cas, les réactions trop spontanées (en langage populaire, on dit qu'elles sont «tripales» quand une personne raisonne plus avec son ventre qu'avec sa tête) sont dominantes par rapport aux réactions raisonnées. Entre autres, c'est ainsi que se manifestent les tendances au racisme.

Mais cela peut avoir un effet contraire : cette personne peut tenir des discours délirants ou mystiques lorsque l'information vient directement des chakras supérieurs sans transiter par ceux du corps. Dans ce cas, nous avons affaire à une personne illuminée, incapable de se relier au matériel.

Ressenti complémentaire

Tout d'abord, apprenez à communiquer avec vous-même. Sentez comment, au travers de votre chakra de la gorge, vous pouvez faire circuler les énergies porteuses d'informations au travers de tout votre canal de circulation des énergies. Promenez-vous de chakra en chakra et observez dans chacun d'eux ce qui va et ce qui ne va pas, aussi bien sur le plan physique que sur le plan psychologique ou spirituel. De là, interrogez-vous sur ce que vous pourriez faire pour irriguer en bonnes énergies positives les zones défectueuses.

Conservez votre objectivité, ne vous inventez pas des dysfonctionnements imaginaires. Vous trouverez alors des solutions sur un plan plus concret.

Vous avez établi une bonne communication avec vous-même, fluide entre tous vos chakras, claire, lucide. Quand une bonne communication à pu s'établir en vous, rien ne s'oppose à ce que cette communication s'exerce vers l'extérieur.

Commencez tout d'abord par écouter soigneusement les autres et faites le tri dans ce que vous entendez : quelle est la part de la sincérité? qui se ment à soi-même? qui ment aux autres? que signifie ce qui est dit? quelles en sont les implications? y-a-t'il des messages déguisés? Entendez bien ce que l'on vous dit et faites le tri. Mais la pertinence de ce tri est largement tributaire de votre harmonie intérieure. Si c'est votre chakra de la gorge qui est perturbé sur le plan énergétique, vous pouvez très bien tout comprendre de travers...

Ce n'est que lorsque vous aurez bien établi votre communication intérieure et porté aux autres une écoute attentive que vous pourrez vous exprimer avec justesse. L'harmonie des relations avec autrui s'en trouvera grandement améliorée. Vous n'aurez plus de difficultés à vous exprimer sans craintes, vous assumerez mieux vos opinions et vous les expliquerez avec clarté. Vous trouverez les arguments qui font pencher les débats en votre faveur pour peu que votre sincérité soit communicative et que vos exposés soient bien étayé par des argument aussi forts que légitimes. Les autres se mettent subitement à vous entendre, votre voix porte.
Vous avez ainsi trouvé votre juste place dans les rapports sociaux.

Peut-être même éprouverez-vous l'envie de vous exprimer par le chant? Si tel est le cas, ne vous en privez surtout pas : chantez!

Harmonisation avec les cristaux

Les pierres que l'on peut appliquer au chakra de la gorge ont chacune des propriétés spécifiques en dehors du fait que les influences de leurs couleurs conviennent bien à ce chakra. Je vous conseille de vous référer au *Dictionnaire de la Lithothérapie* ou de consulter le site internet www.reynaldboschiero.com pour découvrir les propriétés particulières de ces pierres.

Les couleurs que le cinquième chakra préfère sont : bleu ciel, bleu turquoise, argent.

• Pierres bleu ciel (bleu pastel violacé à bleu-vert pastel, depuis des tonalités très pâles à des tonalités plus franches) : elles aident le chakra de la gorge à s'ouvrir à l'intuition. Certaines pierres d'un bleu plus soutenu conviennent également à des applications particulières : le lapis-lazuli, par exemple, permet d'aider à la manifestation de la vérité lors d'un bilan énergétique sur les chakras.

Aigue-marine
Apatite bleue
Aragonite bleue
Bénitoïte
Calcédoine
Calcite bleue
Célestite
Cyanite (ou Disthène)
Danburite bleue
Diamant bleu
Euclase
Fluorite bleue
Haüyne
Labradorite à irisations bleues
Lapis lazuli
Larimar
Opale à irisations bleues
Saphir bleu ciel
Topaze bleue
Tourmaline bleue (ou Indicolite)

• Pierres bleu turquoise (bleu turquoise très pâle à franc, dans des nuances plus ou moins bleutées ou plus ou moins vertes) : elles facilitent le discours et le chant, forment un pont entre le chakra du coeur et les chakras supérieurs, développent les capacités d'analyse et de synthèse.

Amazonite
Apatite bleue-verte
Cavansite
Chrysocolle
Hémimorphite
Tourmaline de Paraiba
Turquoise

• Pierres argentées : ces pierres puissantes agissent pour la modération dans l'expression, la justesse d'appréciation et de ton, la politesse. Je dirais que ce sont les pierres qui permettent de tourner sept fois sa langue dans sa bouche avant de parler.

Argent natif
Galène
Hématite
Platine
Stibine

Quelques pierres pour le Chakra de la gorge

1. Apatite - 2. Amazonite - 3. Tourmalines bleues - 4. Cavansite 5. Turquoise - 6. Chrysocolle - 7. Aigues marines - 8. Larimar - 9. Topaze bleue - 10. Calcite bleue - 11. Cyanite (Disthène) - 12. Aragonite bleue 13. Calcédoine - 14. Célestite - 15. Fluorite

Exercice N°4

Méditation

sur le Chakra Sacré

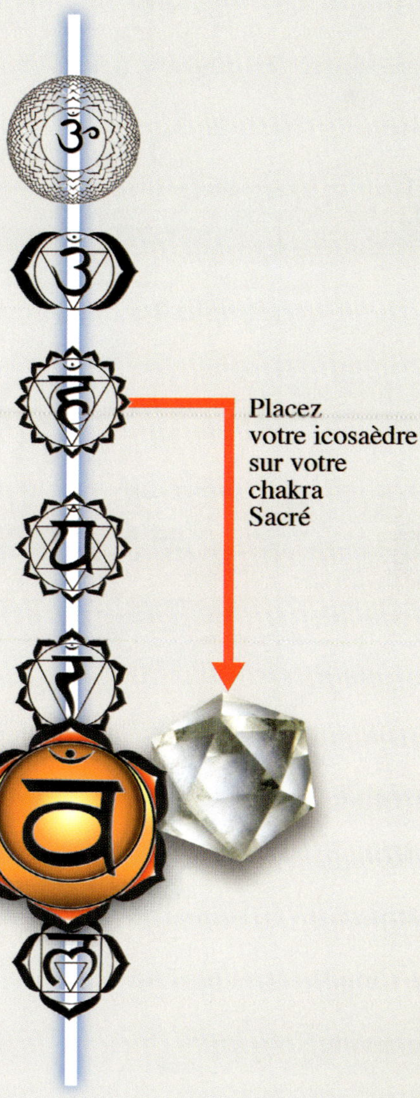

Chakra Sacré

Caractéristiques

• **Nom en sanscrit :** Svadhisthana chakra (*sva* = force vitale, âme; *adhisthana* = siège demeure)
• **Autres dénominations :** chakra du sexe, chakra sexuel, centre du sexe, chakra sacré centre du sacrum, chakra sous-ombilical
• **Localisation :** immédiatement au-dessus des organes sexuels, à la limite des poils pubiens.
• **Couleur dominante :** orange
• **Pétales :** 6
• **Élément :** eau

- **Planète :** Lune
- **Sens de rotation :**
  - Femme : sens des aiguilles d'une montre
  - Homme : sens contraire
- **Fonction sensorielle :** le goût
- **Fonction physiologique :** organes sexuels, gros intestins et reins
- **Fonction mentale :** tisser des liens sociaux fondés sur des sentiments authentiques
- **Fonction spirituelle :** *Pretra Loka*, «monde des défunts», réplique astrale du *Bhu Loka*
- **Correspondance aurique :** corps astral et corps mental concrêt
- **Sonorité musicale :** Ré
- **Mantra :** *Vam* ou *O*

Description traditionnelle

(d'après A. Avalon, Maha Nirvana Tantra)

Svadhisthana est un lotus à six pétales à la base de l'organe sexuel, à peu près à mi-chemin entre le muladhara et le nombril. Sa corolle est rouge orangé et ses pétales brillants comme l'éclair. L'élément Eau évolué à partir du Feu est le *Tattva* de ce chakra. Les *varnas* (lettres) sur ses pétales sont «bang», «bhang», «mang», «yang», «rang», et «lang».

Sur les six pétales se trouvent également les *vritti* (états, qualités, fonctions, ou inclinaisons), à savoir :

prashraya (crédulité),
a-vishvasa (soupçon, méfiance),
avajna (dédain),
murchchha (illusion ou, selon certains, réticence),
sarvva-nasha (fausse connaissance),
krurata (dureté de coeur).

Dans un espace semi-circulaire au centre de la corolle, se tiennent les *Devata*, Maha-Vishnu de couleur bleu foncé, Maha-Lakshmi, et Sarasvati. Leur faisant face, est la bleue Shakti Rakini aux quatre mains, et le *bija* (syllabe-semence) de Varuna, Seigneur des Eaux ou «vang». Au coeur du *bija*, c'est la région de Varuna, de la forme d'une demi-lune, où demeure Varuna en personne, assis sur un crocodile blanc (*makara*).

Description contemporaine

Plan symbolique

Le chakra sacré est bien le siège des énergies sexuelles. Sa symbolique l'associe à l'eau en tant qu'élément de la fertilité et considère que la fécondation est un acte de création. Le chakra sacré est associé à cette énergie que l'on nomme libido, ou Éros. C'est elle qui détermine notre capacité à tisser des liens avec autrui, à cultiver le plaisir et à développer sa créativité. Il est donc directement lié à la sexualité, mais pas exclusivement.

Palette des couleurs du chakra sacré

L'eau vise à s'épandre, à se ramifier en prenant le chemin le plus aisé, et s'adapte à tous les contenants. Symboliquement, elle est la source de toute sociabilité et de la spontanéité innocente et joyeuse qui libère un contact créatif avec toutes les nouvelle rencontres, en toutes circonstances. L'eau doit être considérée en tant qu'élémen purificateur qui agit par dissolution ou expulsion des corps impurs. Cette purificatio entraine à chaque fois une sorte de nouvelle naissance ou une renaissance perpétuelle. L'acte sexuel est une communion, une démarche d'unification, de fusion intime e généreuse qui repousse l'ego.

Le chakra sacré détermine également l'identification de la personne à ses émotions parfois excessivement et sans grande discrimination, et la recherche exclusive de contacts gratifiants, qu'ils soient sociaux, consommateurs ou esthétiques.

Plan physique

Si l'on prend bien en compte la symbolique de l'eau, on voit que le chakra sacré agi sur tous les liquides vitaux de notre corps. Il est important de prendre conscience qu notre corps physique est composé de près de 73% d'eau. Nous sommes des êtres trè liquides! Mais nous ne sommes pas des sortes d'outres remplies d'eau aux trois-quart Ce liquide est réparti dans l'ensemble des cellules de notre corps sous la forme d liquide intersticiel. De ce fait, il nous est possible d'atteindre à partir de ce chakra l moindre cellule contenant cet élément liquide.

Notre corps contient aussi d'autres fluides : le sang, le liquide céphalorachidien, pa exemple. Nos cellules produisent des liquides : transpiration, sperme, urine, suc gastriques, etc. Il est donc possible d'intervenir directement sur la gestion de ces liquide via le chakra sacré.

Le chakra sacré agit par proximité sur de nombreux organes : la vessie, les rein chez les hommes sur les testicules, le pénis, notamment sur sa fonction érectile vi l'irrigation sanguine des corps caverneux, chez les femmes sur le vagin, la sensibilit clitoridienne, les ovaires, les menstruations.

Les problèmes physiques que l'on rencontre lorsque les énergies sont un peu tro actives sont plutôt des conséquences de comportements que des causes : maladie sexuellement transmissibles, sida, mycoses, herpès, etc.

Lorsque le chakra sacré est trop faiblement irrigué en énergies, on constate de raideurs corporelles, particulièrement dans la zone dorsale inférieure, une fatigu chronique dûe à la lassitude, conséquence d'une vitalité insuffisante. On renconti également des problèmes digestifs, de l'acidité gastrique, des flatulences, de la réte tion d'eau. Chez les hommes, ce sont des affections testiculaires, des prostatites, de difficultés urinaires, de l'impuissance. Chez les femmes, nous trouverons des cystite à répétition, des menstruations irrégulières, des douleurs ovariennes, des mycoses, de problème utérins et vaginaux.

Plan mental

Le chakra sacré contribue à l'harmonie des relations entre les gens. Il n'est pas seul ment physique car il prend en compte les sentiments qu'ils véhiculent ainsi qu'à le

pontanéité. Il enrichit ainsi les rapports sociaux en créant des affinités entre les êtres t en les entretenant.
l gère le sens du goût et le plaisir à expérimenter par contact les diverses textures de a matière, ainsi qu'à caresser, étreindre, en recherche du plaisir.

Quand les énergies sont fluides et bien équilibrées au niveau de ce chakra, nous avons ffaire à des personnes qui évoluent avec grâce et fluidité, aussi bien physiquement que lans les contacts humains en société. Elles ont du charisme, une présence agréable, le la tolérance et fraternisent spontanément sans s'imposer. Grâce à leur souplesse l'esprit, elles savent s'adapter aux changements. Elles cultivent le sens esthétique, ont capables de sentiments d'une grande profondeur. Leur sexualité est stable et bien panouie.

orsque les énergies sont trop actives au chakra sacré, nous avons affaire à des indiidus assez superficiels qui ont parfois tendance à cultiver le snobisme. Leur sexualité st fréquemment envahissante. Ce sont des compulsifs de la séduction. Ils soignent eur apparence physique par une utilisation méthodique des caractères sexuels seconaires dans l'habillement, le maquillage, la coiffure, le port des bijoux, le discours, les bjets utilitaires (l'automobile, par exemple).

ls sont souvent vantards, égoïstes et manquent de considération pour autrui. Leurs endances à la boulimie sexuelle, à la nymphomanie, au priapisme, à la pratique de 'acte sexuel sans communion les laisse sur leur faim et les contraint à poursuivre eur quête, en vain. Ils ne sont jamais satisfaits. Victimes de l'exagération de leurs antasmes inassouvis, ils ne ressentent plus que de la frustration. Cela peut en conduire ertains à la recherche de partenaires dont la seule identification est le sexe, avec des apports commerciaux dans l'acte sexuel.

C'est une démarche induite par la peur des sentiments vrais et partagés. On remarquera ussi chez ces individus une spontanéité qui frise le sans-gêne et l'irrespect des autres, n lâcher-prise qui ressemblerait plutôt à du «je-m'en-foutisme».

s ont fréquemment un goût prononcé du risque, un besoin compulsif de sensations ortes par la prise de risques physiques (saut à l'élastique, sports extrêmes, par exemple).

ans tous les cas, que ce soit par excès ou manque d'énergie, le travail de rééquilirage énergétique se fera par un travail au niveau du chakra du coeur afin de mieux ouvrir aux sentiments et à celui de la gorge pour développer une meilleure qualité de ommunication.

orsque le chakra sacré ne brasse pas suffisamment d'énergies, cela peut occasionner es blocages qui sont souvent dus à une éducation trop rigide ou trop prude qui aurait nterdit, occulté ou dénaturé le thème des relations sexuelles.
ela peut entrainer des tendances à la timidité, un manque d'assurance et de naturel, es comportements de compensation, un repli sur soi, de l'onanisme, trop de discréon, ou d'effacement.

Cela peut être aussi une certaine froideur, un refus des rapports sexuels, des attou chements et des caresses, de la frigidité, de l'impuissance, de la peur de l'autre, un somnolence des émotions, de la mélancolie, peu de goût pour la vie, de la frustration Ces personnes tendent à se restreindre pour préserver des conditions de vie minima listes : pas d'excès, pas de petits plaisir occasionnels. Elles sont souvent très attachée au passé,pratiquent une sorte de culte du souvenir des disparus.
Insatisfaites de leur valeur propre, elles deviennent jalouses et possessives. Repliée sur elles-mêmes, elles finissent par s'apitoyer de leur sort.

Sans en avoir bien conscience, ces personnes cultivent une apparence physique banale sobriété, vêtements stricts ou passepartout, peu de couleurs, modestie des objets d quotidien. Elles détestent attirer l'attention et font tout leur possible pour que l'on n les remarque pas.

Il faudra alors ouvrir le chakra du sexe pour compenser les chakras plus spirituels o affectifs généralement surdimensionnés ou perturbés dans ces cas de figures. Il faudr aussi fréquemment activer le chakra de la gorge pour une meilleure communication.

Plan spirituel

Il faut juste considérer qu'une bonne complicité hédoniste avec tous les plaisirs de sens se convertit facilement en énergie spirituelle.

Ressenti complémentaire

Quand on travaille en méditation sur le chakra sacré, on faut bien prendre conscienc de ce que représente le symbole de l'eau au niveau de notre corps.

Concentrez-vous bien pour localiser les fluides dans tout votre corps physiqu Rendez-vous compte que c'est dans ces liquides que se passent tous les échanges chimique vitaux, que naissent toutes ces minuscules impulsion électriques qui vont assurer toute vos fonctions vitales ainsi que vos pensées, vos émotions, vos sentiments.

Laissez alors votre esprit vagabonder et sentez-vous en harmonie avec une visic concrête de l'eau, une simple goutte, une larme, un filet d'eau qui coule d'un robine un ruisseau calme ou tempétueux comme un torrent, une rivière indolente qui serpen au fond d'une vallée, une cascade, une flaque d'eau dans laquelle le ciel se reflète, u étang, un lac, une mer, un océan paisible ou déchaîné, une banquise...

Associez cette image à vous-même, à ce que vous présumez être, et, après votre méd tation, essayez d'interpréter la vision que vous avez de vous.

Harmonisation avec les cristaux

Les pierres que l'on peut appliquer au chakra de la gorge ont chacune des propriété spécifiques en dehors du fait que les influences de leurs couleurs conviennent bien à ce chakra. Je vous conseille de vous référer au *Dictionnaire de la Lithothérapie* ou de consulter le site internet www.reynaldboschiero pour découvrir les propriétés particulières de ces pierres.

La couleur que le deuxième chakra préfère est l'orange, depuis les tonalités orangées pâles jusqu'aux orangés bruns plus sombres, dans des variantes orangé rouge à jaune orangé.

Les principales pierres que l'on peut y appliquer sont :

Ambre orangé
Calcite orange
Citrine orangée
Cornaline
Crocoïte
Cuivre natif
Enstatite (ou Bronzite)
Grenat hessonite
Grenat spessartite
Opale de feu
Pierre de soleil
Sphalérite
Topaze impériale orangée
Vanadinite
Zincite orange
Zircon Hyacinthe

Quelques pierres pour le Chakra sacré

1. Citrine - 2. Barytine - 3. Ambre - 4. Opale de feu - 5. Calcite orange
6. Enstatite - 7. Zincite - 8. Grenat spessartite - 9. Vanadinite - 10. Crocoïte
11. Cornaline- 12. Pierre de soleil - 13. Orthoclase

Exercice N°5

Méditation sur le Chakra du Troisième Œil

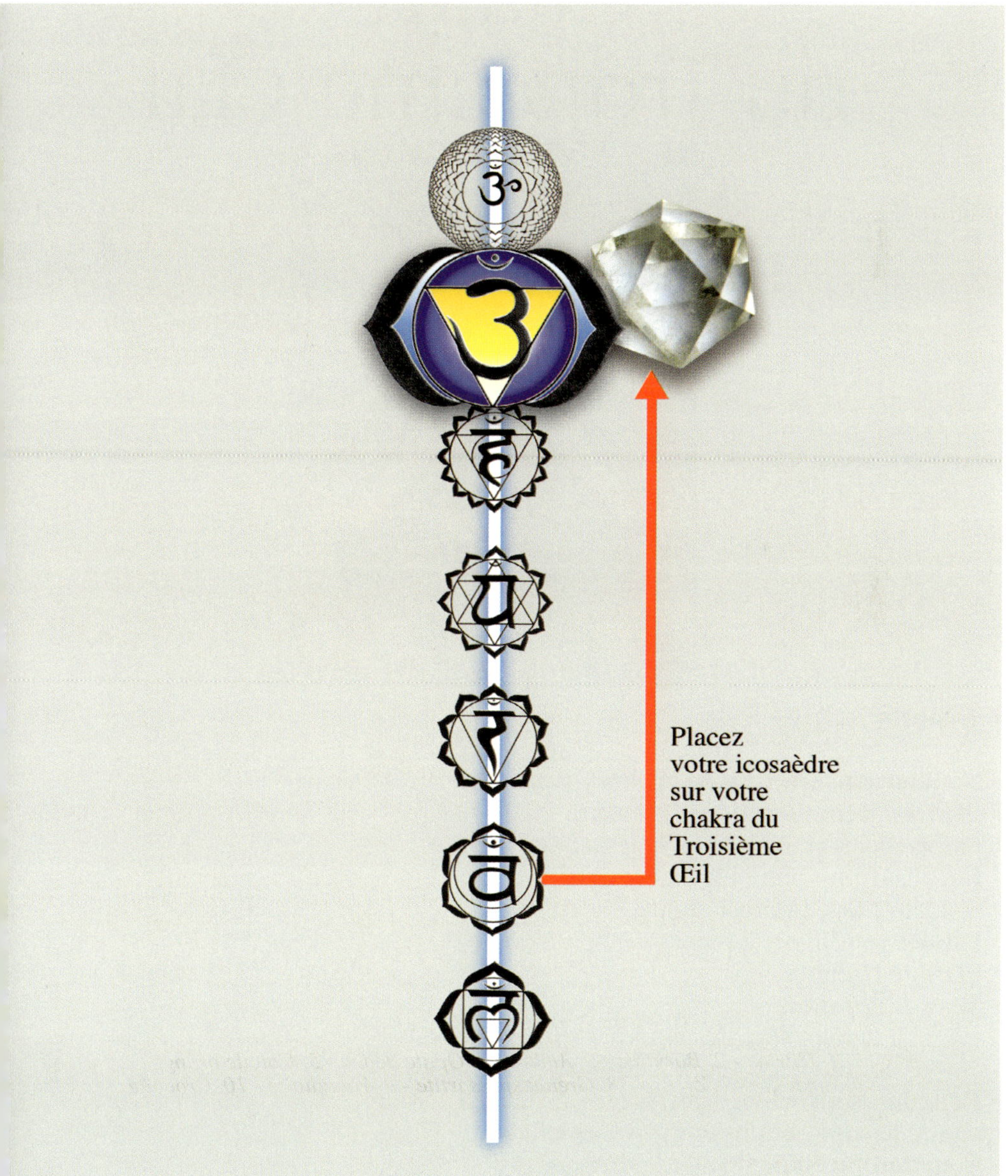

Chakra du Troisième Œil

Caractéristiques

• **Nom en sanscrit :** Ajana chakra (*ajna* = autorité, contrôle)
• **Autres dénominations :** chakra du troisième oeil, chakra frontal, chakra c Commandement, oeil de la Sagesse, oeil interne.
• **Localisation :** entre les deux sourcils
• **Couleurs dominantes :** toute la gamme des bleus jusqu'au bleu violacé, violet, jaun
• **Pétales :** 96
• **Planète :** Jupiter
• **Sens de rotation :**

Femme : sens des aiguilles d'une montre
Homme : sens contraire

• **Fonction sensorielle :** le sixième chakra est en corrélation avec tous les sens ain qu'avec les perceptions extra-sensorielles.
• **Fonction physiologique :** le thymus

Caractéristiques

- **Nom en sanscrit :** Ajana chakra (*ajna* = autorité, contrôle)
- **Autres dénominations :** chakra du troisième oeil, chakra frontal, chakra du Commandement, oeil de la Sagesse, oeil interne.
- **Localisation :** entre les deux sourcils
- **Couleurs dominantes :** toute la gamme des bleus jusqu'au bleu violacé, violet, jaune.
- **Pétales :** 96
- **Planète :** Jupiter
- **Sens de rotation :**
  Femme : sens des aiguilles d'une montre
  Homme : sens contraire
- **Fonction sensorielle :** le sixième chakra est en corrélation avec tous les sens ainsi qu'avec les perceptions extra-sensorielles.
- **Fonction physiologique :** le thymus
- **Fonction mentale :** l'esprit dans son intégralité
- **Fonction spirituelle :** *Janaloka*, plan de la manifestation
- **Correspondance aurique :** corps mental (vijnanamaya kosha)
- **Sonorité musicale :** Sol
- **Mantra :** *Ham*

Description traditionnelle

(d'après A. Avalon, *Maha Nirvana Tantra* - «Kundalini, Puissance du Serpent»)

Ajna chakra est également appelé *parama-hula* et *mukta-triveni* (le confluent sacré de la libération], car c'est là que les trois principales nadis (Ida, Pingala et Sushumna) se séparent. C'est un lotus à deux pétales, situé entre les sourcils.

Dans ce Chakra, il n'y aucun *Tattva* grossier, seulement le *Tattva* subtil de l'esprit. *Hakakararddha*, ou la demi-lettre La, est également là.

Palette des couleurs du chakra du troisième œil

Sur ses deux pétales sont les *varnas* (lettres) rouges : «hang» et «kshang». À l'intérieur de la corolle est caché le *bija* «ong». Sur les deux pétales et la corolle se trouvent les trois *guna* (les trois caractéristiques de l'énergie universelle) : *sattva, rajas, et tamas*.

Au centre d'un mandala triangulaire que porte la corolle, il y a le resplendissant (*tejo-maya*) *linga* sous la forme du *pranava* (*pranavakriti*) qui porte le nom d'Itara.

Para-Shiva, sous la forme d'un cygne (*hamsa-rupa*) est aussi présent, en compagnie de sa Shakti Siddha-Kali. Aux trois sommets du triangle se tiennent respectivement Brahma, Vishnu et Maheshvara.

Dans ce chakra se trouve la blanche Shakti Hakini, dotée de six têtes et quatre mains, l'une faisant le geste de la Sagesse (*jñana-mudra*), les autres tenant un crâne, un tambourin (*damaru*) et un rosaire.

Chakras secondaires :

• *Manas chakra* (chakra du mental abstrait)
Au-dessus de l'ajna-chakra, il y a un autre chakra occulte, nommé Manas chakra. C'est un lotus à six pétales, où se trouvent *shabda-jñana, sparsha-jñana, rupa-jñana, aghrano-palabdhi, rasopabhoga*, et *svapna*, ou les facultés de l'ouïe, du toucher, de la vue, de l'odorat, du goût, et du sommeil en tant qu'absence de ces facultés.

• *Soma chakra* (chakra de la Lune). (*soma* = la lune)
Au-dessus de lui, il y a encore un autre chakra occulte, nommé Soma chakra. C'est un lotus à seize pétales, également dénommé seize *Kala* (sonorités). Ces *Kala* sont :
- *kripa* (compassion),
- *mriduta* (douceur),
- *dhairyya* (patience, calme),
- *vairagya* (objectivité), dhriti (constance),
- *sampat* (réussite),
- *hasya* (gaieté),
- *romancha* (ravissement, excitation),
- *vinaya* (sens des convenances, humilité),
- *dhyana* (méditation),
- *susthirata* (quiétude, paix),
- *gambhiryya* (gravité),
- *udyama* (entreprise, effort),
- *akshobha* (impassibilité),
- *audarya* (magnanimité),
- *ekagrata* (concentration).

• *Mahanada chakra* (*niralamba puri* = demeure du sans-support)
Encore au-dessus, c'est «la Demeure du Sans-support» (*niralamba puri*), où les yogis contemplent le radieux Ishvara.

• *Nirvana chakra*
Encore au-dessus, c'est le *Pranava* (*Om*) étincelant comme une flamme, surmonté du croissant blanc de *Nada* (les sons mystiques), et au-dessus de ce dernier, c'est le *Bindu* (le point-semence).

• *Guru chakra*
On trouve ensuite un lotus blanc à douze pétales (Guru chakra) tourné vers le haut et est surmonté de l'Océan de nectar (*sudhasagara*), de l'Île de joyaux (*mani-dvipa*), de l'autel des joyaux (*mani-pitha*), du trident semblable à l'éclair, composé de *a, ka, tha* avec à l'intérieur *Nada* et *Bindu*.
Sur *Nada* et *Bindu*, comme sur un autel, se trouve le *Paramahamsa* (le Cygne suprême), lequel sert lui-même d'autel aux pieds du *Guru*. C'est là qu'on doit méditer sur le *Guru suprême*.
Le corps du *Hamsa* sur lequel reposent les pieds du *Guru* est *jñana-maya*, les ailes sont Agama et Nigama, les deux pieds Shiva et Shakti, le bec Pranava, les yeux et la gorge Kama-Kala.
Près du lotus aux mille pétales, se trouve la seizième demeure de la Lune appelée *ama-kala* (le Principe de l'intériorité). Elle est d'un rouge pur aussi étincelant que l'éclair, aussi ténu que la fibre de lotus, qui penche vers le bas, et sert de réceptacle au

nectar lunaire. À l'intérieur, est le croissant *nirvana-kala*, lumineux comme le Soleil, et plus fin que la millième partie d'un cheveu. C'est la Divinité Ishta-devata.
Près de ce *nirvana-kala* se trouve la Shakti Parama-nirvana, infiniment subtile, éclatante comme le Soleil, créatrice de *tattvajnana* (le Principe premier de la Sagesse).
Au-dessus, ce sont *Bindu* et *Visarga-Shakti* (la Puissance de la libération), racine et demeure de toute félicité.

Description contemporaine

Plan symbolique
Le chakra du troisième oeil présente 96 pétales étalés non pas circulairement, mais de chaque côté, à gauche et à droite. Il vibre si rapidement que ces pétales se fondent en un seul pétale de chaque côté. C'est pourquoi on le décrit souvent avec seulement deux pétales, de couleur blanche, extrêmement lumineux. Ce chakra est le point de convergence des énergie d'un ensemble de sept chakras secondaires qui s'étagent entre lui et le chakra coronal, reprenant à une octave supérieure tout l'ensemble des chakras précédents.
Irrigué d'énergie spirituelle pure, sorte de synthèse supérieure des cinq éléments matériels, le chakra du troisième oeil représente la vision de la Volonté divine, laquelle est impérative : il s'agit bien du chakra du commandement. Il contient le noeud de corde par lequel la Grande Illusionniste Maya introduit l'action (le *karma*) qui oriente l'ego vers la réalisation de ses désirs, tissant ainsi les liens puissants du karma en tant que loi de cause à effet.

Le chakra du troisième oeil est très cérébral : c'est par lui que tout ce qui concerne l'esprit se manifeste. Il est le siège de l'intelligence, des capacités d'analyse et de synthèse, de la mémoire, des perceptions sensorielles, aussi bien organiques qu'émotionnelles, des idées, de l'imagination, de la créativité, et de la volonté.

Il filtre les perceptions que l'on reçoit et les intègre grâce au savoir, aux concepts socio-culturels acquis, aux sentiments innés, à la spiritualité, et à l'intuition. Ces perceptions sont tout d'abord intégrée et catalysées par l'esprit puis elles sont canalisées vers les autres chakras et restituées vers l'extérieur : communication au chakra de la gorge, sentiments au chakra du coeur, forces cosmiques au chakra coronal, ou vers l'intérieur : compréhension de soi au chakra de la gorge, combat contre les maladies au chakra du coeur, fonctions vitales aux chakras du plexus solaire, au chakra du sexe et au chakra racine, problèmes matériels et concrêts au chakra racine.

Le chakra du troisième oeil agit touta autant sur le plan physque que sur le plan spirituel. Il est le centre de la prise de conscience spirituelle autant que matérielle, intellectuelle autant que physique. Il est donc le garant de notre propre évolution sur de nombreux plans car c'est par lui que se développent les perceptions extra-sensorielles comme l'intuition, la clairvoyance, les capacités télépathiques. Bien irrigué en énergies, il peut apporter de grands changements dans notre vie.

Lorsqu'on le sollicite en couplage avec le chakra du coeur, il amplifie la puissance des énergies qui combattent les maladies, les véhicule dans l'espace et permet ainsi les guérisons à distance, comme sela se pratique parfois en Reiki ou en soins par le magnétisme.

La plupart des gens n'ont pas tout à fait conscience que leur chakra du troisième oeil fonctionne harmonieusement mais il est certain que c'est par un travail introspectif régulier que l'on peut l'irriguer en énergies et l'ouvrir en grand, en s'ouvrant à la conscience et à la sagesse. On peut ainsi atteindre un haut niveau de compétences dans des domaines complexes comme la recherche scientifique, acquérir une maîtrise et la compréhension des concepts philosophiques, mathématiques ou théologiques.

Mais restons modestes et contentons nous d'essayer de donner un éclairage objectif sur nos projets : il perçoit la partie invisible des choses, les qualités et les pièges cachés. Il vous guidera vers la concrétisation réussite d'idées que vous avez eues intuitivement. C'est ainsi que vous maîtriserez mieux vos projets d'avenir tout en tenant compte de la mémoire que vous avez a des expériences de votre passé.

Le sixième chakra est bien le chakra du sixième sens...

Plan physique

Le chakra du troisième oeil est relié au corps pituitaire et gouverne le cerveau bas, les yeux et le système nerveux, mais aussi la mémoire et l'usage conscient des diverses fonctions cérébrales.

Le troisième oeil contrôle le système nerveux céphalorachidien, celui qui commande les actes volontaires. Il stimule les fonctions glandulaires et régule les sécrétions.

Il agit par proximité sur le visage, sur ses expressions, son harmonie, sur le nez et les sinus, les yeux, les oreilles, aussi bien en matière de perceptions sensitives que sur un plan extra-sensoriel, l'oreille interne, le cervelet et le sens de l'équilibre.

Lorsque le chakra du troisième œil est hyperactif, la personne est souvent atteinte d'une sorte de surexcitation diffuse qui peut s'exprimer par des cauchemars fréquents des vertiges et des migraines, sans compter avec les pathologies liées à l'usage de stupéfiants, ces drogues qui, parait-il, permettent un élargissement de la conscience et qui, en fait, ne font que dévier l'esprit de ses responsabilités et du sens des réalités.

Quand, au contraire, les énergies manquent de fluidité sur ce chakra, on a pu constater de nombreux cas de troubles de la vision et des sinusites chroniques.

Plan mental

Le chakra du troisième œil régit l'intellect supérieur, avec ses attributs de foi, clair voyance, discrimination et analyse. Mais, alors qu'au niveau du chakra du plexus solaire ces fonctions sont orientées vers des résultats objectifs ancrés dans le monde extérieur, ici, toute l'énergie de la connaissance est orientée vers l'intériorité de plus en plus absolue.
Il représente la discipline, les choix sélectifs, les buts à long terme.

Chez une personne dont les énergies sont harmonieuses au niveau du troisième œil, les perceptions et les pensées sont organisées dans un schéma abstrait, de façon sélective et méthodique. Imprégnées de raison pure, elle n'en accepte pas moins ses intuitions dans sa recherche d'un sens global à décrypter. Son sens des responsabilités et son objectivité lui permettent un certain détachement par rapport à l'objet de son étude. Elle gagne ainsi en impartialité pour elle-même et pour autrui. C'est ainsi qu'elle peut se permettre une compassion libérée des illusions.

Lorsque le troisième oeil est un peu trop irrigué en énergies au détriment des autres chakras, on constate une certaine dualité dans les manifestations. Nous sommes presque toujours face à des personnes qui ont des interprétations anarchiques et chaotiques des réalités. Ces interprétations sont difficilement cohérentes : soit les besoins de l'ego sont considérés comme primordiaux et priment sur tout et tous, soit l'ego est sacrifié au profit des besoins d'autrui et de l'humanité... Quoiqu'il en soit, il s'agit bien d'une évaluation inadéquate du sens de sa vie.
Il peut pourtant y avoir tendances à l'intellectualisation excessive de la moindre chose. Mais a contrario, cela peut aussi se manifester par tendances au mysticisme et à l'irrationnel. Dans les deux cas, on constate un rejet inconscient du corps, des plaisirs corporels et des biens matériels.

Nous constatons aussi chez ces personnes une sorte de complexe de supériorité intellectuelle, du mépris des autres, de l'arrogance. Mais chez d'autres, c'est un rejet du quotidien, des biens matériels, une incapacité à avoir des relations sociales normales, des tendances dominatrices dans le domaine de la spiritualité, la certitude de détenir la Vérité, une incapacité à douter. C'est fréquemment le cas des gourous des sectes religieuses ou pseudoreligieuses.

Lorsque ce chakra présente une carence dans les flux énergétiques qui devraient le traverser, on se trouve en présence de personnes dont les schémas de pensée sont nébuleux. Leurs intuitions sont brèves et contradictoires, difficilement assimilables. Elles ne ressentent ou n'acceptent jamais la moindre perception extrasensorielle. Il s'agit de personnes incapables de s'impliquer et qui s'en déresponsabilisent sans qu'elles soient réellement détachées des réalités.
Chez elles, ni intuition, ni sens logique. Leurs sens de l'ego est imprécis : elles sont capables de s'identifier spontanément avec d'autres personnes : leur alter ego, c'est tout le monde et n'importe qui. Elles méconnaissent leur moi profond et n'ont aucune prédisposition pour l'incarnation.

C'est pourquoi elle développent parallèlement un complexe d'infériorité et un comportement de suiveur. Comme elles ont tendance à adhérer aux idées toutes faites et aux préjugés, leur manque de personnalité, d'esprit critique, de caractère et de libre arbitre les engage vers une fascination pour les champs clos et limités des sectes ou des mouvements religieux fondamentalistes.

C'est assez logique, dans la mesure ou leur manque de curiosité fait qu'elles sont incapables d'intellectualiser. Elles montrent un franc désintérêt pour la culture, le savoir et les sciences.

Plan spirituel

Lorsque le chakra du troisième oeil est bien épanoui, on acquiert le sens des harmoniques universelles avec leurs résonances et leurs correspondances. On transcende alors les entraves sensorielles et les logiques usuelles. Cela permet de libérer l'intuition spirituelle pure, au delà du temps et de l'espace. On ouvre ainsi la perception vers les plans subtils. On a une vision claire de l'interconnexion entre les divers plans de la réalité. On a désormais accès à la lecture des annales akashiques, à l'inspiration transpersonnelle et au schéma évolutif de l'humanité. Avec une clairvoyance et une vision unifiées.

C'est ainsi que l'on a accès à une vision cohérente de l'avenir.

Ressenti complémentaire

C'est grâce au chakra du troisème oeil que tout ce qui concerne l'esprit va se manifester, aussi bien sur le plan intellectuel que sur des plans plus étranges pour qui n'a pas encore perçu des manifestations occultes ou ésotériques.

Une des premières manifestations de ce chakra sur le plan intellectuel est une irrépressible curiosité pour tout de qui touche au savoir, qu'il soit culturel, artistique, scientifique, technique, historique, géographique, humain, etc. Votre soif d'apprendre deviendra inextinguible. Mais à chacun ses préférences ou ses priorités. Il est certain que vous aurez le désir d'en apprendre toujours plus sur les sujets qu vous intéressent plus particulièrement.

Toutefois, il se pourrait que vous ayez envie d'élever le débat dans des domaines sur lesquels vous aviez l'habitude de vous informer, voire d'éliminer ces sujets de votre esprit tant ils vous semblent désormais futiles ou indignes des le nourrir... Cela fait aussi partie de votre élévation de conscience car le développement de ce chakra va aiguiser votre sens critique, vos capacités d'analyse et de synthèse et, de ce fait, la qualité de votre jugement et de vos perceptions. Vous allez ainsi acquérir une meilleure imagination, une créativité affinée et des capacité mémorielles supérieures.
Le chakra du troisème oeil va bien au-delà. Laissez-vous aller dans l'éther de ce qui pourrait vous paraître comme étant un rêve éveillé. Dans ses méandres aux contours imprécis surgissent parfois de images plus nettes. Intuition? Prémonition? Clairvoyance?

Comme dans de nombreuses phases méditatives, il vous faudra en faire le tri, les interpréter, essayer de les comprendre et ce n'est pas si simple. Toutes ces images sont tributaires de votre vécu présent et passé. Toujours est-il que, plus vous travaillerez sur le chakra du troisième oeil, plus elles seront nombreuses, claires, précises, et reliées à d'autres images. Ce sont ces liens qui vous permettront des interprétation plus justes.

C'est ainsi que vous développerez des capacités intuitives vis à vis desquelles vous vous sentirez plus en confiance, peut-être même des dons de voyances...

À vous de jouer!

Harmonisation avec les cristaux

Les pierres que l'on peut appliquer au chakra du troisième oeil ont chacune des propriétés spécifiques en dehors du fait que les influences de leurs couleurs conviennent bien à ce chakra. Je vous conseille de vous référer au *Dictionnaire de la Lithothérapie* ou de consulter le site internet www.reynaldboschiero.com pour découvrir les propriétés particulières de ces pierres.

• Pierres bleu soutenu, bleu franc, bleu vif : c'est la couleur de l'intuition, des capacités extrasensorielles, de la créativité (certaines pierres bleu ciel conviennent aussi pour des applications particulières).

Aigue-marine
Apatite bleue
Azurite
Bénitoïte
Cyanite
Diamant bleu
Dumortiérite
Euclase
Haüyne
Labradorite (à irisations bleues)
Lapis lazuli
Opale (à irisations bleues)
Piétersite
Saphir bleu
Sodalite
Tourmaline bleue (ou Indicolite)

• Pierres violettes (violet indigo, pourpre violacé,magenta,mauve, lilas, dans les nuances pastels à violet sombre) : perceptions extrasensorielle, approche de la sagesse, créativité artistique et intellectuelle, sensibilité, raffinement.

Améthyste
Charoïte
Cordiérite
Sugilite
Tanzanite

• Pierres jaunes : ce sont les mêmes pierres que nous utilisons au chakra du plexus solaire mais elles n'agissent plus de la même manière : intelligence, structuration de l'esprit, capacités d'analyse et de synthèse, renforcement de la mémoire.

Anglésite
Apatite jaune
Brasilianite
Calcite jaune
Chrysobéryl
Citrine
Diamant jonquille
Fluorite jaune
Héliodore
OEil de Chat (Chrysobéryl) en cabochon
OEil de Tigre
Quartz à inclusion de Rutiles (Cheveux de Vénus)
Saphir jaune
Topaze impériale jaune
Wulfénite

• Pierre bicolores : elles ont les propriétés des deux couleurs qui les composent.

Ambre bleu (jaune à reflets bleutés)
Amétrine (violet et jaune)
• Cas particuliers :

Aegirine (rigueur mentale)
Obsidienne noire ou «Œil céleste« (la vérité sur soi)
Pierre de Lune (sens de la poésie)
Sphène (activation des cellules nerveuses)

Quelques pierres pour le Chakra du trpoisième œil

1. Pierres jaunes (voir page XXX) - 2. Diamant bleu - 3. Obsidienne «œil céleste» - 4. Azurite - 5. Lapis lazuli - 6. Saphir - 7. Sodalite 8. Labradorite - 9. Euclase - 10. Tourmaline bleue - 11. Dumortiérite 12. Cordiérite - 13. Amétrine - 14. Tanzanite - 15. Améthyste «Vera Cruz»

Exercice N°6

Méditation sur le Chakra Racine

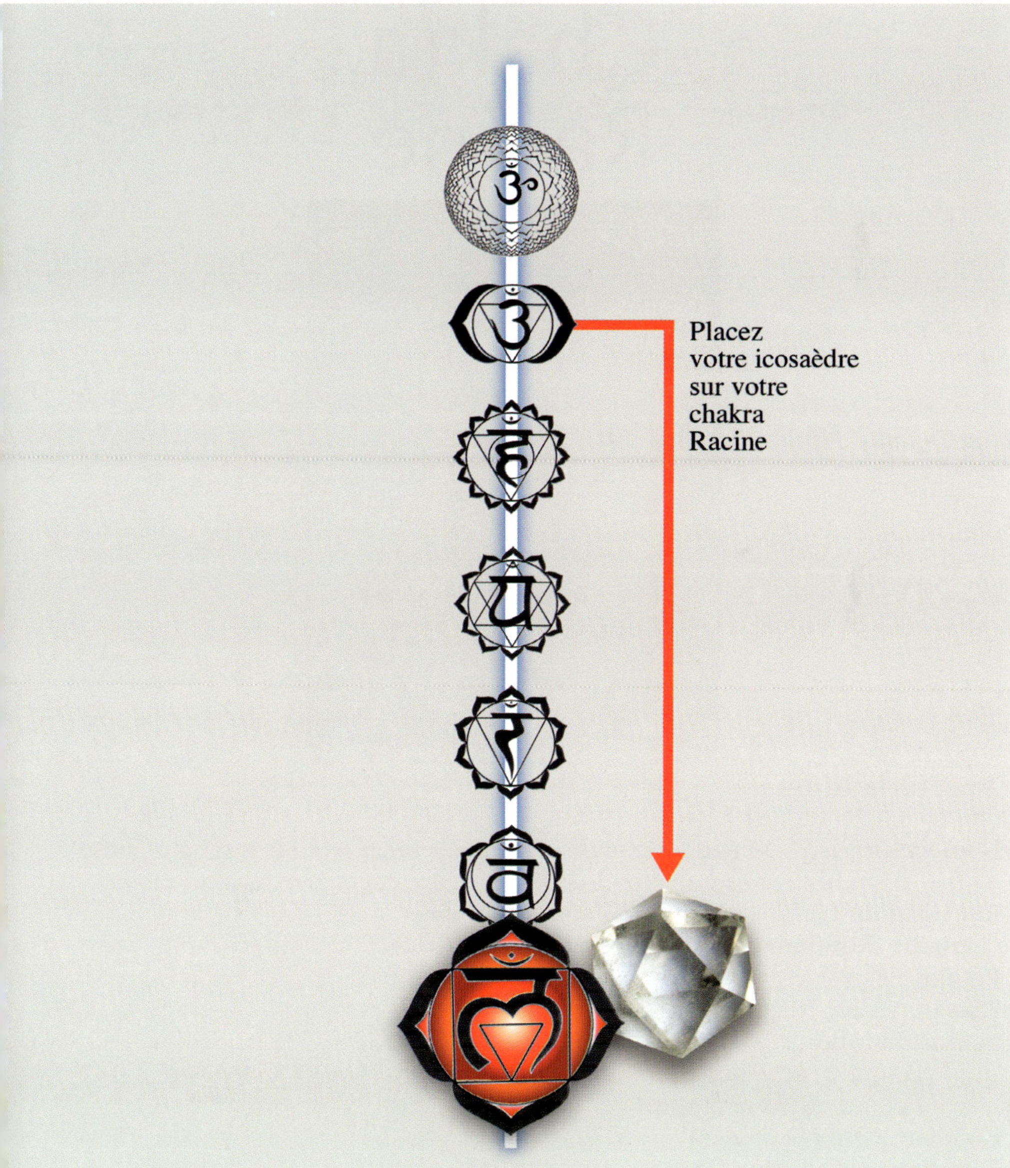

Chakra Racine

Caractéristiques

- **Nom en sanscrit :** Muladhura (*mula* = racine, source; *adhara* = support, base)
- **Autres dénominations :** chakra de la base, centre coccygien, chakra-racine
- **Localisation :** entre les organes génitaux et l'anus
- **Couleurs dominantes :** rouge, brun, noir
- **Pétales :** 4
- **Planète :** Mars
- **Sens de rotation :**
  Homme : sens des aiguilles d'une montre
  Femme : sens contraire
- **Élément :** le règne minéral
- **Fonction sensorielle :** l'odorat

- **Fonction physiologique :** glandes surrénales
- **Fonction mentale :** sens des réalités
- **Fonction spirituelle :** liaison avec le *Bhu Loka* (la Terre-Mère)
- **Correspondance aurique :** corps physique et corps éthérique
- **Sonorité musicale :** Do
- **Mantra :** *Lam* ou *E* (se prononce è)

Description traditionnelle

(d'après A. Avalon, *Maha Nirvana Tantra* - «Kundalini, Puissance du Serpent»)

Muladhara est un espace triangulaire dans la partie médiane du corps dont le sommet est tourné vers le bas comme le *yoni* (sexe, pubis) d'une jeune fille. Il est décrit comme un lotus rouge à quatre pétales, situé entre la base de l'organe sexuel et l'anus. L'élément Terre évolué à partir de l'Eau est le *Tattva* de ce chakra.
Sur les quatre pétales sont les quatre *varnas* (lettres) d'or «vang», «shang», et «sang».

Sur les quatre pétales qui pointent vers les quatre directions points cardinaux sont les quatre formes de félicité :
- *yogananda* (félicité du yoga),
- *paramananda* (suprême félicité),
- *samaj-ananda* (félicité naturelle),
- *virananda* (félicité du héros).

Au centre de ce lotus se tient le *Svayambhu-linga* (phallus auto-engendré), d'un brun rougeâtre, comme la couleur d'une jeune feuille.
Chitrini-nadi (la *nadi* brillante) a l'allure d'un tube, et son ouverture vers l'extrémité à la base du *linga* est appelée la porte de Brahman (*brahma-dvara*). C'est par elle que la Déesse entame son ascension. Le lotus, le *linga* et le *brahma-dvara* sont tournés vers le bas.
La Déesse Kundalini, plus subtile que la fibre de lotus, lumineuse comme l'éclair, gît endormie, enroulée comme un serpent autour du *linga* et ferme de ses anneaux la porte de Brahman. La *Devi* a toutes les formes de *brahmanda* (l'univers). Sa forme la plus subtile dans le *pindanda*, ou corps, est appelée Kundalini, une manifestation de Prakriti omni-pénétrante, support de tout, et qui s'exprime sous la forme de l'univers dans sa totalité. Elle est «la Danseuse étincelante dans la tête du yogi, semblable à un lotus», comme l'appelle le *Sarada-tilaka*. Quand elle s'éveille, c'est elle qui donne naissance au monde tissé par les mantras.

Un triangle de feu ardent entoure le *svayambhu-linga*. À l'intérieur de ce triangle se trouve le rouge *Kandarpa-vayu* (souffle du désir sexuel) de Kama (dieu de l'amour) qui est une forme de l'*apana vayu* car c'est ici que se trouve le siège du désir créateur. À l'extérieur du triangle se trouve un carré jaune, nommé le *prithivi* (terre), un mandala auquel est attaché le « foudre à huit tonnerres » (*ashta-vajra*).
Ici se trouve le *bija* (syllabe-semence), « lang » et à ses côtés *prithivi* sur le dos d'un éléphant. Ici aussi se trouvent Brahma et Savitri (le Soleil) et la rouge Shakti Dakini aux quatre mains.

Description contemporaine

Plan symbolique

Le chakra racine n'arrive à maturité que vers l'âge de cinq ans. Ce n'est qu'alors qu'il permet de se situer au milieu des informations environnantes du monde concrêt.
Il est composé de l'élément Terre et développe l'instinct d'enracinement, mais aussi son opposé, la nécessité de se mouvoir, d'occuper l'espace.

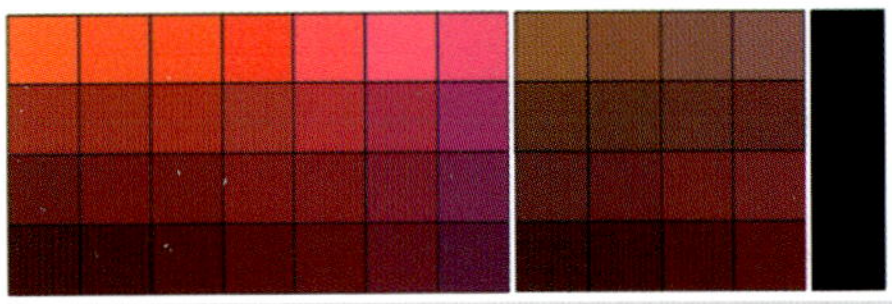
Palette des couleurs du chakra racine

Le chakra de la base est un ancrage à la Terre-Mère dans laquelle il s'enracine profondément afin que nous restions en contact avec sa force et que nous percevions tout l'amour qu'elle nous porte. Elle nous transmet ainsi son énergie, nous donne la force et le courage d'agir.

Le premier chakra nous stabilise en nous faisant garder le contact avec la réalité et le concret. Il est en relation directe avec les énergies telluriques de la Terre-Mère et les canalise vers notre corps physique.

Il canalise aussi les énergies cosmiques vers le plan physique. De ce fait, il est la somme des énergies qui influent sur le bon fonctionnement du corps, sur les capacités de réussite matérielle, sur la pérénité de l'être au travers de la procréation.

Il est le siège de la confiance en soi, de son intégration sociale, de la volonté de vivre et de survivre, de la réussite professionnelle et de la conscience collective de l'harmonie avec la nature.

Plan physique

Les fonctions du chakra de la base sont presqu'exclusivement physiques et concernent tout ce qui est dur dans notre corps : les os, le squelette et ses articulations, les dents, les ongles et les cheveux.

Il s'ouvre aussi sur l'enveloppe qui permet d'animer le squelette, c'est à dire la structure cellulaire de tous les muscles, ainsi que sur le fluide qui irrigue l'ensemble, à savoir le sang en tant que matière.

Il agit sur les pieds et les jambes. Il n'est pas rare que l'on sente ses jambes s'alourdir lorsque l'on travaille sur ce chakra.

C'est aussi par le premier chakra que l'on peut agir sur les glandes surrénales qui régulent le système vasculaire, la température du corps et la production d'adrénaline source d'émotions.

Le nez et l'odorat sont aussi concernés par le chakra racine.

Il a également une influence sur les organes de proximité : intestin, rectum, anus, prostate, testicules.

Lorsque le chakra-racine est bien équilibré, nous constatons chez ces gens une solide santé avec une admirable résistance aux agressions microbiennes, une excellente forme physique, de la force musculaire, une énergie facilement ressourcée, une vitalité communicative. Ils sont actifs à bon escient. Ils sont organisés et ont le goût de l'ordre. Ils sont manifestement en harmonie avec la nature et ses cycles naturels.
Les problèmes physiques que l'on rencontre en cas d'excès énergétiques au chakra racine sont multiples : hypertension artérielle, excès de cholestérol et de triglycérides, surcharge pondérale, malaises post-prendiaux, risques cardio-vasculaires, manque de sommeil, fatigues accumulées, constipation chronique.

En cas de carence en énergies au niveau du chakra racine, nous constatons des diarrhées fréquentes, des problèmes osseux ou dentaires, des douleurs articulaires, des problèmes de dos, une mauvaise circulation sanguine dans les jambes, des varices, les pieds froids et une sensibilité accrue aux risques inflammatoire et microbiens.

Plan mental

Le chakra racine permet de développer de magnifiques qualités : le réalisme, le pragmatisme, le sens des résultats concrets, le besoin d'avoir une activité productive, l'affirmation de soi, le goût des plaisirs matériels, l'hédonisme, l'enthousiasme, de l'énergie et de la vigueur.

A contrario, il peut aussi provoquer un manque de contrôle de soi, des éclats de colère, une ardeur excessive, une nécessité compulsive d'agir en toutes circonstance, même quand cela ne se justifie pas.

Lorsque les énergies véhiculées par ce chakra sont trop actives par rapport à celles qui irriguent les autres chakras, cela peut provoquer de nombreux excès de plaisirs physiques et matériels : l'accumulation des biens, la course à la richesse, les excès de table, les abus de boissons alcoolisées et de tabac, l'obsession du sexe.

Nous aurons alors affaire à des individus qui ont tendance à abuser du travail, en hyperactivité, avec un tempérament carriériste, une volonté démesurée de réussite professionnelle, de la méfiance vis-à-vis d'autrui et notamment des collègues ou confrères dont ils sont souvent jaloux et envieux. Leur excès de confiance en eux se renforce par des comportements égoïstes, un manque de générosité, et parfois même des tendances à l'escroquerie. Ils ont fréquemment un attrait compulsif pour les jeux de hasard et l'argent.

Ils ont souvent des tendances autoritaires. Leurs brutaux changements d'humeur, leur intolérance, consécutive à leur psychorigidité, les rend colériques et parfois violents. Ils subissent des tensions psychiques et nerveuses. Ils sont incapables de se relaxer ou de se ressourcer dans le calme : ils recherchent sytématiquement des lieux dans lesquels des foules bruyantes provoquent chez eux de l'excitation : matchs sportifs, discothèques, courses de chevaux, etc.. Ils accumulent les fatigues physiques et nerveuses qui peuvent dégénérer en craintes et angoisses.

Lorsqu'il y a une carence en énergies au niveau du chakra racine, nous avons des gens qui manquent sérieusement de dynamisme, de confiance en eux, Ils sont paresseux et n'aiment pas les exercices physiques qu'ils ne les pratiquent pas, ou trop peu.
Ils sont vélléitaire et vivent d'étranges état d'irréalité. Ils sont rêveurs, étourdis, distraits, manquent de mémoire, sont apathiques, souvent somnolents mais leur sommeil n'est jamais totalement réparateur.
Leurs instabilité professionnelle ou familiale les incite à avoir de fréquents désirs de déménagement ou à se replier sur eux-même dans le contexte familial, à s'isoler. Leur laisser-aller peut les conduire à négliger leur hygiène corporelle élémentaire. Ils accumulent des problèmes matériels qu'ils sont incapables de résoudre : en les éliminant de leur conscience, ils simaginent qu'ils vont les faire disparaitre. De ce fait, ils subissent en permanence un sentiment d'insécurité.

Plan spirituel

Le chakra racine est le siège de la naissance et de la future renaissance.

Il est bon de rappeler qu'il canalise les énergies cosmiques vers le plan physique apportant ainsi au corps physique une certaine félicité. D'ailleurs, ses quatre pétale symbolisent les quatre états de félicité : grande joie, plaisir naturel, délice de se maîtriser béatitude de la concentration.

Cela confirme bien que la clef de la félicité est dans la réalisation de la Divinité a niveau humain car c'est à partir de ce chakra que la montée de la Koundalini (l Divin endormi et latent en nous) s'initie. C'est ce qui déclenchera la descente du Divi extatique jusqu'à nos racines profondes, y apportant la perfection de la matière et dan la matière.

Exercice d'enracinement

C'est la phase la plus importante de cette méditation. L'enracinement est fondamenta préalablement à tout exercice d'activation du chakra coronal. Lorsqu'on monte trè haut en énergies, on a parfois des difficultés à redescendre vers les réalités.

L'enracinement n'empêche pas de monter, il permet de redescendre aisément, dans d bonnes conditions. C'est souvent dans les instituts psychiatriques que l'on retrouv ceux qui sont montés très haut sans un bon enracinement préalable.

Non seulement l'enracinement est indispensable dans notre vie quotidienne pou conserver un sens des réalités indispensable dans les société organisées dans lesquelle nous évoluons, mais c'est aussi grâce à lui que vous pourrez mettre en oeuvre la célèb montée de la Koundalini qui s'active toujours à partir du chakra racine.

Pour ce faire, faites un petit effort d'imagination et gardez vos pieds bien à plat sur sol. Essayez de visualiser les racines qui commencent à pousser de votre chakra de la base ou depuis la plante de vos pieds. Observez-les qui se développent, grandissent, se multiplient, s'entremêlent. Sentez-les se répartir autour de vous pour vous donner une assise, une bonne base de stabilité.

Puis voyez-les pénétrer dans le sol, grandir, se renforcer, se multiplier encore. Elles s'enfoncent sous terre en se ramifiant et trouvent leur chemin dans la croûte terrestre superficielle de notre planète Terre, cette croûte qui ne mesure en moyenne qu'une dizaine de kilomètres d'épaisseur. Observez leur progression jusqu'au magma de roches en fusion qui se trouve sous nos pieds. Voyez-le s'approcher du magma, hésiter, marquer une pause. Ne soyez pas effrayé car ce sont vos racines qui vont vaincre votre peur et vous donner le courage et d'assurance dont vous avez besoin.

Voyez-les plonger avec délectation dans ce magma brûlant qui vous transmet toute sa chaleur, tout l'amour, toute la force de notre Terre-Mère. Elles grandissent encore, grossissent, se ramifient et nagent dans le magma avec volupté tous en pénétrant de plus en plus profond, jusqu'à atteindre le noyau central de la terre, une sphère solide de fer et de nickel incroyablemant magnétique : c'est de là que provient le champ magnétique terrestre qui protège la vie en surface des rayonnements cosmiques nocifs venus de l'espace. C'est une colossale source d'énergie!
Voyez alors vos racines se déployer autour du noyau de notre Terre-Mère, l'envelopper comme si vous le serriez dans vos bras pour une prodigieuse étreinte amoureuse.

Et goûtez toute la beauté et toute la magie de ce moment privilégié dans cet admirable enracinement...

Harmonisation avec les cristaux

Les pierres que l'on peut appliquer au chakra racine ont chacune des propriétés spécifiques en dehors du fait que les influences de leurs couleurs conviennent bien à ce chakra. Je vous conseille de vous référer au *Dictionnaire de la Lithothérapie* ou de consulter le site internet www.reynaldboschiero.com pour découvrir les propriétés particulières de ces pierres.

Pierres rouges (ou assimilées), (rouge franc, rouge orangé, rouge violacé, jusqu'aux marrons rouges plus sombres : force physique, courage, déblocage du premier chakra.

Cornaline
Grenat almandin
Grenat pyrope
Grenat rhodolite
Hématite
Jaspe rouge
Œil de fer
Œil de taureau
Pierre de soleil
Proustite
Quartz à inclusion de Rutiles (Cheveux de Vénus)
Réalgar
Rhodochrosite rouge cristallisée
Rubis
Rutile
Saphir rouge
Spinelle rouge (ou Ceylanite)

Quelques pierres pour le Chakra racine

1. Cornaline - 2. Obsidienne «œil céleste» - 3. Aragonite - 4. Spinelle 5. Grenat pyrope - 6. Rubis - 7. Rutile - 8. Rubis - 9. Zircon - 10. Dravite 11. Idocrase - 12. Staurotide - 13. Cassitérite - 14. Jais 15. Jade magnétite - 16. Jade noir - 17. Hématite - 18. Anatase - 19. Galène

• Pierres brunes : sens des réalités, confiance en soi, enracinement.

Andalousite et Chiastolite
Aragonite
Axinite
Bois silicifié (ou Xyloïde)
Enstatite
Obsidienne acajou
OEil de fer
Quartz enfumé
Tourmaline uvite brun rouge
Vanadinite
Zircon hyacinthe

• Pierres noires (et assimilées) : protection physique, enracinement profond.

Cassitérite
Diamant noir
Diorite orbiculaire
Galène
Graphite
Magnétite
Morion
Obsidiennes noires
OEil de fer
Onyx noir
Psilomélane
Quartz à inclusions de Tourmaline noire (Flèches d'Amour)
Staurotide
Tantalite
Tectites noires
Tourmaline noire (ou Schorl).
Wolfram

Différentes variétés de tourmaline noire
1. Macle de cristaux naturels - 2. «Flèches d'amour» dans une sphère polie de cristal de roche» - 3. Cristal naturel pour des applications en géobiologie - 4. Cristaux naturels dans une gangue de quartz - 5. Cristal «aiguille» - 6. Bracelet de cristaux naturels biterminés - 7. Galet poli - 8. Cristal naturel biterminé - 9. disque «Pi» (donut)

Exercice N°7

Méditation

sur le Chakra Coronal

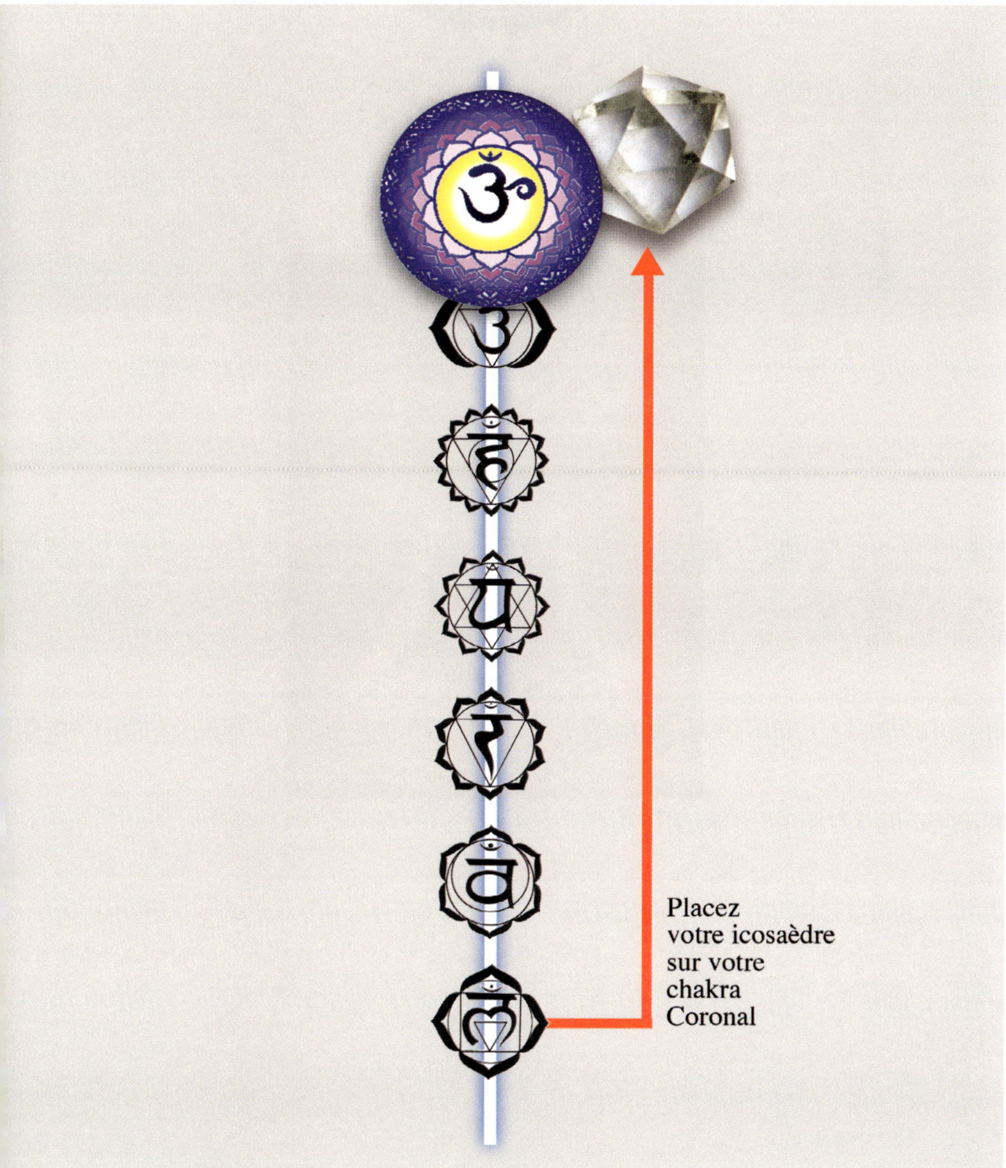

Chakra Coronal

Caractéristiques

• **Nom en sanscrit :** Sahasrara chakra (*sahasrara*, d'après le chiffre « sahasra » = 100
c'est à dire le Lotus aux mille pétales)
• **Autre dénominations :** chakra du sommet, chakra coronal, centre du sommet.
• **Localisation :** sommet du crâne
• **Couleurs dominantes :** violet, blanc, or
• **Pétales :** 972
• **Élément :** il est au-delà des éléments spirituels et matériels
• **Planète :** Saturne
• **Sens de rotation :**
Homme : sens des aiguilles d'une montre

Femme : sens contraire.
Fonction sensorielle : l'extralucidité
Fonction physiologique : glande pinéale
Fonction mentale : la conscience de tout
Fonction spirituelle : liaison avec le *Satya Loka*, plan de la Réalité absolue
Correspondance aurique : il n'agit pas directement sur nos corps subtils mais permet : contact avec le corps d'immortalité (*nirmanakaya*)
Sonorité musicale : Si
Mantra : *Aum*

escription traditionnelle

l'après A. Avalon, *Maha Nirvana Tantra* - «Kundalini, Puissance du Serpent»)

ahasrara-padma, ou le lotus aux mille pétales multicolores, pend avec sa corolle tournée ers le bas depuis le *brahmarandhra* (la Porte de Brahman, sur la fontanelle), mais ırplombe tous les autres chakras.
'est là la région de la Cause première (*Brahma-loka*), la Cause des six causes qui vont enclencher. C'est le grand Soleil à la fois cosmique et individuel dans l'illumination ıquel Parama-Shiva et Adya-Shakti résident.
on pouvoir est *vachaka-Shakti* (la Puissance du Verbe) ou *saguna-Brahman* (Brahman ıns attributs), renfermant virtuellement en son sein les *gunas*, les pouvoirs, et les ans de manifestation.
ırama-Shiva a la forme de l'Éther absolu (paramakasha-rupi), de l'Esprit Suprême *aramatma*), du Soleil dans les ténèbres de l'ignorance.
ır chacun des pétales du lotus sont disposées toutes les lettres de l'alphabet et abso-ment tout ce qui existe dans les chakras inférieurs ou dans l'univers (*brahmanda*) ;iste ici à l'état virtuel (*avyakta-bhava*).
:s shivaïtes appellent ce lieu *Shiva-sthana* (résidence de Shiva), les vishnouïtes *ırama-purusha* (l'Être suprême), les Shaktas *Devi-sthana* (résidence de la Déesse), s philosophes du *Sankhya Prakriti purusha-sthana* (support de la Matière et de :sprit). D'autres lui donnent d'autres noms, tels que *Hariharasthana, Shakti-sthana, ırama-Brahma, Parama-hamsa, Parama-jyotih* (Lumière de l'absolu), *Kula-sthana* ı Montagne immuable), et *Parama-Shiva-Kula*. Quelque soit ce nom, tous parlent du ême Absolu.

ıra-Nada chakra

ıra Nada est le Son inaudible, la vibration de l'éternité, la vibration sonore primor-ıle d'avant la création. Il se déploie sur sept niveaux : *vyapini, vyomanga, ananta, ahata, anashrita, samana et unmana*.
ıns les états de sublime *samadhi*, on perçoit ces vibrations dans la région des mille tales du Sahasrara. On le considère donc comme un ensemble de 21 chakras situés dessus et à l'intérieur du chakra coronal.

adashanta chakra

adashanta se situe «douze doigts» au-dessus du *brahmarandhra* (l'orifice situé sur fontanelle).

Description contemporaine

Plan symbolique

Le chakra coronal répond à une symbolique puissante : il est le Un qui renferme l Tout, ou le Tout dans l'Un. Cette perception est tributaire de l'orientation de notr regard intérieur :
• involution lorsqu'il passe du plan initial à la manifestation,
• ou évolution lorsqu'il va de la manifestation à la Source.

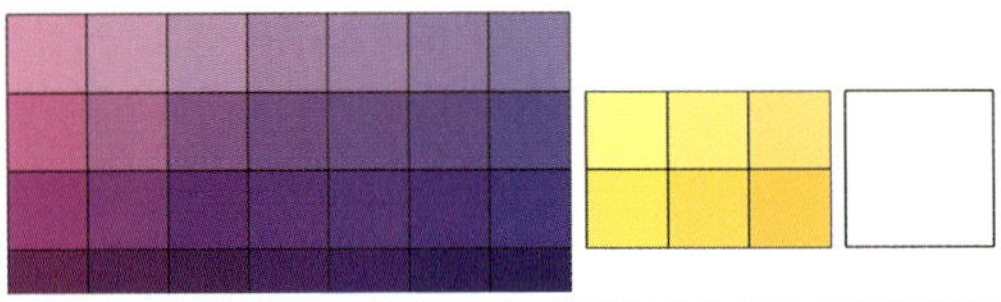

Palette des couleurs du chakra coronal

Le chakra du sommet réunit toutes le énergies des autres chakras. Il est l point de rencontre et de fusion des Force Cosmiques, de l'esprit divin avec no propres énergies pour l'accomplisseme suprême de soi.

En tant que point de fusion, le chakra du sommet permet d'atteindre la synthèse ultime chaque partie de notre corps et de notre esprit est un tout qui se fond dans l'ensemb social qui lui même fait partie d'un tout, sur terre et dans le ciel, au milieu des force cosmiques et universelles. Il est l'unité absolue.

Il est le centre de nos origines, de notre mort, de notre présent et de notre renai sance perpétuelle. Le sentiment d'éternité se manifeste lorsque les deux mouvemen sont perçus simultanément. Ce n'est qu'alors que l'on accède à la Connaissance de Sagesse.

Il est au-delà du spirituel et du matériel. Il est le siège de la connaissance intuiti parfaite et totale car il nous élève au coeur de l'esprit divin, siège de toutes choses.

L'ouverture du chakra du sommet débloque totalement les autres chakras. Il rayon tant que tout votre entourage en est favorablement influencé. En vous se trouve conscience de l'unité de tout, dans l'accomplissement des desseins divins au trave de vos actes.

Votre perception des choses devient si parfaite et si lumineuse que vous avez l'impre sion de sortir d'un long voyage dans un brouillard déformant. Ce long voyage, c'ét votre vie passée. Vous avez désormais atteint la lumière. Je n'émettrai qu'une seu réserve : l'ouverture du chakra du sommet n'est possible qu'après un long travail structuration énergétique sur tous les autres chakras. Alors ne mettez pas la charr avant les boeufs.

J'ai pu constater deux types de représentations pour illustrer ce chakra :
• les mille pétales coiffent le sommet de la tête et descendent vers le plan physiq pour l'irriguer en énergies,
• ou ils s'épanouissent vers le haut en relation avec les Forces Cosmiques.
Je pense que la première représentation correspond à un développement initial al que la seconde serait un développement plus avancé.

.e chakra coranal autorise des expériences extatiques en donnant accès à des niveaux le flux énergétique directement tributaires des desseins divins. C'est ainsi que les 'isions des forces d'énergies cosmiques universelles, déjà connues ou encore inconues de la recherche scientifique, deviennent plus riches et mieux maîtrisées.

)ans une évolution spirituelle, il établit la relation entre l'homme et son ou ses /aîtres intérieurs et, ce ce fait, il guide l'humain vers une dimension occulte. La percée .e Koundalini n'est jamais tout à fait suffisante pour assurer le plein épanouissement .e cette dimension particulière : il n'y a probablement pas de limites, ni de temps, ni 'espace, mais le développement de la vie dans le monde supérieur nourrissent son éveloppement.

l est bon de rappeler ce que disait Leadbeater avec toute la lucidité qu'on lui connait :

Ce chakra s'éveille en général le dernier. Tout d'abord il est de même dimension ue les autres, mais à mesure que l'homme progresse sur le Sentier de l'avancement piritual, il augmente régulièrement jusqu'à ce qu'enfin il couvre, ou à peu près, tout le ommet de la tête. Autre particularité de son développement : ce n'est d'abord qu'une épression dans le corps éthérique, comme le sont tous les autres chakras car, par lui omme par ceux-ci, la force divine se déverse du dehors vers l'intérieur. Mais, quand homme a compris qu'il est comme un roi de la lumière divine, prodiguant ses largesses tous ceux qui l'entourent, le chakra se retourne, sa concavité devient, en quelque orte, convexité. Il ne reçoit plus, il rayonne. Ce n'est plus une dépression, c'est une roéminence qui se détache de la tête comme un dôme, véritable couronne de gloire ».

lan physique

e chakra du sommet agit exclusivement sur le cerveau qu'il éclaire et purifie.
agit sur la glande pinéale et toutes les fonctions supérieures du cerveau, ouvrant ainsi voie à une spiritualité empreinte de Sagesse qui établit une communication lucide vec les plans spirituels et cosmiques mais aussi une vision directe des plans subtils en lation directe avec notre plan physique.

lan mental

n'agit pas sur le plan mental et ne participe pas à nos comportement psychologiques ı sociaux. Il est pur éther, pur esprit. Néanmoins, il autorise l'accès à la conscience.

lan spirituel

orsque le chakra coronal est correctement équilibré en énergies, on peut ressentir une tirance spontanée vers des domaines mystiques ou occultes. Ce seraient probablement des réminiscences des acquis karmiques antérieurs : une sensibilité spirituelle ontanée, un accès immédiat à la vérité intérieure et éternelle qui fait contrepoid aux seignements cartésiens dominants déversés par le monde de l'éducation contemporaine occidentale. Il devient alors clair que le plan karmique de l'incarnation présente ıprègne désormais nos choix et nos décisions.

concept même d'un chakra coronal sous-actif et sur-actif est absolument inadéquat.

Voici ce que l'on peut lire dans les *Upanishads* :

« Dans le vaste cosmos, aucune de ces entités ne pouvaient, sans le pouvoir du Créateur (Mahat), émettre de pulsation ni agir. Il désira les vivifier. Ayant fendu le macrocosme sur toute sa longueur, Il l'ouvrit, et fit de même avec le nadi de Brahman et avec le chakra coronal (sahasrara) de chaque être individuel. Il pénétra alors en eux par ces ouvertures. Bien que toujours inertes (dépourvus de conscience et de volonté propre), ils se mirent à fonctionner comme des êtres doués de sensibilité, chacun accomplissant ses propres fonctions. »

Il n'est pas possible de traiter de la détection d'un surdimensionnement du chakra du sommet car il ne peut pas y en avoir : le chakra du sommet n'est jamais totalement ouvert ou complètement fermé car, dans tout individu, il y a une parcelle d'interrogation sur les mystères divins, ne serait-ce que sur la vie, la mort, l'avant-vie, l'après-mort...

Le chakra du sommet est rarement parfaitement fluide en énergies. Aussi, partez du principe qu'en vous, il brasse en relativement peu d'énergieset qu'il n'y a pas lieu de détecter les signes de sa fermeture mais plutôt les signes avant-coureurs de son ouverture. Pour ce faire, vous devrez transcender votre peur de l'inconnu, rompre le confort de votre l'ignorance, ouvrir votre esprit à quelque chose qui vous dépasse tant il est difficile de se l'imaginer.

Afin de bien activer ces énergies, vous devrez faire l'effort de situer votre destin en vous imaginant au milieu d'une catastrophe épouvantable : l'explosion du camion d'essence qui vous précède sur l'autoroute lors de votre départ en vacances, l'écrasement de l'avion qui vous transporte, l'effondrement lors d'un tremblement de terre de l'immeuble qui vous abrite, le chavirage éclair du paquebot qui vous emporte en croisière à des centaines de kilomètres de tous secours...

Bien sûr, tous ces cauchemars sont d'une extrême violence et rien, dans de telles circonstances, ne pourrait vous sauver physiquement. Vous n'auriez personnellement aucun moyen physique ou intellectuel d'infléchir le cours inéluctable des événements. Vous vous sentiriez moins fort qu'un fétu de paille entraîné dans
une tornade...

Alors, allez plus loin encore dans votre effort d'imagination, car ces catastrophes, aussi puissantes, aussi cruelles soient-elles, ne sont que d'inaudibles murmures au niveau de la planète, de la force de son magma interne, de la fragilité de son écorce, de la délicatesse de son atmosphère, de l'immensité de ses océans. Cette planète gigantesque et magnifique sur laquelle nous vivons, plus faibles que des coques de noix dans le [illegible] d'un torrent déchaîné, qu'est-elle en regard de notre système solaire, de la galaxie dans laquelle il s'inscrit ? Elle est moins qu'une tête d'épingle dans notre système solaire et notre système solaire est à peine plus visible dans notre galaxie.
Elle est si vaste que notre civilisation hautement technologique n'a jamais pu envoyer ne serait-ce qu'un objet minuscule plus loin que dans le système solaire voisin...
Là, on se replace dans le temps, avec les milliards d'années du Big Bang originel, et [illegible]

commence à compter en années-lumière. Une année lumière, il faut avoir conscience de ce que c'est : c'est la distance parcourue par la lumière en un an à la vitesse de trois cent mille kilomètres par seconde! En soi, c'est déjà pour nos esprits humains une distance inimaginable, presque impossible à visualiser. Pourtant, à l'échelle de l'univers que nous connaissons, nous ne comptons pas en dizaines ou en centaines d'années-lumières, mais en milliards d'années lumière. Cette lumière que l'on ne perçoit qu'aujourd'hui et qui a été émise bien avant notre naissance, bien avant l'apparition de l'espèce humaine sur terre, bien avant l'apparition de notre système solaire et de notre petite planète, des distances si grandes, si colossales, que seuls les astrophysiciens ne les trouvent pas abstraites, et encore...
Notre galaxie, qui est déjà dans ses dimensions bien au-delà de ce que nous sommes capables d'imaginer, n'est pourtant qu'une minuscule tache dans l'univers, parmi des milliards de taches minuscules qui, elles aussi, sont aussi des galaxies, et qui contiennent chacune des centaines de milliards d'étoiles et bien plus encore de planètes...

Et vous, que faites-vous là, au milieu de cette immensité indescriptible?

Un soir d'été, levez simplement les yeux vers le ciel étoilé : cette myriade d'étoiles, si nombreuses qu'elle forment des nuages dans le ciel de nuit, si nombreuses qu'il ne vous est pas possible de les compter, ce n'est qu'une petite partie de notre galaxie.

Essayez de vous situer dans cet ensemble directement perceptible et là, vous sentez déjà votre chakra du sommet s'entr'ouvrir. Vous avez compris que vous êtes la composante d'un TOUT qui est UN, régi par des forces qui vous échappent, sur lesquelles vous n'avez aucun contrôle, aucune influence.

Maintenant, faites le voyage à l'inverse, vers l'infiniment petit. Essayez de cernez la ronde des atomes, le ballet des particules. Essayez de vous situer par rapport à eux, d'appréhender leurs dimensions, les forces qui les animent. Là non plus, vous n'avez aucun contrôle, aucune influence. Pourtant, ces phénomènes sont en vous, comme en toute chose, sur terre, dans l'eau, l'air, le feu, dans l'univers entier qui est UN, de l'infiniment petit à l'immensément grand, bien au-delà et bien en-deçà de votre niveau de compréhension ou d'observation.

Alors, favorisez l'ouverture de votre chakra du sommet en laissant aller votre esprit à n'être rien d'autre qu'un TOUT. Étant TOUT, vous en avez la connaissance immédiate. Vous êtes univers et atome, vous êtes les forces qui les régissent. Vous êtes hors du temps car les distances ont disparu.

Vous êtes la lumière.

Vous êtes Dieu en accomplissant les moindres actes de votre vie quotidienne.

Quelques pierres pour le Chakra coronal

1. Diamant - 2. Quartz sceptre - 3. Or natif - 4. Cristal de roche tabulaire
5. Cristal de roche (icosaèdre) - 6. Quartz rutilé - 7. Améthyste «Cactus» -
8. Cristal de roche (grand générateur) - 9. Sugilites
10. Cristal de roche (laser biterminé) - 11. Azurite
12. Améthyste «Soleil» - 13. Tanzanite

Harmonisation avec les cristaux

Les pierres que l'on peut appliquer au chakra coronal ont chacune des propriétés spécifiques en dehors du fait que les influences de leurs couleurs conviennent bien à ce chakra. Je vous conseille de vous référer au *Dictionnaire de la Lithothérapie* ou de consulter le site internet reynaldboschiero.com pour découvrir les propriétés particulières de ces pierres.

Les couleurs que le septième chakra préfère sont : blanc, violet, or.

• Pierres blanches et pierres incolores : spiritualité, rayonnement divin.

Apophyllite incolore
Cristal de roche
Diamant incolore
Pétalite
Phénacite
Saphir blanc
Topaze blanche

• Pierres violettes : sagesse spirituelle, ascèse, conscience de l'au-delà.

Améthyste
Azurite
Charoïte
Cordiérite
Érythrine
Kunzite
Lapis lazuli
Tanzanite

• Pierres or : richesse et raffinement spirituels.

Chalcopyrite
Héliodore doré
Marcasite
Or natif
Pyrite
Quartz à inclusions de Rutile («Cheveux de Vénus«)
Topaze impériale dorée

• Cas particuliers :

Amétrine (violet et or)
Obsidienne «œil céleste« (la vérité sur soi)
Opales nobles (irrigation des corps subtils)
Sphalérite et Sphène (influence sur le système nerveux)

Le bilan énergétique

Maintenant que vous avez fait tous vos exercices avec votre icosaèdre, il serait bon l'en vérifier les effets. C'est le but du bilan énergétique. Il est utile de le faire réguliè-ement et de noter les variations énergétiques de chacun des chakras. Pourquoi ne pas e faire avant vos méditations et de recommencer après? C'est un bon indicateur. Hélas, vous ne pouvez pas faire ce bilan sur vous-même. Vous devrez donc vous assurer 'assistance d'une tierce personne.

Pour dresser un bilan énergétique, vous devez disposer d'outils qui vous permettent de le réaliser, à moins que votre sensibilité particulière au niveau des mains ne vous autorise à vous en passer.

Le pendule de radiesthésie

A mon avis, c'est l'outil idéal, pour peu que l'on en ait une maîtrise correcte. Celà nécessite une petite approche technique et beaucoup de confiance en soi.

Il n'est pas de mon propos de vous apprendre à vous servir d'un pendule : il existe de nombreux ouvrages consacrés au sujet et des stages d'initiation très efficaces. Je peux néanmoins vous donner quelques conseils qui vous seront utiles.

Description

Un pendule, c'est un objet très simple : une masse reliée à la main de l'utilisateur par n cordon souple. Dans l'absolu, un écrou noué sur une ficelle pourrait faire l'affaire. Heureusement, il existe des pendules dont les formes ont été bien étudiées pour que la ransmission des énergies soit précise et sensible. De multiples formes répondent à des applications particulières mais, si vous débutez, choisissez la simplicité : un pendule cônique lisse.

Quant aux matières dans lesquelles ils sont fabriqués, bois, métaux, pierres ou autres, elles répondent également à des applications spécifiques. Si vous préférez travailler avec un pendule taillé dans une pierre naturelle, choisissez plutôt une pierre énergéti-quement neutre. L'idéal, c'est le Cristal de Roche.

Le pendule est un outil tributaire des énergies de celui qui le manie. Il est énergétique-ment neutre et n'agit jamais de sa propre initiative. C'est la personne qui le manipule qui ui transmet ses propres énergies : comme tous les outils, il n'est que le prolongement de la main de celui qui le tient et le relais des énergies de la personne qui le manipule.

C'est pourquoi vous ne devez en aucun cas essayer de l'influencer : si vous vous dites «J'aimerais bien que la réponse à ma question soit oui», le pendule répond «Oui». Autant dire que cela ne sert à rien et que vous n'aurez jamais les bonnes réponses à vos questions. Le plus difficile, c'est de ne pas influencer votre pendule. Videz-vous la tête, c'est indispensable.

Les détracteurs de cette technique disent que c'est le manipulateur qui exerce de minuscules impulsions sur la cordelette ou la chaînette. C'est exact. Le pendule n'est qu'un moyen de visualiser ce qui est déjà en vous.

La programmation

Maintenant, comment procéder? Avant tout chose, concentrez-vous pour programmer votre pendule avec simplicité sachant que vous allez lui poser des questions simples. Si vous essayez de lui demander le nom latin de la vipère à corne (*Bitis nasicornis*). Il sera incapable de répondre. En revanche, si vous lui posez une question dont la réponse ne peut être que «Oui» ou «Non», il répondra.

Il suffit donc de le programmer à votre guise, par exemple :
• pour répondre «Oui», je te prie de bien vouloir tourner dans le sens des aiguilles d'une montre et pour répondre «Non», tu tournes dans le sens contraire,
• ou pour répondre «Oui», tu oscilles sur l'axe nord/sud, et pour répondre «Non», tu oscilles sur l'axe est/ouest.

Tous les modes de programmation sont permis pourvu qu'ils soient aussi simples que possible et qu'ils n'entraînent pas de risques de confusion de votre part. Ensuite, posez des questions qui vont du général au particulier. Cernez le problème progressivement pour arriver à obtenir finalement une réponse précise.

Dans l'absolu, vous devriez pouvoir trouver le nom latin de la vipère à corne en procédant lettre par lettre, mais ce sera fastidieux et très certainement aléatoire si vous n'avez pas une excellente maîtrise de votre outil.

Le bilan énergétique

Sachant que vous allez travailler sur les chakras pour savoir s'ils sont correctement irrigués en énergies, vous pouvez poser dès à présent une question simple : «Ce chakra est-il bien irrigué en énergies?». Si la réponse est «Non», demandez si ce chakra est trop actif. Si la réponse est «Non», demandez si ce chakra est noué ou bloqué.

Notez la réponse sur un schéma de vos chakras, en précisant la date de ce test. Vous pourrez ainsi comparer les différences qui se manifestent dans le temps, en fonction de la qualité de vos exercices ou des circonstance particulières de votre vécu présent. Vous serez ainsi mieux à même d'en interpréter les résultats et d'obtenir des explications sur les flux énergétiques qui sont véhiculés par vos chakras.

Dans un premier temps, ne tenez pas compte du sens de rotation du chakra que vous

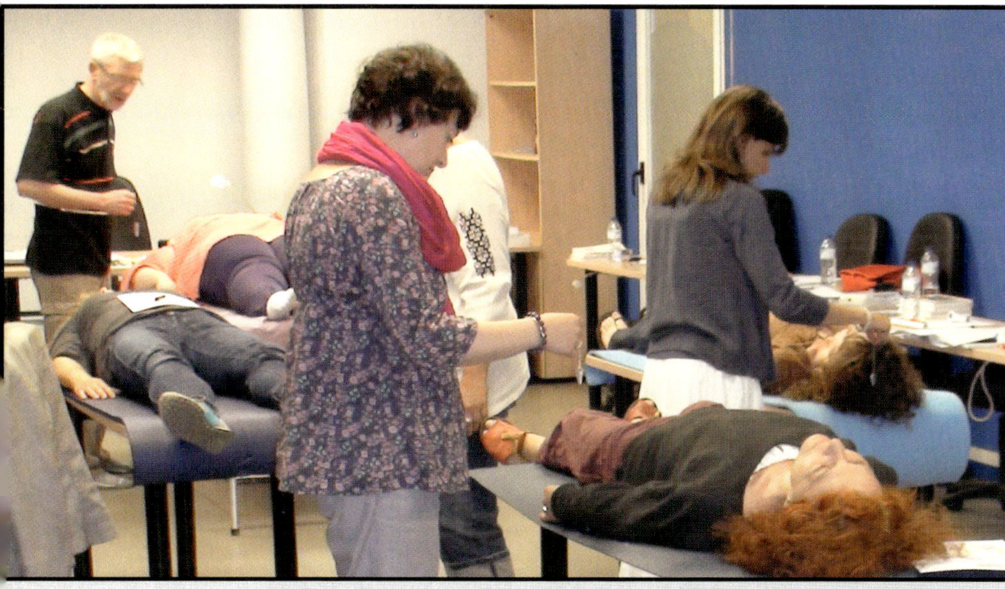

Exercice de bilan énergétique au pendule
lors d'un séminaire de formation à la Lithothérapie

estez. Vous pourrez toujours demander cette précision par la suite, si nécessaire. Mais ıe confondez pas les sens de rotation de votre pendule (si vous l'avez programmé en otation) avec les sens de rotation de votre chakra. Lorsque vous demandez quel est le ens de rotation du chakra, vous devez poser la question correctement pour obtenir une éponse positive ou négative : «Ce chakra tourne-t-il dans le sens des aiguilles d'une nontre?». La réponse du pendule sera tributaire de la programmation que vous avez tablie. Par exemple, à la question posée ci-dessus, le pendule peut très bien tourner lans le sens contraire des aiguilles d'une montre (si vous l'avez programmé en rotaion). La réponse est donc : «Non». En conséquence, le chakra concerné tourne dans le ens contraire des aiguilles d'une montre.

.'interprétation

ı force de travailler avec votre pendule, ous vous rendrez compte que vous preez de l'assurance, que ses réponses deiennent plus nettes, plus précises, plus apides. Tant que l'on se contente de saoir si les chakras sont bien irrigués en nergies et dans quel sens ils tournent, 'est relativement facile lorsque l'on a n minimum d'expérience. Mais quand il 'agit d'interpréter les résultats que l'on a btenus, c'est un peu plus délicat.

Carnet de test sur les chakras
pour établir un bilan énergétique

Il va vous falloir vous repérer par rapport à votre vécu présent et passé. Une crise affective momentanée va très certainement affecter la fluidité des énergies au chakra du coeur. Une vieille blessure à une jambe, un fracture par exemple, peut très bien avoir laissé des séquelles au niveau du chakra racine. C'est à vous de faire oeuvre de mémoire afin de relier, autant que possible, les évènements de votre vie passé ou présente au fonctionnement de vos chakras.

Là encore, rien ne remplace l'expérience personnelle.

Les autres outils

Lors de mes séminaire de Lithothérapie, j'ai vu certains de mes élèves travailler avec des outils très différents : pendule à boule sur tige flexible, baguettes de sourcier, deux baguettes de radiesthésie, antenne de Lecher, testeur sonore du type «Eolyre» ou diapason, et bien d'autres. Certains de mes élèves, magnétiseurs ou maîtres Reiki expérimentés travaillent uniquement avec leurs mains.

Comme le pendule, chacun de ces outils nécessite une bonne approche technique et une expérience personnelle. Aucun n'est meilleur que l'autre et chacun a le droit d'utiliser l'outil qui lui convient le mieux. L'important, c'est que le bilan soit aussi précis que possible car c'est de lui que vont dépendre les travaux que vous allez entreprendre par la suite, en méditation avec votre icosaèdre ou avec des pierres spécialisées, ou en séance de soins.

Les livres

Les exercices de sensibilisation que vous venez de faire sont très exactement ceux que je fais faire à mes élèves lors de mes séminaires de formation à la Lithothérapie. Cependant, les conditions de travail dans mes séminaires permettent un travail plus en profondeur, notamment dans les méditations assistées. Suite aux demandes répétées de nombre de mes élèves qui souhaitent refaire chez eux les exercices du stage, j'avais commencé à enregistrer sur CD les textes ds méditations assistées sur les chakras sur les chakras. Malgré les nombreuses demandes que j'ai reçues pour ce CD, j'ai les plus grandes difficultés à trouver quelqu'un qui accepterait de l'éditer.

Vous venez de faire vos premières expériences concrètes en Lithothérapie active. J'espère que vous avez réussi à développer votre ressenti au travers de ces tout premiers contacts avec les pierres et les cristaux et que vous avez commencé à assimiler les principes élémentaires de la lithothérapie. Vous avez probablement essayé d'interpréter les signes que vous avez notés dans votre cahier après chaque exercice. Si certains vous ont semblés évidents et faciles à interpréter, d'autres vous paraissent encore mystérieux. C'est normal car l'interprétation de ces signes répond à des codes précis que l'on ne peut décrypter qu'après une longue expérience en énergétique.

Si vous avez apprécié le travail que vous venez de réaliser vous aurez certainement du plaisir à progresser dans votre démarche. Pour ce faire, vous aurez besoin d'ouvrages plus vastes et plus précis, surtout si vous désirez progresser depuis le exercices de sensibilisation vers un travail de soins. N'hésitez pas à consulter des ouvrages plus élaborés ou plus spécialisés. Vous trouverez ci-dessous une liste des livres que vous devriez vous procurer si vous désirez approfondir vos connaissances en Lithothérapie et devenir de vrais spécialistes des soins par les pierres.

Le dictionnaire de la Lithothérapie
Éditions Ambre ©2006

C'est l'ouvrage de référence pour bien connaître les propriétés énergétiques des pierres et cristaux. Sa première édition de 1992 a été remise à jour et complétée en 2000 et 2006. J'envisage de travailler dans les années qui viennent sur une version encore plus élaborée.

L'édition de 2006 comprend 450 pages, 300 noms de pierres, plus de 600 photographies couleurs de grande qualité (pour chacune des pierres : pierre brute ou cristal naturel, pierre polie, pierre facettée).
Les propriétés de chaque pierres sont décrites au plan chimique et minéralogique, au plan des traditions et de la symbolique, au plan physique, au plan émotionnel et mental, au plan spirituel,

Le Guide pratique de la Lithothérapie énergéticienne
Éditions Ambre ©2007

Ce livre est une excellente base pour comprendre globalement les principes de la Lithothérapie.
Cet ouvrage de 320 pages bien illustrées en couleurs comprend :
• Une introduction à la santé par les pierres et les principes éthiques des techniques de soins alternatifs,
• Un historique détaillé des rapports synergiques entre l'univers minéral et le monde organique,
• Une présentation complète des outils de la Lithothérapie et des explications illustrées pour s'y retrouver quand on ne connaît pas les subtilités de la minéralogie,
• Les soins à apporter aux pierres, les techniques de purification et de rechargement,
Savoir guider les énergies subtiles des pierres par la méditation,
Assimiler les principes scientifiques contemporains de la physique fondamentale et es phénomènes chimiques dont notre santé dépend,
Comprendre le système énergétique du corps humain (aura, chakras) et l'utiliser orrectement,
Comprendre l'influence des couleurs sur notre santé et nos comportements,
Savoir générer les ondes de formes avec les Géométries Cristallines Périphériques

(GCP) pour mieux encore utiliser les énergies subtiles des pierres,
• Un guide d'achat des pierres et de nombreuses annexes.

Après ces deux ouvrages généralistes, j'ai publié trois ouvrages très spécialisés afin d'aller vraiment au fond des choses et d'étayer les hypothèses que j'ai émises sur les principes élémentaires de la Lithothérapie. Cette trilogie fait le lien entre les thèses énergéticiennes ou ésotériques telles qu'elles sont présentées dans cet ouvrage et les thèses très concrètes de la chimie des minéraux appliquées aux fonctions biochimiques du corps :

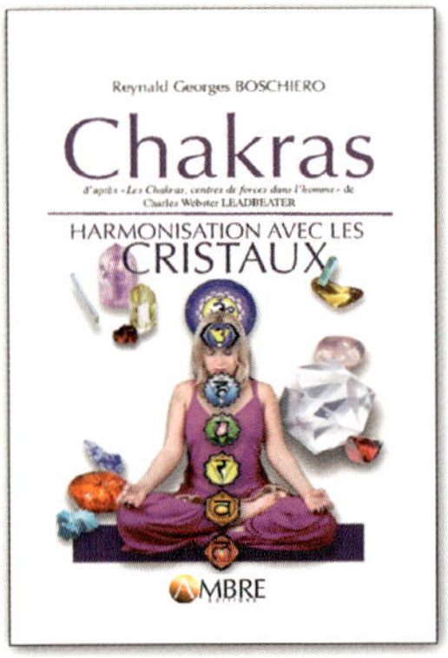

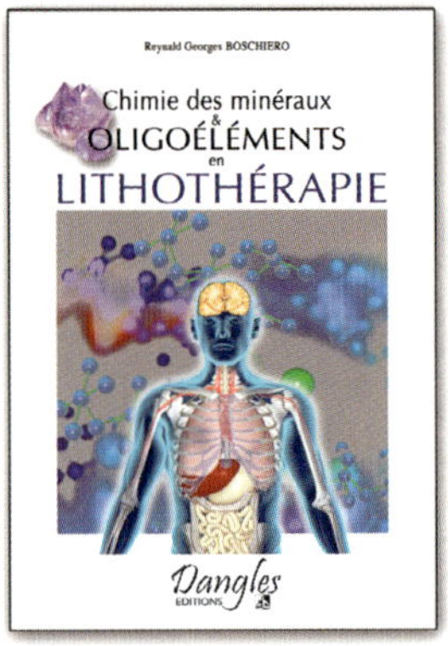

Chakras - Harmonisation avec les cristaux
Éditions Ambre ©2014

C'est le livre que vous avez en mains. Il vous plonge dans les racines historiques des traditions ésotériques indiennes pour essayer de codifier des principes énergéticiens tels que nous pouvons les mettre en œuvre dans le monde occidental contemporain.

L'influence des couleurs en Lithothérapie
Éditions Dangles ©2013

Ce livre de 206 pages richement illustrées est très complémentaire du précédent ca les couleurs sont un des éléments fondamentaux du travail énergétique sur les chakras Il essaie d'expliquer pourquoi grâce aux connaissances scientifiques contemporaine sur la lumière et aux différentes traditions qui décrivent le symbolisme des couleurs au cours des âges et dans les différentes cultures. Il fait le lien entre les thèses ésotérique subjectives et les thèses scientifiques objectives. Il donne les clés pour un travail effi- cace d'harmonisation des chakras en Lithothérapie.

Chimie des minéraux et oligoéléments en Lithothérapie
Éditions Dangles ©2012

On ne peut pas comprendre la Lithothérapie si l'on ne comprend pas comment les oli goéléments que les minéraux contiennent peuvent agir sur le métabolisme du corps e nous garder en bonne santé. C'est la pierre angulaire de la Lithothérapie sans laquell les énergies subtiles des pierres ne peuvent agir efficacement. Cet ouvrage de 168 page abondamment illustrées recadre le débat sur des fondamentaux. Il est réellement indispensable pour une pratique saine de la Lithothérapie.

Les pierres de protection
Éditions Trajectoire ©2014

Que ce soit chez soi ou au travail, dans la pratique du plus élémentaire des tirages de cartes ou le pire des rituels de magie noire, il est nécessaire de se munir de pierres de protection adaptées à chaque situation.
Environ 350 pages avec de somptueuses illustrations des pierres pour tout savoir sur les protections au quotidien, les protections du corps physique,les protections psychologiques, les protections dans l'environnement social, les protections de l'habitat, les protections en méditations, les protections dans les rituels magiques.

Se perfectionner en Lithothérapie

Pour bien maîtriser les énergies des pierres, pour les utiliser corrctement en soins, pour assimiler et comprendre les protocoles nécessaires, rien ne remplace une solide expérience que vous pouvez acquérir lors d'un séminaire de formation. Si la plupart des connaissances théoriques peuvent s'apprendre dans mes livres, rien ne remplace les travaux pratique sous la guidance de l'enseignant expérimenté que je suis en France, en Suisse, en Belgique et au Québec, dont nombre de médecien et de membre des professions médicales. Après plus de 20 ans d'enseignement, j'ai cessé depuis plus de trois ans les grandes tournées internationales.

J'animerai encore quelques séminaires probablement jusqu'en 2015, avant de prendre une retraite bien méritée que je consacrerai à l'écriture.

Pour avoir tous les renseignements nécessaires sur les derniers séminaires que j'animerai, connectez-vous sur : www.reynaldboschiero.com, rubrique «Stages».

Passer à la puissance supérieure

Vous avez compris le principe de l'harmonisation centrée en travaillant méthodiquement tous les exercices précédents avec votre icosaèdre en cristal de roche, pierre dite «universelle».

Vous avez établi votre bilan énergétique et vous vous êtes rendu compte que tel ou tel chakra fonctionnait bien, que tel autre était noué ou sous-actif, que tel autre était suractif, c'est à dire en excès énergétique

Nous allons donc passer à la puissance supérieure en travaillant avec les pierres de couleurs que l'on dit «spécialisées». C'est beaucoup plus complexe car il faut bien comprendre comment on peut intervenir sur les chakras avec les pierres de couleurs et apprendre à bien les choisir en fonction des cas à traiter. Il est possible de faire beacoup de choses, encore faut-il savoir comment. C'est ce que je vais tenter de vous expliquer simplement.

Vous trouverez dans les pages qui suivent différentes méthodes de réharmonisation des chakras par compensation chromatique. Comme ce chapitre concerne aussi bien les énergies des chakras que celles des couleurs, vous trouverez d'autres précisions sur le sujet dans *L'influence des couleurs en Lithothérapie* (Éditions Dangles ©2013).

Bien choisir ses pierres de soins :
Un exercice délicat

Harmonisation chromatique

Le bilan énergétique ayant été réalisé, ainsi que cela se pratique dans toutes les techniques énergéticiennes, en magnétisme, en Reiki, en kinésiologie ou autres, nous avons identifié des déséquilibres, nous les avons localisés, nous les avons estimés. Cela va nous permettre de compenser ces déséquilibres par un rééquilibrage des énergies sur les chakras.

Chaque chakra posédant une fréquence vibratoire particulière en corrélation avec les fréquences vibratoires lumineuses des couleurs qu'il accepte, c'est avec les pierres de couleurs que nous allons pouvoir gérer les énergies sur chaque chakra. Je vous propose dans ce chapître de comprendre par quelles méthodes nous pourrons obtenir les résultats souhaités :

ajout d'énergies sur un chakra sous-actif,
renforcement énergétique avec plusieurs pierres sur le même chakra,
soustraction d'énergies sur un chakra suractif,
pontage énergétique avec plusieurs pierres sur plusieurs chakras afin de faire circuler les énergies de l'un à l'autre.

Toutes ces techniques de rééquilibrages énergétique sont tributaires d'un principe incontournable, que ce soit en chromothérapie, en luminothérapie ou en Lithothérapie puisque nous utilisons des pierres de couleurs : le principe de complémentarité.

Principe de complémentarité

Pour comprendre ce qu'est une couleur complémentaire. il suffit de se référer au cercle chromatique de la page 28 de mon livre *L'influence des couleurs en Lithothérapie* (éditions Dangles ©2013) : la couleur complémentaire d'une couleur donnée est diamétralement opposée à cette couleur sur le cercle chromatique, que cette couleurs soit franche, densifiée par du noir ou pastellisée par du blanc.

Vous apprendrez également dans cet ouvrage comment vous pourrez, à partir du cercle chromatique, déterminer la couleur de référence pour votre travail de réharmonisation. Le cercle chromatique est votre principal outil de travail pour appliquer ces méthodes.

La couleur complémentaire du rouge est le vert (et réciproquement),

La couleur complémentaire du jaune est violet (et réciproquement).

La couleur complémentaire de bleu est orange (et réciproquement)

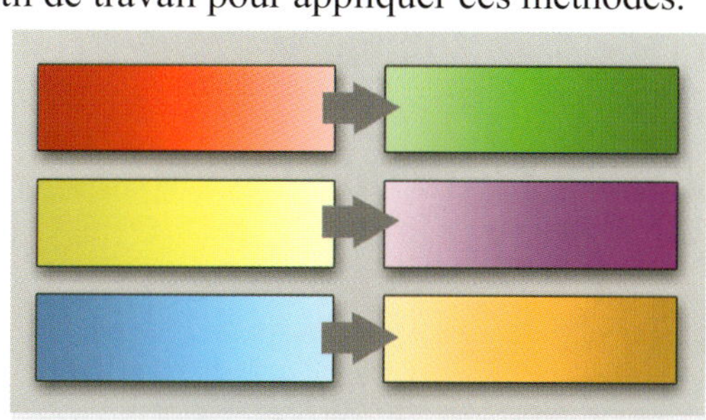

Complémentarité des couleurs

Ajout chromatique d'énergies sur un chakra sous-actif

Lorsqu'un chakra est sous-actif, c'est parce qu'il est en carence énergétique. Les flux qu'il véhicule sont faibles parce que la vitesse de rotation du chakra est insuffisante. Pour activer ce mouvement rotatoire, le principe est très simple : il suffit d'apposer sur le chakra insuffisamment irrigué en énergies des pierres de la couleur correspondant aux couleurs de référence de chacun des chakras. Ce sont les fréquences vibratoirs propres à chaque couleur qui vont acitver les flux énergétiques du chaka concerné.
Les illustrations qui suivent présentent le symbole du chakra concerné avec ses couleurs de référence, une palette ds couleurs admises, sachant que cette palette n'est pas tout à fait exhaustive, et une série de pierres appliquable sur ce chakra, sachant qu'il en existe beaucoup d'autres (se référer aux planches du chapitre «couleures et soins en Lithothérapie de mon livre *L'influence des couleurs en Lithothérapie* (Éditions Dangles ©2013).

Premier chakra : le chakra racine

Ses couleurs de référence sont :

- Rouge : force physique, courage, passion.
- Brun : enracinement, sens de réalités, pensées concrètes.
- Noir : enracinement et protection.

Il est possible de renforcer encore plus les énergies sur ce chakra en utilisant la méthode du renforcement chromatique avec plusieures pierres qui appartiennent de préférence à la même famille (ou à défaut au même système cristallin), par exemple : spinelle rouge + spinelle noir, cornaline rouge + onyx noir (famille des quartzites), tourmaline rouge (rubellite) + tourmaline brune (dravite) + tourmaline noire (schorl), obsidienne acajou + obsidienne noire.

Deuxième chakra : ckakra sacré

;a couleur de référence est :

Orange : sexualité, gestion des fluides corporels.

'roisième chakra : ckakra du plexus solaire

a couleur de référence est :

'aune : dynamisme, joie, gaité, bonne humeur.

uatrième chakra : chakra du cœur

:s couleurs de référence sont :

Vert (couleur dominante) : sentiments, amour, partage, compassion.
Rose : apaisement, douceur, tendresse.
Or (accessoirement) : engagement sacerdotal.

n notera que la meilleur pierre d'équilibrage énergétique entre les sentiments ıe l'on donne et ceux que l'on reçoit est la tourmaline «melon d'eau».

est possible de renforcer encore plus les énergies sur ce chakra en utilisant la méthode ı renforcement chromatique avec plusieures pierres qui appartiennent de préférence a même famille (ou à défaut au même système cristallin), par exemple : aventurine rte + quartz rose (famille des quartzites), émeraude + morganite (famille des béryls), ıorite verte + fluorite rose.

ıe exception avec deux pierres qui se complètent bien malgré le fait qu'elles ıppartiennent pas à la même famille : malachite (la meilleure des pierres anti-douleurs) hodochrosite (la meilleure des pierres anti-stress).

Cinquième chakra : ckakra de la gorge

Ses couleurs de référence sont :

- Bleu clair : éveil sur soi, communication intérieure.
- Bleu turquoise : volubilité, communication vers l'extérieur, écoute des autres.
- Argent (accessoirement) : modération.

Il n'existe qu'une seule possibilité de renforcement chromatique des énergies sur c chakra avec plusieurs pierres en associant une pépite d'argent natif à n'importe quel autre pierre bleue (clar ou turquoise).

Sixième chakra : ckakra du troisième œil

Ses couleurs de référence sont :

- Bleu franc, bleu sombre, indigo : intuition, créativité, imagination.
- Violet : capacités extrasensorielles.
- Jaune : intelligence, mémoire, structuration, capacités d'analyse et de synthèse.

Il est possible de renforcer encore plus les énergies sur ce chakra en utilisa la méthode du renforcement chromatique avec plusieures pierres qui appa tiennent de préférence à la même famille (ou à défaut au même système crista lin), Par exemple : améthyste + citrine (famille des quartz), saphir bleu + sapl jaune, fluorite bleue + fluorite jaune, calcite bleue + calcite jaune.
On peut aussi utiliser l'amétrine, violette et jaune dans le même cristal.

Septième chakra : ckakra coronal

Ses couleurs de référence sont :

· Violet : capacités extrasensorielles, clairvoyance, visions chamaniques.
Blanc : spiritualité, synthèse, conscience universelle.
Or (accessoirement) : engagement sacerdotal, mysticisme.

l est possible de renforcer encore plus les énergies sur ce chakra en utilisant la méthode lu renforcement chromatique avec plusieures pierres qui appartiennent de préférence . la même famille (ou à défaut au même système cristallin), par exemple : améthyste - cristal de roche + citrine (famille des quartz), scapolite violette + scapolite jaune, luorite violette + fluorite jaune. On peut aussi utiliser l'amétrine, violette et jaune dans e même cristal.

'oustraction chromatique d'énergies sur un chakra suractif

'’est une technique intéressante à mettre en œuvre. Elle est très efficace quand on st certain d'avoir réalisé un bilan énergétique parfait car l'interprétation de la surac-.vité d'un chakra est toujours délicate : un chakra doit toujours être très actif. Il doit aire circuler autant de flux énergétiques que possible dans une rotation assez vive. ne faut surtout pas essayer de soustraire des énergies à un chakra correctement actif)rsque que ce sont les autres chakras qui sont sous-actifs.
n doit donc s'assurer préalablement que ce chakra est bien suractif en vérifiant quel point cette suractivité peut générer un dysfonctionnement de la circulation es flux énergétiques dans le canal de circulation des énergies du patient et à quel oint cela est susceptible de lui porter préjudice.

ette technique est basée sur le principe de complémentarité chromatique : pour sous-aire des énergies sur un chakra suractif, on applique sur ce chakra une pierre de la ɔuleur complémentaire de celle que ce chakra accepte, et ce n'est pas toujours mple.

hakra racine suractif

Les couleurs de soustraction chromatique sur le premier chakra sont essentiellement :

• Différentes nuances de verts : diminution des manifestations consécutives à un ego surdimensionné, égoïsme, complexe de supériorité, radinerie, etc.

Il pourrait être intéressant dans ce cas d'établir un pontage entre le chakra racine et le chakra du cœur avec deux pierres identiques qui vont provoquer un transfert énergétique du chakra racine suractif vers le chakra du cœur généralement sous-actif dans ce cas précis.

• Le blanc afin de compenser des tendances trop matérialistes ou excesivement protectionnistes.

Il pourrait être intéressant dans ce cas d'établir un pontage entre le chakra racine et le chakra coronal avec deux pierres identiques qui vont provoquer un transfert énergétique du chakra racine suractif vers le chakra coronal généralement sous-actif dans ce cas précis.

Cela permettrait une ouverture à la connaissance universelle et à la spiritualité.

Chakra sacré suractif

Les couleurs de soustraction chromatique sur le deuxième chakra sont essentiellement des bleus turquoises.

Elles s'appliquent dans des cas de tendances maladives à la boulimie sexuelle, l'addiction aux pratiques sexuelles. On veillera à ne pas émettre des jugements d'ordre moral ou religieux lorsque l'on décide d'appliquer cette technique soustractive.

Il pourrait être intéressant dans ce cas d'établir un pontage entre le chakra sacré et le chakra de la gorge avec deux pierres identiques qui vont provoquer un transfert énergétique du chakra sacré suractif vers le chakra de la gorge possiblement sous-actif dans ce cas précis. L'établissement d'une meilleure communication permettrait au patient d'oraliserle le désagrément de sa soumission à l'esclavage physique et moral que lui impose sa sexualité.

La soustraction chromatique sur ce chakra peut également permettre de soulager des problèmes de rétention d'eau.

;hakra du plexus solaire suractif

;e chakra est généralement suractif lorsque l'on a affaire à des personnes naturellement aies, enthousiastes, exagarément optimistes, sans grand sens des réalités. Elles sont énéralement inconséquentes, irresponsables,

Jous devrons compenser par des nuances bleutées, du bleu turquoise sombre au violet ombre afin de créer un lien avec le chakra du troisème œil, éventuellement avec le chakra oronal.

.es liens énergétiques sont habituellement assez forts avec le chakra du plexus solaire t le chakra du troisème œil (je rappelle qu'on y applique aussi la couleur jaune) mais semblerait que, dans ce cas précis, ce liens soient fragilisés. On cherchera donc à les enforcer par cette technique. On développe ainsi de meilleures capacités d'analyse chez sujet, une responsabilité accrue, des tendance plus orientées vers la spiritualité,un plus rand sens moral, une créativité accrue.

;hakra du cœur suractif

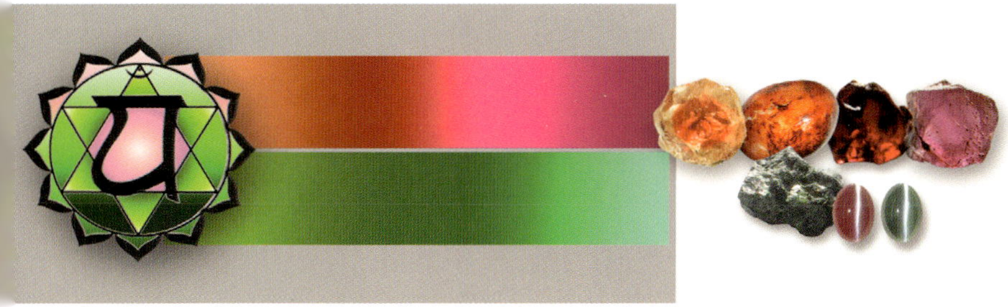

est difficile de soustraire des énergies excédentaires au chakra du cœur car ses deux ouleurs de référence sont vert et rose. Le rose est un rouge clair complémentaire du vert. n général, on évite de soustraire des énergies excédentaires au chakra du cœur sauf ans des cas extrêmes de compassion et de générosité excessive qui pourraient porter avement préjudice au sujet.

n utilise pour ce faire des pierres rouge vif à rouge sombre afin d'apporter sujet des énergies de rééquilibrage vers le chakra racine : meilleur sens des alités. Un pontage cœur / racine avec la même pierre peut en renforcer les effets.

ıs particulier : l'alexandrite que l'on utilise plus précisément chez des personnes ıi pratiquent le droit, dont le devoir est de faire respecter les lois malgré toute compassion dont elle peuvent parfois faire preuve. Elle peuvent parfois resentir

Chakra de la gorge suractif

Une suractivité énergétique au chakra de la gorge se traduit fréquemment par de tendances logorrhéiques, un discours décousu, des idées fixes qui doivent impérative ment se manifester par le discours, une incapacité absolue à se mettre à l'écoute des autre

Il est très difficile de réguler les flux énergétiques excédentaires au chakra d la gorge car cela nécessite souvent un gros travail d'harmonisation sur tous le autres chakras... mais les résultats obtenus sout souvent éphémères et nécessiter fréquemment la répétition des protocoles d'hamonisation complète.

Cependant, l'utilisation de pierres jaunes ou brun jaunes, voire jaune orangée couleurs complémentaires des bleus clairs et bleus turquoises de référence du chakı de la gorge peuvent avoir une utilité certaine

Chakra du troisième œil suractif

Comme pour le chakra du cœur, une suractivité énergétique au chakra du troisièn œil est difficile à compenser avec les couleurs complémentaires de celles qui so généralement admises par ce chakra : bleus, indigos, violets nous renvoient à d jaunes et des jaunes orangés qui sont aussi des couleurs admises par ce chakr On notera qu'il n'est nécessaire de réguler les flux énergétiques excédentaires que da des cas qui portent réellement préjudice au sujet : absolue certitide en ses capacit intuitives sans tenir compte des connaissances ultérieures indispensabl au bon exercice de l'intuition et sans tenir compte des réalités concrètes q pourraient invalider les intuitions du sujet.

On peut utiliser pour ce faire des pierres bleu turquoises claire, essentiellement po développer chez le sujet de meilleures capacités d'écoute de commentaires q ourraient remettre en cause leurs certitudes. Les pierres jaunes (admises ar ce chakra) pourraient aussi apporter une supplément d'énergies pour développer 'intelligence, la mémoire et les capacités d'analyse et de synthèse du sujet.

hakra coronal suractif

es symptômes de suractivité énergétique sur ce chakra sont flagrants : rêverie, tourderie, mysticisme, foi maladive dans des concepts religieux ou ésotériques, ucun sens des réalités, rejet des thèses scientifiques, etc.

ans tous ces cas, la réharmonisation est assez facile à mettre en œuvre :

Des pierres noires, éventuellement en couplage avec le chakra racine pour revenir ux réalités de la Terre-Mère.

Éventuellement des pierres jaunes en couplage avec le chakra du troisième œil afin de évelopper les capacités d'analyse et de synthèse qui sont seules capables de compenser s pulsions irrationnelles.

ontage chromatique d'énergies sur plusieurs chakras

e pontage est une technique qui permet d'irriguer simultanément en énergies deux ou usieurs chakras.

se justifie dans trois cas précis :

Créer un pont entre deux chakras faiblement irrigué en énrgies ou susceptibles de éer une complémentarité intéressante : par exemple, un pontage entre le chakra sacré le chakra du cœur pour harmonisert les énergies sexuelles et les énergie d'amour.

Créer un pont entre deux chakras correctement actifs pour irriguer le canal circulation des énergies en passant par dessus un chakra faiblement irrigué : r exemple, si l'on reprend le cas précédent entre le chakra sacré et le chakra du eur, on irrigue simultanément la partie du canal située entre ces deux chakras, à voir le chakra du plexus solaire dont on sait qu'il est fréquemment sous-actif.

Comme nous l'avons vu dans le chapître précédent, on peut réaliser un pontage tre deux chakras afin d'opérer une soustraction chromatique des énergies excéden-res sur un chakra suractif.

Mais on ne peut pas faire n'importe quoi en apposant plusieurs pierres sur une personne tel que j'ai pu le voir chez certains auteurs qui n'hésitent pas à déguiser leur patient e arbre de Noêl, sans jamais rien justifier de leur démarche, sans tenir compte des règles ni en énergétique, ni sur un plan plus scientifique. C'est évidemment plus simple et cel ne nécessite pas d'explications. En clair, c'est du grand n'importe quoi, au risque d'am plifier des dysfonctionnements énergétqies ou de créeer de nouveaux conflits énergé tiques chez le sujet, sources de perturbations aussi bien physiques que psychologique

Ainsi que je l'enseigne dans mes formations, il est toujours préférable de rester mo deste en travaillant pierre par pierre, couleur par couleur, chakra par chakra. Ce n'es qu'ainsi que l'on a l'assurance que c'est bien cette pierre, cette couleur qui travaill sur ce chakra. Dès le moment où on appose plusieurs pierres, plusieurs couleurs, su plusieurs chakras, on ne sait plus très bien qui travaille sur quoi... De fait, il est souve périlleux d'essayer de réaliser des configurations complexes car elles sont souve source d'erreurs.

Cependant, ainsi que je l'ai indiqué ci-dessus ou dans d'autres chapîtres, il est possib d'utiliser plusieurs pierres simultanément sur plusieurs chakras à la condition de bie savoir ce que l'on fait et de respecter un certain nombre de règles élémentaires.

• **En soustraction chromatique,** on ne travaille que sur deux chakras avec deu pierres identiques.

• **En renforcement chromatique**, à de très rares exceptions près (rhodochrosite malachite au chakra du cœur, par exemple) on ne travaille qu'avec des pierres qui ap partiennent à la même famille, exceptionnellement avec des pierres qui appartienne au mêm système cristallin.

• **En pontage chromatique**, on travaille exclusivement avec des pierres de la mên familles en apposant les pierres de couleurs adaptées à chacun des chakras que l'o irrigue (voir le tableau ci dessous).

Chakra							
Famille des **GRENATS**	Almandin	Spessartite	-	Tsavorite	-	-	-
Famille des **BÉRYLS**	Bixbite	-	Héliodore	Émeraude Morganite	Aigue mar.	-	-
Famille des **QUARTZ**	Onyx noir Q. enfumé	Cornaline	Citrine	Q. rose Aventurine	Calcédoine	Améthyste	Améthys
Famille des **TOPAZES**	-	T. impér.	T. impér.	T. rose T. verte	T. bleue	-	-

Vous disposez désormais de nombreux outils et techniques pour travailler sur l chakras, les harmoniser, équilibrer leurs énergies : cristal de roche (harmonisati centrée), pierres spécialisées (harmonisation chromatique)

C'est maintenant à vous de passer à la pratique et de développer vos propres expérience

Émotions et chakras

Jne très intéressante étude scientifique menée par un groupe de chercheurs norvégiens ·st parue début 2014. Elle porte sur les réactions musculaires et métaboliques ngendrées par différentes sortes d'émotions.
:ette étude a cartographié pendant un an par imagerie médicale les réactions de 700 ·ersonnes en Norvège et à Taïwan.
)n constate que, selon les émotions, certaines zones du corps deviennent ·articulièrement actives alors que d'autres sont inhibées.
.es couleurs utilisées sur ces cartographies du corps varient selon l'activité des ıuscles et des organes :

• les nuances bleutées montrent une inhibition de la zone concernée,
• le rouge révèle une forte activité,
• le jaune présente des zones suractivée,
• le noir est neutre.

était intéressant de dresser un parallèle entre cette étude en comparant les zones ırtographiées avec le positionnement et l'activité des chakras concernés afin de ɔuvoir définir quelle harmonisation on pourrait mettre en œuvre pour compenser :s dysfonctionnement engendrés par des émotions particulières, dans la mesure ì elle seraient préjudiciables au sujet.
est évident que des émotions positives comme la joie ou l'amour ne écessiteraient aucune compensation énergétique.
emarque : les couleurs utilisées dans les cartographies n'ont rien à voir avec les ɔuleurs de référence des chakras.

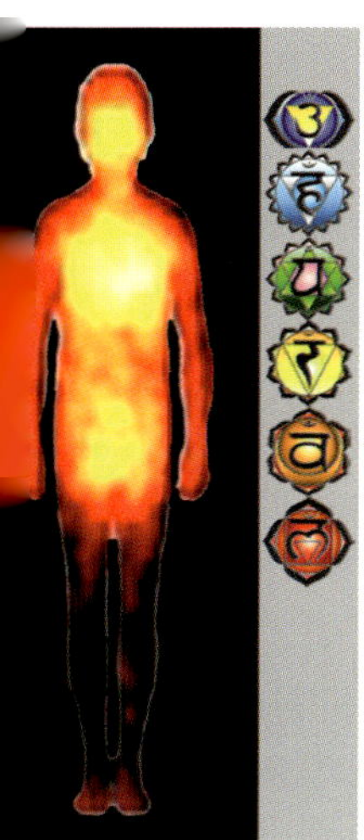

Amour :

On constate une suractivité au niveau des chakras du troisième œil (esprit, rêve, imagination, intuition, prospective), chakra du cœur (affection) et chakra sacré (excitation sexuelle).
Les autres chakras sont actifs, fluides en énergies. On observe néanmoins une neutralité énergétique au niveau des jambes mais pas de sous-activité.

Nous avons donc un bel équilibre sur l'ensemble du canal de circulations des énergies et aucune compensation énergétique n'est nécessaire au niveau des chakras.

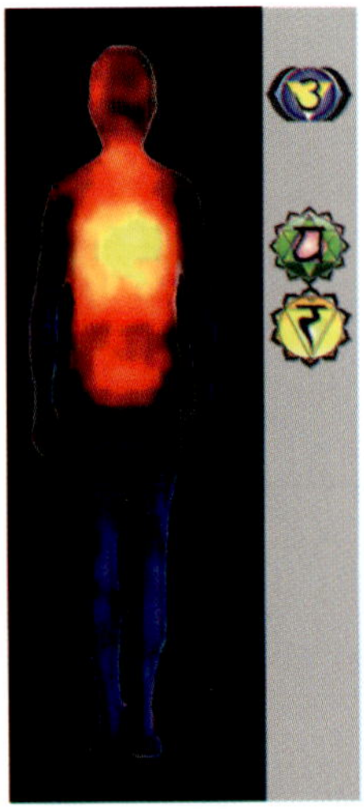

Anxiété :

On constate une suractivité au niveau du chakra du cœur ave une accélération du rythme cardiaque.
Les chakras de la gorge, chakra sacré et plexus so laire sont actifs (la «boule dans le ventre») Le chakra de la gorge celui du troisième œil mais pas sous-actifs Le chakra racine est inhibé (bleu au niveau des jambes). C'es clairement une perte de contact avec la réalité et une inhibitio de la capacité à agir.

Pour compenser cette anxiété, il faudra apaiser le chakra du cœu (avec la rhodochrosite, par exemple) et activer fortement le cha kra racine pour retrouver le sens des réalités.

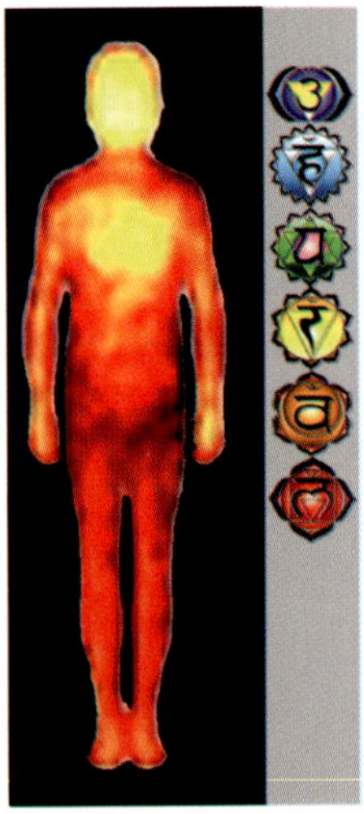

Bonheur :

On constate une forte suractivité au niveau du chakra du tro sième œil (le bonheur monte à la tête) et du chakra du cœur ave une accélération du rythme cardiaque.
Les chakras de la gorge, chakra sacré et plexus solaire sont actif Le chakra racine est neutre mais pas sous-actif : il irrigue pa faitement bien les jambes en énergie fluides et équilibrées. O peut supposer qu'une sensation de bonheur est tributaires d'u environnement extérieur ressenti avec réalisme.

Globalement les énergies sont actives et fluides sur l'ensemble d canal et il n'y a aucune raison de compenser les chakras suractif

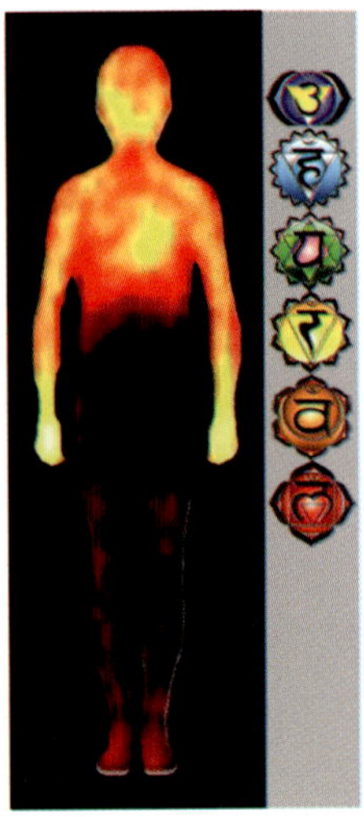

Colère :

On constate une suractivité au niveau du chakra du troisième œ Le chakras du cœur et celui de la gorge (envie de hurler) so violemment suractifs. Même les mains, essentiellement liées chakra de la gorge, sont en suractivité (envie de frapper).
Le chakra du plexus solaire, le chakra sacré et le ch kra racine sont neutre, à la limite de l'inhibitio On constate cependant une activité au niveau des pieds (liés chakra racine), révélatrice d'une envie de bouger, peut-être aus de frapper.

Il faudra calmer les énergies au niveau de la gorge (calcédoir par exemple), du cœur (rhodochrosite) et dynamiser celles chakras inférieurs.

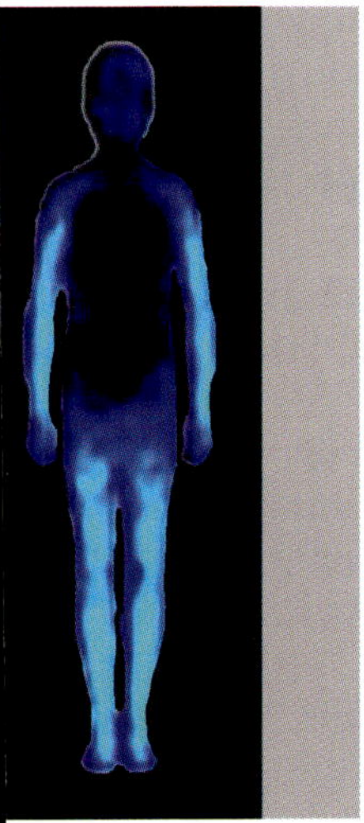

Dépression :
Presque tous les chakras sont inhibés, voire fortement inhibés. La gorge, le cœur, le plexus solaire et le chakra sacrés, bien que neutres, sont en limite de l'inhibition. Le chakra de la gorge et le chakra racine sont si inhibés que les bras (liés au chakra de la gorge) et les jambes (liées au chakra racine) ne répondent plus : incapacité de communiquer, incapacité d'avoir une perception réaliste ds choses et inhibition absolue à agir. Ce sera la priorité dans les soins : activer fortement le chakra de la gorge (plutôt avec des pierres bleues turquoises réputés pour activer les capacités de communication) et le chakra racine (avcc une combinaison de pierres brunes et rouges pour revenir à un meilleur sens des réalités et donner la force et le courage d'agir). Bien entendu, il faudra aussi activer tous les autres chakras avec des pierres de la couleur adaptés. Un gros travail !

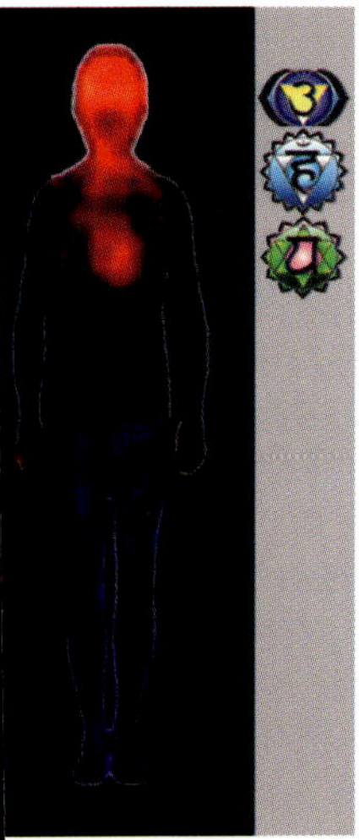

Envie :

Une bien étrange configuration : trois chakras supérieurs actifs et tous les chakras inférieurs neutres ou en limite de l'inhibition. L'envie serait donc essentiellement une manifestation intellectuelle (troisième œil) relayée par la parole (gorge) avec une activation faible du chakra du cœur (l'affectif). Dans cette configuration, il est inutile d'agir sur les chakras supérieurs (bien qu'une petite stimulation au chakra du cœur puisse s'avérer utile) mais il y a lieu d'activer tous les chakras inférieurs avec ds pierres de la couleur adaptée.

Une petite remarque sur la nuance sémantique entre «envie» et «désir» : on peut imaginer que le désir pourrait rendre le chakra sacré actif, voire suractif.

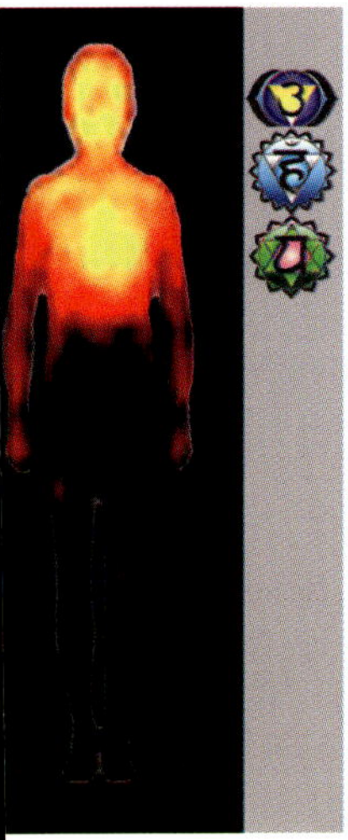

Fierté :

De prime abord, la fierté n'est pas un sentiment qui porte préjudice et elle ne nécessiterait pas de rééquilibrage énergétique, mais on doit veiller à ce qu'elle ne dérive pas vers l'orgueil : cela apparaitrait sur l'imagerie par une suractivation des énergies au niveau du plexus solaire (l'égo, le nombrilisme). En l'occurence, on observe sur cette image une suractivité au niveau du troisième œil de la gorge et du cœur, rien qui soit particulièrement préoccupant.

Par acquis de conscience, on pourrait stimuler un peu les énergies au niveau des chakras inférieurs qui sont assez neutres pour fluidifier leur circulations dans le canal.

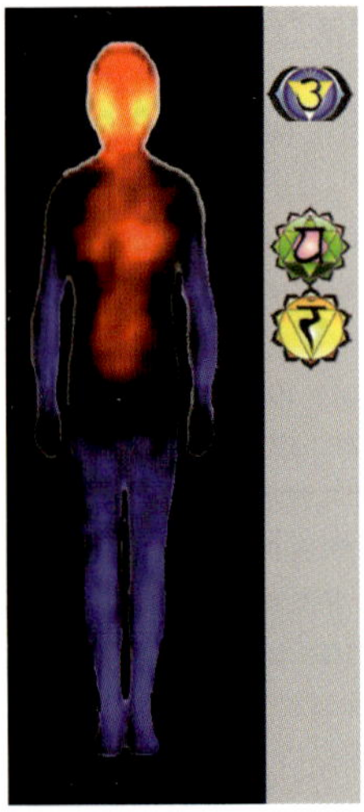

Honte :

Cette image est étrange : suractivité au chakra du troisième œi au niveau des deux yeux, activité faible au niveau de la gorge, du cœur et du plexus solaire, inhibition au niveau des bras en rappor avec le chakra de la gorge (difficultés d'expression) et dans les jambes en rapport avec le chakra racine (difficultés à se replacer dans la réalité ou à l'accepter).

Il y aurait probablement lieu de stimuler la gorge (expression), le cœur (compassion) et le chakra racine (pour accepter la réalité e s'y ancrer). Mais comme la honte est une conséquence de paroles ou d'actes qui ont causé des préjudices chez autrui, il faudrai identifier les causes de ce sentiment de honte et essayer de le traiter.

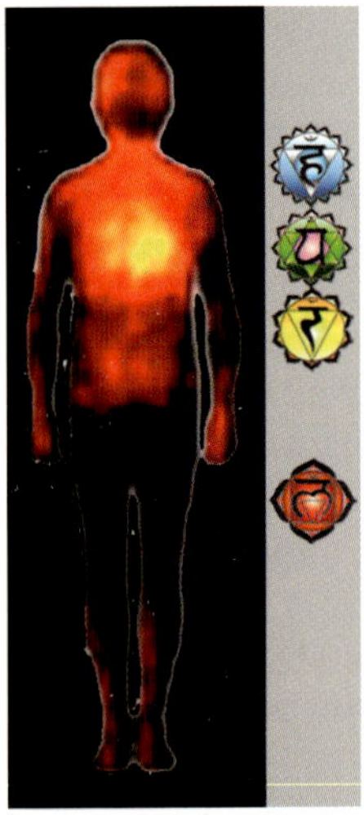

Peur :

On trouve dans cette image des points communs avec celle du sentiment d'anxiété avec cependant un nuance importante : les jambes e les mains sont modérément irriguées alors qu'elles étaient inhibée dans l'image de l'anxiété : le besoin d'agir (la fuite, ou l'instinct d défense, par exemple) s'exprime en même temps que l'esprit es plus actif (l'analyse de la situation n'est pas totalement inhibée) Le cœur est en suractivité et mériterait d'être apaisé (rhodochrosite, par exemple) Le chakra racine devra être stimulé avec des pierres rouge pou apporter plus de force physique et de courage qui permettront d chasser la peur. Il est probable que cette intervention au chakr racine pourrait activer une meilleure fluidification au troisièm œil pour mieux analyser la situation qui engendre cette peur.

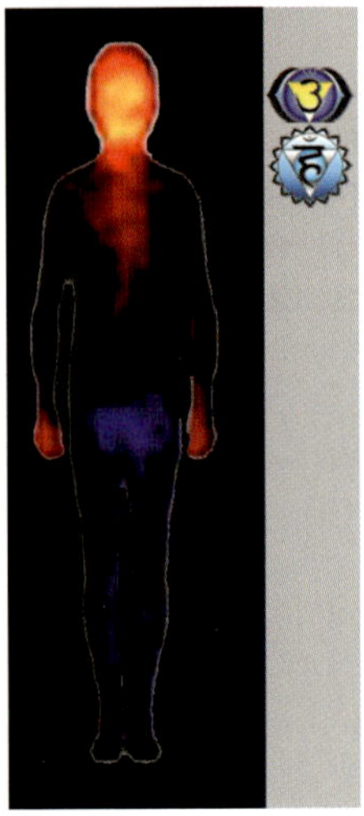

Satisfaction :

Comme pour la fierté, la satisfaction n'est pas un sentiment qui porte préjudice et elle ne nécessiterait pas de rééquilibrage énergétique. Si on compare cette image ave celle de la fierté on constate qu'il y a moins de risques c dérive vers l'orgueil et un surdimensionnement de l'ego En fait, les manifestations énergétiques de la satisfaction sont relativement discrètes et se localisent eseentiellement au niveau du troisième œil et de la gorge (voir le mains), avec une étrange petite inhibition au chakra sacr

Je ne pense pas qu'une intervention en lithothérapie soit nécessaire. Il aurait été préférable de disposer d'une imagerie sur l'i satifaction : elle aurai certainement nécessité une intervention..

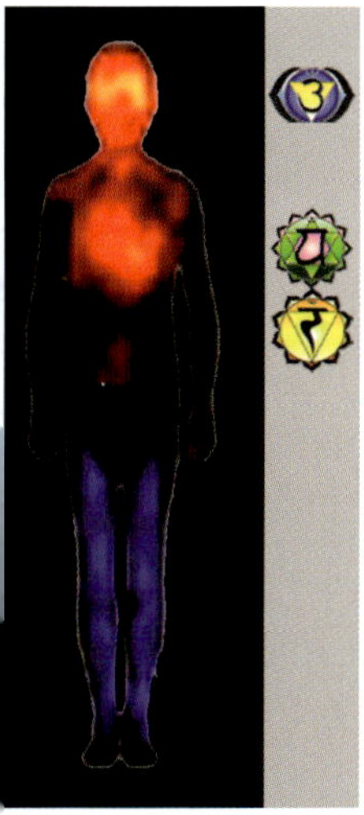

Surprise :

On trouve dans cette image des points communs avec celle de l'anxiété : des énergies actives au troisième œil, à la gorge et au cœur, des jambes inhibées, mais les manifestations sont moins marquées, tout particulèrement au chakra du plexus solaire. Cela démontre que la surprise n'est pas obligatoirement angoissante.
Les chercheurs qui ont réalisé cette étude auraient été inspirés de différencier la bonne surprise de la mauvaise. Je suis persuadé que les résultats auraient été très différents. Évidemment, si les résultats sont différents, les interventions en Lithothérapie le seront aussi à tel point qu'elles risquent d'être contradictoires. Je ne peux donc pas donner de conseils sur un tel rééquilibrage énergétique.

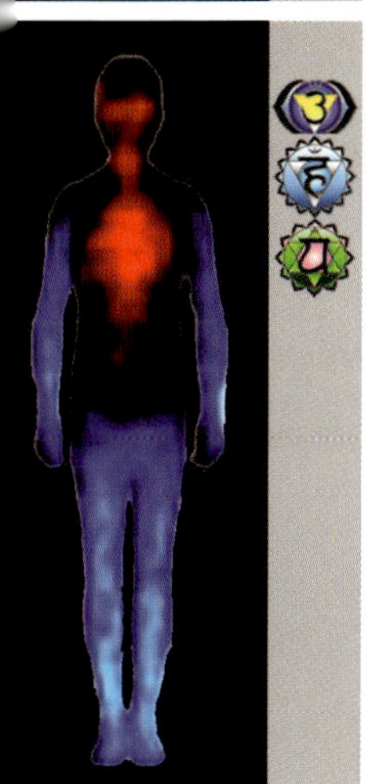

Tristesse :

Comme on pouvait s'y attendre, on trouve des points communs avec la dépression (une forte inhibition des bras et des jambes), cette dernière étant fréquemment génératrice de tristesse. Fort heureusement nous avons quand même des chakras actifs même s'il le sont faiblement : troisième œil, gorge, cœur.

Il faudra bien entendu les irriguer en énergies avec des pierres de la couleur correspondante, mais il faudra surtout stimuler fortement le plexus solaire (topaze impériale, par exemple pour retrouver une certaine joie de vivre), le chakras sacré (retrouver le sens du plaisir avec le grenat spessartite, par exemple) et le chakra racine (avec des pierres rouges pour se sentir plus fort).

J'espère que cette étude admirable aura une suite et que les chercheurs qui l'ont réalisée trouveront les moyens de la développer.
Il est bien connu que toutes les pathologies ont une influence sur la circulation des énergies dans le corps. Il serait intéressant de pousser plus loin cette étude en observant les réactions musculaires et métaboliques engendrées par différentes sortes de pathologies : infections virales de toutes sortes, maladies orphelines, dérèglements du métabolisme (diabète, par exemple), conséquences d'interventions chirurgicales lourdes, handicaps physiques et mentaux, etc. Il y a là une source infinie d'investigations possibles. Dresser un parallèles avec les principes énergéticiens que nous appliquons dans les thérapies alternatives serait d'une grande richesse.

Il va de soit que cela pourrait aussi permettre de vérifier, toujours par le biais de l'imagerie médicale, comment les réactions musculaires et métaboliques évoluent lors d'un traitement en énergétique. C'est peut-être pour bientôt mais ne rêvons pas trop : cela nécessite des moyens techniques qui sont actuellement hors de notre portée.

Bibliographie

AÏVANHOV Mikhaël «Centres et corps subtils : aura, plexus solaire, centre hara, chakras...». Prosveta.

BÉRUBÉ Carole *«Les Chakras traditionnels et multidimensionnels»* . Le Dauphin Blanc

CARDINEAUX Stéphane *«Bioénergie - Énergies vitales, chakras, extrasensorialité»*. Trajectoire.

COQUELLE Dominique *«Chakras, guide pratique d'éveil intérieur»*. Trajectoire.

DESRUISSEAUX Pierre *«Chakras»*. Noroit.

FONTAINE Janine *«La Médecine des chakras»*. Robert Laffont.

OHARI Harish *«Chakras, centres d'énergie de transformation»*. Médicis.

OHARI Harish et BLONDEL Martine *«Chakras : Centres d'énergie de ransformation»*. Entrelacs.

ARZEFF Michel *«Psychologie des chakras»*. Multiversité.

EADBEATER Charles Webster *«Les Chakras : Centres de forces»*. Domaine ublic.

EGENDRE Antoine *«Les chakras, portes de l'énergie»*. GVP.

IEUNIER Danielle *«Le langage des chakras»*. Courrier du Livre.

IILLER Joan-P *«Le livre des chakras, de l'énergie et des corps subtils : Les ecrets de l'énergie»*. Quebecor.

RAJNEESH Osho *«Expérience mystique : Kundalini et chakras»*.

RIEHL Sophie *«Guide pratique des Sept Chakras»*. Hélios.

SHARAMON Shalia et BAJINSKI Bodo J. «*Manuel des chakras : De la Théorie à la Pratique*». Médicis.

SWAMI Saradananda *«Le guide essentiel des Chakras : Découvrez le pouvoir des chakras sur le mental. le corps et l'esprit»*. Trédaniel.

VOLLMAR Klausberbt «Exploration de soi et santé par les chakras». Trédaniel.

WAUTERS Ambika «Le Livre des chakras : Découvrez les forces cachées qui sont en vous». Soline.

Internet :

WIKIPEDIA : http://fr.wikipedia.org/wiki/Chakra

PSYCHOLOGIES.com :
http://www.psychologies.com/Bien-être/Médecines-douces/Se-soigner autrement/Articles-et-Dossiers/Les-chakras-ces-zones-secrètes-du-corps

Table des matières

PREMIÈRE PARTIE : CHAKRAS

SECONDE PARTIE : HARMONISATION AVEC LES CRISTAUX

Table des illustrations et tableaux

Retrouvez Reynald Boschiero sur internet :

Le groupe Facebook «LITHOTHÉRAPIE THÉRAPEUTIQUE» pour échanger sur la lithothérapie avec plus de 3000 membres :
https://www.facebook.com/groups/Lithotherapie.therapeutique/

Le site LITHOS TERAPIA spécialiste de la Lithothérapie pour se procurer des pierres de soins soigneusement sélectionnées : pierres polies et cristaux naturels, bijoux énergétiques, livres et outils spéciaux pour la Lithothérapie, stages de formation à la Lithothérapie. :
http://www.lithosterapia.com

Le site LITHOTHÉRAPIE IFEL, site officiel de l'institut Fédératif Européen de la Lithothérapie, pour une lithothérapie responsable, raisonnable et raisonnée :
Activités de l'association, salons professionnels, séminaires, colloques, formations, formateurs et formatrices agréés IFEL, charte éthique de la lithothérapie, annuaire des lithothérapeutes, forum, boutiques de minéraux agréées IFEL, etc. :
http://www.lithotherapie-ifel (en cours de réalisation lors de la parution de ce livre).